종교가 나에게 말을 걸어올 때

종교가 나에게 말을 걸어올 때

지은이 김봉현
펴낸이 임상진
펴낸곳 (주)넥서스

초판 1쇄 발행 2020년 3월 25일
초판 3쇄 발행 2020년 4월 8일

출판신고 1992년 4월 3일 제311-2002-2호
10880 경기도 파주시 지목로 5
Tel (02)330-5500 Fax (02)330-5555

ISBN 979-11-6165-914-5   03900

www.nexusbook.com

죽음, 삶에 답하다

종교가 나에게 말을 걸어올 때

김봉현 지음

SECULARISM † SCIENTISM † CHRISTIANITY † BUDDHISM † ISLAM
JUDAISM † HINDUISM † CONFUCIANISM † SIKHISM † ATHEISM

지식의숲

어릴 때 내가 가장 많이 싸운 상대는 형이었다. 나에게 형은 때로 부당한 권력이었기 때문이다. 나는 권력을 가진 형에게 부당한 대우를 받고 있다고 생각했고, 거기에 대항하고자 했다. 형에게 나는 어떻게 보였을까? 아마도 쿠데타 세력이었을 것이다. 정당한 권력을 인정하지 않고 반항하는 것으로 말이다. 그래서 정당한 공권력을 동원하여 나를 진압하려 하지 않았을까. 그렇게 우리는 각자의 입장에 서서 자주 싸웠다. 초라할 정도의 일방적인 싸움이었지만, 그럼에도 내가 가장 많이 싸운 상대는 형이었다.

하지만 동네 아이들과 함께 놀 때는 상황이 달랐다. 우리는 형제였고, 항상 같은 편이었다. 내가 싸울 때 형이 도왔고, 형이 싸울 때 나도 형을 도왔다. 동네에서 형제는 항상 그랬다. 형제 중 한 명과 싸우는 것은 다른 한 명과도 싸우는 것이었다. 집에서 형제는 서로 가장 많이 싸우는 적이었지만, 밖에서 싸움이 났을 때는 어깨를 나란히 하고 함께 하는 동지였다. 어느 날 형이 내 상대를 들어 화단에 던져버렸던 순간을 지금도 기억한다. 그날의 기억은 형에게 맞았던 수많은 날의 기억보다 무겁게 남아 있다. 우리는 형제고, 어깨를 나란히 하는 같은 편이다.

종교는 서로 많이 싸운다. 종교가 가장 많이 싸우는 상대는 다른 종교다. 종교끼리 싸우지 않고 지내기를 바라는 것은, 형제들이 싸우지 않고 자라기를 바라는 것과 같다. 그만큼 종교는 자주 싸운다. 하지만 누군가 종교 전체를 싸잡아 비난할 때는 상황이 달라진다. 종교는 어깨를 나란히 하고 그들과 싸운다. 이슬람교와 기독교가 서로 싸우다가도 누군가 신이 없다고 이야기하면, 이 둘은 어깨를 나란히 하고 그건 아니라고 반박하지 않겠는가?

요즘이 그런 상황이다. 어느 날 돌아보니 종교 전체를 싸잡아 뭐라고 하는 사람들이 많아졌다. 종교에 무관심해졌고, 종교 자체가 나쁜 것으로 간주되며, 심지어 종교가 사라지는 것이 인류에게 유익이 된다고 생각하는 사람들까지 생겨났다. 지금은 우리끼리 싸움을 잠시 멈추고 그것은 아니라고 함께 이야기해야 하는 상황이다. 이 책은 이러한 입장에서 쓰였다.

그렇다고 종교를 비판하는 분들과 논쟁하는 책은 아니다. 오히려 종교의 의미에 관해 설명하면서 화해를 기대하는 책이다. 종교에 대한 바른 비판도 있지만, 오해로 인한 그릇된 비판도 있기 때문이다. 뼈를 때리는 비판에 대해서는 귀를 기울여야겠지만, 오해가 있는 부분에 대해서는 풀어야 한다.

나를 알고 나를 싫어하면 그게 뭐가 문제냐며 싸우겠지만, 누군가 나를 잘 알지 못한 상태에서 나를 싫어하고 있다면 나는 그런 사람이 아니라고 설명하고 싶은 게 사람의 마음이다. 나는 이러한 마음에서 이 책을 썼다. 주변의 이야기를 들어보면 종교에 대해 자세히 모르는 상태에서, 단순히 종교의 몇몇 모습만을 보고 실망하고 싫어하는 것 같다. 그래서 종교에 대한 오해를 조금은 풀어주고 싶었다. 종교는 그렇지 않다는 것을 설명하고, 어떠한 것인지를 바르게 소개해주고 싶었다. 그래서 이 책은 학술서가 아닌, 종교가 무엇인지를 설명하는 일종의 '종교 사용 설명서'라고 생각하면 좋겠다.

예를 들어, 진공 청소기를 샀다고 가정해보자. 사용 설명서에는 최초의 진공 청소기는 누가 발명했고, 어떤 과학적인 원리로 작동하는가에 대한 설명은 없다. 대신 진공 청소기의 구성품과 조립 방법, 어떻게 사용하고 관리해야 하는지, 그리고 주의사항은 무엇인지가 기록되어 있다. 이 책도 마찬가지다. 그러니 이 책을 종교를 언박싱unboxing 하고 처음 펼쳐보는 사용 설명서라고 생각하면 좋을 것 같다. 종교가 무엇인지, 어떤 종교들이 있는지, 그들의 차이는 무엇인지, 각각의 종교가 가지고 있는 좋은 점은 무엇인지, 어떻게 종교를 선택하고 사용해야 하는지에 대한 설명서 말이다.

나는 이 책을 통해 종교 밖에서 종교를 오해하셨던 분들이 오해를 풀고, 종교에 관심을 두는 계기가 되었으면 좋겠다. 그리고 종교 안에 있었지만, 종교에 대한 사용법을 잘 몰라서 잘못 사용하거나 사용을 포기하고 계셨던 분들이 있다면 이를 계기로 종교를 잘 사용할 수 있었으면 좋겠다.

종교는 좋은 것이다. 어떤 종교도 악을 추구하지 않는다. '네 이익만 챙기고 타인을 착취하라!'고 가르치는 종교는 없다. 종교는 바르게 살아가고, 사람을 사랑하라고 말한다. 삶을 소중히 여기고, 우리가 살아가는 세상을 더 좋은 곳으로 만들고자 한다. 진정한 나를 찾아서, 나 자신으로서 살아가는 데 도움을 준다.

종교는 유익한 것이다. 종교는 수천 년 동안 상당히 진지한 태도로 인간이 어떤 존재이고, 그래서 어떻게 살아야 하는지에 대해 고민해왔다. 그리고 나름대로 의미 있는 답을 찾아 세상에 소개했다. 그래서 우리는 종교를 통해 나를 어떻게 이해하고, 어떻게 살아가야 하는지에 대한 중요한 답을 찾을 수 있다.

종교는 잘 쓰면 참 좋은 것이다. 그러니 종교가 나쁜 것처럼 생각되거나 번거로운 것으로 생각하셨던 분들이 있다면, 부디 이 책을 통해 종교의 좋음을 알고 그 유익을 잘 누릴 수 있기를 바란다.

객관적으로 쓰려 했지만, 얼마간의 편향성이 있다. 아무래도 내가 서 있는 입장을 벗어나는 데 한계가 있다. 글이라는 것이 물이 흐르는 것과 같아서 그리되었다는 변명의 말을 먼저 드린다. 아는 것을 쓰다 보니 내가 좀 더 잘 아는 부분에 대한 이야기가 많아진 것 같다는 변명도 더한다. 작가의 한계이니 관대하게 봐주시길 말이다.

마지막으로 이 책이 세상에 나오기까지 도움을 주신 넥서스 출판사와 나무의숲 가족들에게 감사를 전한다.

저자 김봉현

3부 | 종교로의 초대

1부

종교에 대하여

Religion is the opium of the people.

- Karl Marx -

01

상식이 바라본 종교

기우제 이야기

가뭄은 단조로운 얼굴로 찾아오는 절망이다. 홍수나 지진처럼 세상을 흔들지 않는다. 어제와 같은 맑은 하늘과 고요한 하루, 딱 그 하루만큼 우리를 죽인다. 거기서 사람이 할 수 있는 것은 거의 없다. 홍수라면 높은 곳으로 피해 볼 것이고, 전쟁이라면 목숨을 걸고 싸워볼 것이다. 하지만 가뭄은 그저 기다리는 것 외에 딱히 할 수 있는 것이 없다. 피할 곳도 없고, 싸울 대상도 없다.

이때 사람들은 느리게 침몰해가는 배에 갇혀 있는 것과 같은 무력감을 느낀다. 어찌 보면 가장 고통스러운 것이 바로 이 무력감일 것이다. 어떤 사람이 자신은 비가 오지 않는 이유를 알고 있다고 사람들을 향해 외친다. 그 이유가 '신의 진노'라고 말한다. 이것은 절망의 모습을 한 희망이다. 가뭄의 이유를 안다는 것은 해결을 위한 실마리이기 때문이다. 가뭄의 이유가 신의 진노라면, 그의 마음을 풀어 주는 것으로 이 가뭄을 끝낼 수 있다.

사람들은 이 이야기가 믿고 싶다. 확신하지 않지만, 서서히 동조 하는 사람들이 생겨난다. 가뭄 속에서 이 동조자들에겐 힘이 있다. 누군가 "말도 안 되는 소리!"라고 이야기해도 "그러면 가만히 앉아서 죽기만 기다릴 거냐. 뭐라도 해봐야 하는 거 아니냐!"고 면박을 줄 수 있기 때문이다. 지푸라기라도 잡아보는 간절함으로 사람들이 하나 둘 모여든다. 그리고 신의 진노를 잠재우기 위해 힘을 모아 기우제 를 드린다. 확신은 없다. 하지만 이 말이 맞기를 바란다. 이렇게 기우 제는 시작되었다.

기우제를 드린다고 바로 비가 내리지는 않는다. 그런데도 그들은 왜 기우제를 드렸을까? 간절함으로 기우제를 드린 이후에도 하늘은 여전히 적막했을 텐데 말이다. 이유는 간단하다. 기우제를 드리면 비가 왔기 때문이다. 다시 말해, 기우제는 항상 '비가 올 때까지' 드 려졌다. 그러니 기우제를 드리면 결국에는 비가 왔다.

제관들은 제사를 지내자마자 비가 오지 않는다는 기우제의 단점 을 '반복적 기우제'로 극복했다. 비가 안 오면 먼저 제관이 제사를 지 낸다. 그래도 오지 않으면 백성을 모아 제사를 지냈다. 마지막으로, 왕이 직접 제사를 지내도록 했다. 이렇게 시간을 끌다 보면, 결국 어 느 시점에는 비가 내렸다.

비가 내리는 순간을 상상해보라. 절박한 기다림 속에 마른하늘을 바라보며 몇 날을 기도하고 또 기도했다. 그러던 어느 날 왕이 직접 제사를 지내고 있는데 하늘이 점점 어두워진다. 웅성거리는 소리와 함께 기대감이 커질 무렵, 하늘에서 차가운 빗방울이 얼굴에 떨어진다. 그리고 이내 대지를 흠뻑 적시는 비가 내리기 시작한다.

사람들은 환호를 지르며 서로 부둥켜안는다. 눈물과 환희의 순간이다. 이제 살았다는 안도감, 기도가 응답되었다는 감사, 그동안의 마음고생이 느껴지는 설움, 이것을 함께 느끼고 있다는 하나됨, 이 순간만큼은 왕도 귀족도 평민도 노예도 없다. 모두 하나되어 기쁨을 누린다. 이 절정의 감정은 확신의 근거가 된다. 그리고 이 경험은 사람들에게 믿음을 선사한다.

'비를 내리는 신이 있다. 신이 진노하면 가뭄이 찾아온다. 하지만 우리가 간절히 기도하면 신이 마음을 돌이켜서 비를 내린다.'

끝나지 않는 기우제

우리도 때로는 삶에서 가뭄과 같은 시기를 만난다. 가뭄과 같이 단조로운 얼굴로 찾아오는 절망 말이다. 때가 되었는데 비가 내리지 않아 삶이 점점 메말라가는, 때가 되었는데 기회가 찾아오지 않아 사회에서 자리를 잡지 못하는, 때가 되었는데 인연이 찾아오지 않아 하루하루 외로움이 쌓여가는 시기가 있다.

상식이 바라본 종교

이때 누군가 자신이 대안을 알고 있다고 외친다. 우리의 미래가 신의 손에 달려 있는데, 그 신에게 기도하는 것을 통해 우리의 미래를 바꿀 수 있다고 말이다. 이 이야기는 우스꽝스러워 보이지만, 꽤 매력적이다. 왜냐하면 미래를 만들어가는 신에게 기도함으로 나의 미래를 내가 개입하여 바꿀 수 있기 때문이다.

사람들은 이 이야기가 믿고 싶어진다. 그래서 확신하지 않아도 동조한다. 지푸라기라도 잡고 싶은 간절함으로 말이다. 느린 침몰 속에 무기력하게 앉아 있는 것보다는 기도라도 해보는 것이 훨씬 낫다고 생각한다. 확신은 없지만, 이 말이 맞기를 바라는 간절함이 있다. 이렇게 사람들의 기도가 시작된다.

기우제를 드린다고 바로 비가 내리지 않는 것처럼, 기도한다고 해서 바로 문제가 해결되지는 않는다. 그렇다고 기우제처럼 반복하여 단점을 극복할 수 있는 것도 아니다. 비는 결국 언젠가 내리지만, 삶의 문제는 언젠가 해결되는 것이 아니기 때문이다. 물론 해결되는 문제도 있지만, 끝끝내 해결되지 않는 문제가 대부분이다. 그런데도 사람들은 여전히 문제 앞에서 기도를 드린다.

오늘날의 제관들은 이러한 문제를 경우의 수로 극복하고자 한다. 모든 사람에게 좋은 미래가 찾아오는 것은 아니다. 하지만 일부 어떤 사람들에게는 좋은 미래가 찾아온다. 즉, 오늘날의 제관들이 하는 일은 인생의 문제 앞에 좋은 결과를 만난 사람들에게 스포트라이트를 비추는 것이다. 이런 사람들은 이미 기우제를 드리고 비를 만난 사람과 같은 종교적 체험을 하였다. 그들은 기도가 응답된 감격을 가지고 있다. 지푸라기라도 잡는 심정으로 간절히 기도를 시작했고, 그 응답을 통해 '신이 나의 기도를 듣고 문제를 해결해줬다'는 것을 확신한다. 제관들은 이런 사람들을 무대에 올리고, 그들이 조명 아래서 마이크를 잡고 자신의 응답과 확신을 전하게 한다. 그러면 많은 사람은 그들에게 집중하고, 그들의 확신에 설득된다.

반면, 기도하고도 실패한 사람들이 있다. 이런 사람들은 자연스럽게 무대 아래 어두운 곳으로 모인다. 대부분의 사람은 실패한 사람들을 보지 않는다. 혹 보더라도, 그들이 기도를 제대로 하지 않았거나 실패한 원인을 가지고 있으리라 생각한다. 심지어 실패한 본인 자신도 무대에 서 있는 사람들을 보면서 자신이 부족해서 응답받지 못했다고 생각한다.

물론 제관들의 이런 장난에 속지 않는 사람들도 있다. 그들은 이러한 종교에 실망하고 떠난다. 하지만 상관없다. 좋은 결과를 만난 사람들이 남아서 이곳을 지킬 것이기 때문이다. 어찌 보면, 그들이 떠나는 것은 오히려 제관들에게 좋은 일이다. 그래야만 새로운 사람이 이곳을 볼 때, 여기 있는 모든 사람이 마치 기도로 미래를 변화시킨 것처럼 보일 테니까 말이다. 이것이 오늘날에도 종교가 존재하는 이유다.

상식이 이야기하는 종교

사람들은 기우제가 종교의 시작이고, 미래에 대한 불안이 지금도 종교가 존재하는 이유라고 생각한다. 이를 조금 다르게 말해 '무지에 대해 신으로 대답하는 것'이라 할 수 있다. 무슨 말인가?

종교는 사람들이 알지 못하는 부분, 어떻게 할 수 없는 영역에 대해 그것은 신의 영역이라고 규정한다. 그래서 신에게 기도하는 것을 통해 그 부분에 개입할 수 있다고 생각한다. 이에 삶의 문제 앞에 간절한 사람들이 모여들고, 경우의 수에 따라 좋은 결과를 만난 사람들이 종교의 주장이 맞다는 증거처럼 활용된다.

무지에 대해 신으로 대답하는 것, 끝나지 않는 기우제, 이것이 오늘날 종교에 대한 정의이다. 평범한 사람들은 보통 이런 생각을 하고 있으며, 이것을 '상식'이라고 생각한다. 이 결론에 대한 평가에는 미묘한 온도 차이가 있다.

심리적 관점에서 종교를 바라보는 사람들은 조금은 따뜻한 시각으로 종교를 정의한다. 누구나 인생의 가뭄을 만난다. 이 시절에는 절망보다는 거짓 희망이 더 좋을 수 있다. 희망은 인생의 어두운 터널을 지나게 해주기 때문이다. 비록 그것이 가짜라도 말이다. 희망이 없다고 생각하는 사람은 주저앉지만, 신이 나를 도와주리라 생각하는 사람은 끝까지 걸어간다. 그 걸음이 결국 이 사람이 터널을 지나도록 해준다.

또 자신이 죽을 것으로 생각하는 환자보다는 신이 나를 치료해 줄 것이라고 믿는 환자의 완치율이 더 높다. 자신에게 미래가 없다고 생각하는 사람보다는 밝은 미래가 기다리고 있다고 믿는 사람이 나을 확률이 높기 때문이다. 이처럼 희망은 사람을 살리는 힘이 있다. 긍정적으로 상황을 받아들이고, 능동적으로 대처하도록 한다. 그러니 진짜 희망을 줄 수 없을 때는 가짜 희망이라도 주어야 한다. 그것이 그 사람에게 더 유익하다.

그런 면에서 종교는 누군가에게 유익하다. 가짜라도 희망이기 때문이다. 그래서 심리에 중심을 두고 생각하는 사람은 종교를 긍정적으로 평가한다. 신앙이 없는 상담사라도 때로 내담자에게 종교를 가져보라고 권하는 것이 바로 이러한 이유에서다. '종교는 틀렸지만, 유익할 수 있다'는 관점을 가진 사람은 '나는 이성적인 사람이어서 믿을 수 없지만, 종교를 갖는 것은 좋은 것'이라고 생각한다.

사회적 관점에서 종교를 바라보는 사람들은 차가운 시선으로 종교를 정의한다. 종교가 사회적 역량을 낭비한다고 생각하기 때문이다. 예를 들어, 가뭄을 경험한 사람은 저수지를 만든다. 같은 고통을 반복하고 싶지 않기 때문이다. 하지만 기우제를 드린 사람은 저수지를 만들지 않는다. 다음에 가뭄이 들 때도 신이 도와줄 것이라고 믿기 때문이다. 미래가 불안할수록 미래를 대비해야 하지만, 종교를 가진 사람들은 미래를 대비하기보다는 기도하면 어떻게든지 되리라 생각한다.

종교는 사람들이 적극적으로 문제에 대처했더라면 해결할 수도 있었던 문제를 안일하게 대처하면서 망치게 만든다. 그래서 사회적 관점에서 종교를 바라보는 사람들은 종교는 인류의 진보를 방해하는 적이라고 말한다. 사실 종교가 과거에 한 사회의 주도권을 가질 때, 사회는 정체하고 발전하지 않았다. 자신이 해결해 나가야 하는 문제를 모두 신에게 미뤘기 때문이다.

'종교는 인간을 무기력하게 만들고, 사회를 정체되게 만든다. 종교는 아편이다'라는 관점을 가진 사람은 종교를 무지하고 나약한 사람들에게 기생하며 진보를 방해하는 인류의 적이라고 생각한다. 그래서 누군가가 나에게 종교를 권하면 불쾌하다. 왜냐면 내가 그 사람에게 비이성적이고 나약한 사람으로 보였다는 것을 의미하기 때문이다. 그러면서 '사람을 뭐로 보고!'라고 생각한다.

어떤 사람은 종교뿐 아니라 종교인까지 싫어한다. 나약하고 비이성적인 사람들이 자기가 성숙한 줄 알고 다른 사람을 가르치려 한다고 생각하기 때문이다. 만약 자신이 말하는 것을 스스로 믿고 있다면 어리석은 사람이고, 믿지 않고 있다면 사기꾼이라고 정의한다. 무엇보다 종교 지도자들은 멍청이거나 사기꾼인데, 그런 사람들이 사회지도층 인사로 분류되어 특혜를 누리고 발언권을 갖기에 더욱 싫어한다.

또 그들은 종교가 만드는 문제를 싫어한다. 종교는 서로 싸운다. 상대를 악으로 규정하고 혐오한다. 이것이 심각한 폭력 사태를 만들기도 하는데, 미얀마에서 벌어지고 있는 불교에 의한 이슬람 탄압, 이슬람교가 기독교와 힌두교 세계에서 벌이는 테러, 기독교가 이슬람 세계를 대상으로 벌인 전쟁 등이 바로 그것이다. 종교는 자주 혐오와 학대, 폭력의 원인이었다. 그래서 그들에게 있어 종교는 인류의 평화를 위해 없어져야 할 대상이다.

이처럼 이 시대의 상식이 이야기하는 종교란 '무지에 대해 신으로 대답하는 것'이라고 정의할 수 있다. 비이성적이고 나약한 사람에게 팔리는 가짜 희망이다. 절망한 사람들에게 가짜 희망이라도 필요하다고 생각하는 사람은 종교가 필요하다고 말하지만, 종교가 인류의 진보를 방해한다고 생각하는 사람은 종교가 반드시 사라져야 한다고 주장한다. 이런저런 이유로 종교를 싫어하는 사람은 종교를 공격하고 싶어한다. 이것이 이 시대가 종교에 대해 가진 상식이다.

상식이 바라본 종교

02

종교를 위한 반론

예수나 부처는 램프의 요정이 아니다

종교는 삶의 문제 앞에 서 있는 사람들에게 기도하면 문제가 해결된다는 거짓 희망을 파는 곳일까? 그렇지 않다. 어느 종교든 그 종교의 문을 열고 들어가 '내가 가진 인생의 문제를 해결해 줄 수 있냐'고 물어보면, 그 어떤 종교든 여기는 그런 곳이 아니라고 대답할 것이다.

교회에 들어가 내가 교회에 다니면 나의 소원이 이루어지는지를 물어보라. 그러면 교회는 여긴 그런 곳이 아니라 영혼의 구원을 찾아가는 곳이라고 대답할 것이다. 또 절에 들어가 내가 절에 다니면 나의 소원이 이루어지는지를 물어보라. 그러면 절은 여긴 그런 곳이 아니라 그 번뇌에서 벗어나는 곳이라고 대답할 것이다.

예수나 부처는 우리에게 "기도를 해! 그러면 소원을 이루어줄게"

라고 가르치지 않았다. 예수는 사랑을, 부처는 깨달음을 가르친다. 4대 종교 중 그 어떤 종교도 "기도를 해! 소원을 이루어줄게"라고 말하지 않는다.

종교는 거짓 희망을 파는 곳이 아니라 진리를 추구하는 곳이다. 깨달음을 찾고 사랑을 추구하며 바르게 살아가는 삶을 권면하는 곳이 종교이다. 그런데 이 시대의 상식은 이 사실을 의도적으로 외면한다. 그리고 종교가 거짓 희망을 파는 곳이라고 정의한 상태에서 종교를 비판한다. 종교가 진짜임을 입증하려면, 사람들이 원하는 소망을 정량적으로 이루어주는 것이 유일한 방법이라고 주장한다. 그러지 못하기 때문에 종교는 가짜이고 틀렸다고 말한다.

종교는 이러한 비판에 당황스럽다. 종교는 애초에 그런 곳이 아니기 때문이다. 종교는 찾아오는 사람들의 소원을 이루어주는 곳이 아니다. 예수와 부처는 램프의 요정이 아니라 진리의 스승이다. 종교는 자신을 입증하기 위해 사람들의 소원을 정량적으로 들어줄 필요가 없다. 어떤 종교도 그것을 추구하지 않기 때문이다.

이 시대 종교에 대한 비판이 오해에 기반하고 있다는 것은 안타까운 일이다. 여기에 대해서는 해명이 불가능하다. 애초에 종교는 그런 곳이 아니기 때문이다. 그런데 왜 이런 오해가 생겼을까? 오해는 '영역오류'에서부터 시작되었다.

영역오류

'영역오류'라는 것이 있다. A를 이해하기 위해서는 A라는 영역의 논리로 이해해야 하는데, B라는 영역의 논리로 A를 이해하려고 할 때 생기는 왜곡을 말한다.

예를 들어, 경제 논리에서 보면 교육은 상품이다. 따라서 양질의 교육은 좋은 상품이라고 할 수 있다. 돈 있는 사람이 양질의 교육을 구매하고, 돈 없는 사람은 그렇지 못한 것이 경제 논리에서는 자연스러운 일이다. 하지만 돈 있는 사람의 자녀는 좋은 교육을 받고, 돈 없는 사람의 자녀는 좋은 교육에서 배제되는 것이 과연 당연한 일인가? 경제 논리에서는 맞을 수 있겠지만, 교육의 논리에서는 틀렸다.
또 부모의 경제력에 따라 자녀 교육의 기회가 결정되는 것은 평등의 정신에 어긋난다. 이러한 기회의 불평등은 계급 사회의 초석이 되고, 결국 평등 사회를 무너트리는 악이다. 자유주의에서 경쟁의 핵심은 룰의 공정성인데, 이건 마치 누군가가 50m 앞에서 출발하는 100m 달리기와 같은 것이다. 따라서 교육은 교육의 논리로 이해해야 한다. 교육을 경제 논리로 본다면 이건 '영역오류'다.

의료도 생각해보자. 경제 논리에서 의료는 상품이다. 경제적 관점에서 본다면, 오늘날 한국의 의료 현실은 왜곡되어 있다. 의사라는 고급 인력은 물론, 고가의 첨단장비와 시설을 사용하는 대형 병원의 치료와 수술이 오늘날 이 가격인 것은 말이 안 된다. 지금보다 훨씬 더 높은 가격이 책정되어야 한다. 평범한 사람들이 대형 로펌의 변호사를 만날 수 없는 것처럼, 평범한 사람들은 대형 병원의 교수를 만날 수 없는 것이 당연해야 경제 논리에 맞다. 부유한 사람들은 대형 병원의 최첨단 의료 시설의 치료를 받고, 평범한 사람은 지역병원의 치료에 만족하며, 가난한 사람들은 치료도 못 받고 죽는 것이 당연하다. 안타깝지만, 누구를 탓하겠는가. 의료를 위한 자금을 비축하지 않은 자신의 문제일 뿐이지. 이런 논리가 맞다고 생각하는가?

경제 논리에서는 맞지만, 의료의 논리에서는 틀렸다. 히포크라테스 선서는 "이제 의업에 종사하는 일원으로서 인정받는 이 순간, 나의 생애를 인류 봉사에 바칠 것을 엄숙히 서약하노라"는 문장으로 시작한다. 생명은 존엄한 것이다. 따라서 의료는 상품일 수 없다. 의료를 상품으로 보는 것은 생명의 존엄성과 의사의 사명감을 무시하는 것이다. 돈이 없다는 이유로 치료의 기회조차 얻지 못하고 죽어가는 사회는 생명의 가치가 훼손된 비참한 사회다. 이처럼 의료는 의료의 논리로 이해해야 한다. 의료를 경제 논리로 본다면 이것 역시 '영역오류'다.

지금까지 살펴본 것과 같이 의료는 의료로 해석하고, 교육은 교육으로 해석해야 한다. 다른 영역의 관점으로 이것을 해석해서 왜곡된 결론을 도출하는 것은 틀린 것이다. 영역오류는 자신에게 익숙한 하나의 논리를 가지고 모든 영역을 일괄적으로 해석하면서 모든 것을 알고 있다고 착각하는 것인데, 우리는 이런 실수에 빠지지 않도록 주의해야 한다. 비상식적인 상식은 대부분 영역오류에 의해서 만들어진다. 대부분의 무지와 편견은 영역오류로부터 출발한다. 대상에 대한 정보와 맥락을 알지 못한 상태에서 내가 가진 정보로 상대를 평가하는 것은, 그 출발점 자체가 '편견'이다. 이 방식으로 상식을 만들 때 비상식적인 상식이 만들어진다.

인종, 종교, 문화, 사회적 배경, 정치적 입장이 다른 사람들끼리 갖는 편견이 이렇게 만들어졌다. 백인의 입장에서 흑인을 바라보는 것, 다른 종교에 대한 정보가 전혀 없는 상태에서 개인의 종교적 입장에서 상대를 악으로 규정하는 것, 다른 사람의 입장과 맥락에 대해 어떠한 정보나 통찰도 없는 상태에서 내 입장에서 상대를 규정하고 평가하는 것 등 이 모든 편견은 상대에 대해 무지한 상태에서 개인의 입장과 정보로만 상대를 규정하는 것에서부터 출발한다.

종교에 대한 오해의 핵심은, 종교를 종교의 관점으로 다루지 않고 자신에게 익숙한 관점에서 종교를 평가한다는 것이다. 종교가 이야기하는 종교는 배제하고, 자신에게 익숙한 관점에서 종교를 평가한다. 종교를 사회학적 관점에서 보고 역량의 낭비라고 평가하고, 심리학적 관점에서 보고 정서에 유익한 문화라고 판단하며, 과학적 관점에서 보고 거짓말이라고 확정한다. 이 모든 것이 전형적인 영역오류다.

영역오류는 그것 자체로 틀린 것이다. 객관적으로 대상을 검토하지 않은 상태에서 자신에게 익숙한 원리로 대상을 재단하는 것이기 때문이다. 자신에게 익숙한 하나의 논리로 모든 것을 판단하는 사람은 자신이 모르는 것이 없다고 생각한다. 하지만 사실 이것은 그가 아무것도 모르고 있다는 의미이다.

상식은 상식에서부터

어떤 영역에 대한 상식이 있다는 것은, 그 영역에 대한 정보가 있다는 말이다. 내가 역사에 대한 상식이 있다고 하면, 역사가 말하는 역사에 대한 대략적인 정보를 알고 있다는 것이다. 또 과학에 대한 상식이 있다고 하면, 과학이 말하는 과학에 대한 대략적인 정보를 알고 있다는 것이다. 마찬가지로 종교에 대한 상식이 있다고 하려면, 종교가 말하는 종교에 대한 대략적인 정보를 알고 있어야 한다. 만약 그것이 없다면 나는 그 영역에 대한 상식이 없다고 해야 하며, 스스로 잘 모른다고 인지하고 있어야 한다.

대부분의 사람은 과학적 정보가 없을 때, 나는 과학에 대해서는 잘 모른다고 말한다. 또 역사적 정보가 없을 때, 나는 역사에 대해서는 잘 모른다고 말한다. 그런데 많은 사람이 종교에 대한 정보가 없으면서도 자신은 종교에 대해 잘 알고 있다고 생각하며, 자신의 관점을 이야기한다. 그러지 않아야 한다.

종교에 대한 정보가 없을 때는 종교에 대해서 잘 모른다고 해야 맞다. 그리고 종교에 대한 어떤 견해를 가지고 싶다면, 먼저 종교가 말하는 종교에 대해 정보를 수집해야 한다. 어느 정도 대략적인 정보를 파악한 후에야 내가 종교에 대한 상식을 가지고 있고, 나는 이러한 관점을 가지고 있다고 말해야 할 것이다. 그때 비로소 우리는 진정한 의미에서 종교에 대한 대화를 서로 나눌 수 있다.

악플러들은 상대에 대해 잘 알지 못하면서, 자신이 경험한 지엽적이고 검증되지 않은 한두 가지 정보만 가지고 상대를 규정하고 혐오한다. 마찬가지로 어떤 사람들은 종교에 대해서도 이 정도의 태도를 보인다. 이때 종교인들은 그 상식적이지 않고, 지성적이지 않으며, 바르지 않은 태도에 불편함을 느낄 수밖에 없다.

03

종교를 위한 변명

우유에 대한 경계심

우유는 상온에서 쉽게 부패한다. 어릴 때, 이 사실을 잊고 식탁에 놓인 우유를 아무런 생각 없이 마셨다가 이상한 냄새와 함께 입 안으로 물컹한 덩어리가 들어온 적이 있었다. 정말 불쾌했다. 우유가 상온에서 쉽게 부패할 수 있다는 것을 잊어버렸기에 갖게 된 경험이었다. 이 경험 이후에 나는 우유를 확인하는 습관이 생겼다. 서늘한 곳에 보관되었었는지, 유통기한과 소비기한은 어떻게 되는지를 반드시 확인한다. 또 미심쩍은 부분이 있으면 조심스럽게 냄새로 먼저 확인하거나 천천히 맛을 본다.

종교는 상온에서 쉽게 부패한다. 우유가 사람에게 좋은 식품인 것처럼, 종교는 사람에게 유익한 것이다. 종교는 진리, 성숙, 공의, 사랑에 대한 것이기 때문이다. 하지만 우유가 그런 것처럼, 종교도 상온에서 쉽게 부패한다. 그래서 부패한 종교를 접한 사람은 마치 썩은 우유를 마신 것과 같은 불쾌한 경험을 한다. 이런 경험이 있다면 종교를 확인하는 습관을 지녀야 한다. 서늘한 곳에 보관되었는지, 유통기한과 소비기한은 언제까지인지를 말이다. 나아가 미심쩍은 부분이 있다면 조심스럽게 냄새를 먼저 맡아 확인하고, 천천히 맛을 봐야 한다.

부패한 종교

종교는 상온에서 쉽게 부패한다. 그래서인지 종교는 자주 사회에서 해로운 존재로 전락한다. 부패한 종교는 사회와 사람들에게 거짓 희망을 파는 것보다 더 심각한 해악을 끼친다. 그렇다면 부패한 종교를 어떻게 구분할까? 부패한 종교는 다음과 같이 네 가지 모습으로 나타난다.

___ 분쟁

종교는 원래 다른 종교와 논쟁하지만, 분쟁하지는 않는다. 악을 가르치는 종교는 없다. 인생을 낭비하고 타인을 공격하라고 가르치는 종교도 없다. 모든 종교는 선을 가르친다. 단지 무엇이 더 핵심인지에 대해 서로의 견해가 다를 뿐이다. 그래서 종교는 서로를 존중하고 논쟁한다.

하지만 종교가 부패하면 서로를 악으로 규정한다. 상대를 제거하는 것이 선이라고 생각하기 때문이다. 그래서 분열, 혐오, 분쟁, 폭력의 연속성에 진입한다. 역사적으로 봐도 종교가 부패하면 항상 이런 일을 벌여왔다. 종교는 심각한 폭력의 문제를 야기하고, 그것으로 사회에 해악을 끼쳤다.

____ 권력화

종교의 세력이 커지면, 종교는 권력을 얻는다. 건강한 종교는 그 권력을 사회가 더 바르고 따뜻하며 성숙한 곳이 되는 데 사용한다. 종교가 갖게 된 돈, 인력, 사회적 발언권을 세상이 더 좋은 곳이 되는 데 사용하는 것이다. 가난한 사람을 지키고, 사회적 폭력에 대항하며, 타락한 문화에 반대의 목소리를 낸다. 이러한 종교의 권력은 사회에 선한 영향을 준다.

하지만 종교가 부패하면 권력화된다. 권력화는 권력을 통해 자신의 이익을 구현하는 것이다. 종교가 권력화되면 정치, 사회, 문화를 장악하여 그것을 종교의 이익을 위해서만 사용하려고 한다. 권력을 통해 그 사회를 통제하고, 종교 사회로 만들려고 한다. 강제 개종, 종교 규범의 법제화, 이것을 반대하는 타종교인에 대한 핍박을 추구한다. 또 종교가 권력화되면 종교 지도자는 특권계층이 되며, 이들은 신적 권위를 가지고 신도들을 통제한다. 부와 명예와 권력을 소유하고, 그것을 세속적인 방식으로 소비하는 것이다. 이러한 종교의 권력화는 사회에 심각한 해악을 준다.

____ 세속화

종교는 진리, 성숙, 공의, 사랑에 대한 것이다. 종교는 신의 도움으로 더 좋은 환경을 만들려는 시도가 아닌, 신의 도움으로 더 좋은 사람이 되려는 시도이다.

하지만 종교가 세속화되면 신의 도움으로 더 좋은 환경을 얻는 것이 종교라고 가르친다. 이것은 불의한 것이다. 자기가 노력해서 얻으려고 하지 않고, 신의 도움을 받아 원하는 것을 얻어보려고 하는 것이기 때문이다. 이것은 무지한 것이다. 조금만 상황을 객관적으로 바라보면, 사실 이런 일들이 벌어지지 않고 있다는 것을 알 수 있는데 사람들은 그것을 인지하지 못한다. 종교가 부패하면 항상 세속화된 모습으로 나타난다.

____ 교조화

원래 종교는 죽음, 진리, 인간, 세상, 삶에 대한 질문을 던지고, 그에 따른 대답을 찾아 나서는 것이다.

하지만 교조화된 종교는 아무것도 설명해주지 않는다. 이해되지 않는 문장을 무조건 외우도록 하고, 이해되지 않는 규칙을 강제로 지키도록 한다. 그리고 여기에 의문을 제시하는 것을 용납하지 않는다. 중요하지 않은 것을 강조하고, 중요한 것은 외면한다. 모두가 생각 없이, 누군가 자기 입에 넣어 놓은 말로 말하도록 만든다. 이처럼 부패한 종교는 교조주의화된다. 종교가 원래 지향하는 바를 해체하고, 개인의 주체적 사고를 억압하며, 기계화된 생각으로 판단하고 행동하도록 만든다. 이 교조주의는 종교의 권력화와 분쟁의 기반이 된다. 종교가 부패하면 항상 교조주의적인 모습으로 변질되었다.

종교에 대한 경계심

지금까지 살펴본 네 가지를 기준으로, 종교가 부패하지는 않았는지 를 반드시 확인해야 한다. 어떤 종교가 권력화, 세속화, 교조화되어 다른 종교와 폭력적인 분쟁을 이어가고 있다면, 그것은 부패했을 확 률이 높다. 종교는 자주 쉽게 교조주의화되고 세속화되며 권력화되 어 서로 분쟁하여 사회에 악영향을 끼친다. 우리는 이러한 부패한 종교를 분별할 수 있어야 한다.

　종교에 대한 비판은 그 지역을 장악하고 있는 종교가 전체적으로 부패했을 때 나타난다. 이 시대가 종교를 끝나지 않은 기우제라고 정의하는 이유는, 이 시대의 종교가 세속화되었다는 뜻이기도 하다. 생각해보라. 예수나 석가가 폭력을 사용해서라도 서로를 없애라고 했던 적이 있는가 말이다. 예수는 사랑을 가르쳤고, 석가는 자비를 가르쳤다. 예수나 석가는 권력을 추구하거나 사용하지 않았다. 예수 는 권력에 의해 살해당했고, 석가는 권력을 버리고 출가의 길을 걸 었다. 예수나 석가, 그 누구도 나에게 기도하면 네가 원하는 소원을 들어준다고 이야기하지 않았다. 모두 그것보다 더 중요한 것을 추구 해야 한다고 가르쳤다. 우리가 경험한 부패한 종교의 모습과 진정한 종교의 모습에는 분명히 차이가 있다. 그러니 이것을 분리해서 바라보는 것이 필요하다.

내가 부패한 우유를 마셨던 불쾌한 경험 때문에, 우유는 사람이 먹을 것이 못 된다고 말할 수 있다. 하지만 그보다 우유는 쉽게 부패하기 때문에 조심해야 한다고 생각하는 것이 더 자연스럽다. 내가 부패한 종교를 경험했기 때문에, 종교는 사람에게 해롭다고 생각하는 것은 자연스러운 일이다. 하지만 그보다 종교는 부패하기 쉬우므로 서늘한 곳에 잘 보관되었는지, 소비기한이 지나지는 않았는지를 확인하는 것이 필요하다는 생각이 더 바람직하다. 물론 종교를 배제하는 것이 그 불쾌한 경험을 다시 하지 않을 수 있는 확실한 방법일 수 있다. 하지만 그러면 원래의 좋은 종교와 그 종교로부터 얻을 수 있는 유익이 모두 배제되는 것이기 때문에 너무나 아쉬운 일이다.

우리는 종교에 대한 거부가 아닌 경계심을 가져야 한다. 부패하지는 않았는지를 잘 살펴야 한다. 만약 종교가 폭력을 만들고 세속화되며 권력화되고 교조주의화되었다면, 이는 상한 종교일 수 있으니 주의하자. 하지만 그렇지 않다면, 종교를 왜곡된 선입관으로 배척하기보다는 종교에 귀를 기울여보는 것이 필요하다. 종교가 가진 지금의 모습이 아닌, 종교가 가진 원래의 모습에 대해서 말이다. 그렇다면, 진정한 종교란 무엇일까? 종교가 이야기하는 종교의 관점에서의 종교는 무엇일까?

04

종교란 무엇인가

먼저 떠나 보낸 사람들

다섯 명이 친했다. 그중에 한 친구가 젊은 나이에 세상을 떠났다. 그는 참 좋은 친구였다. 바르고 따뜻한 친구였다. 화려하지 않아도 진심을 가지고 살아가서 주변 사람들의 마음을 단정하게 해주던 친구였다. 친절하지 않아도 소소하게 곁을 내어주어 마음을 따뜻하게 해주던 친구였다. 그런 친구가 갑자기 사라져 버렸다. 이 사건은 남은 네 명의 친구들에게는 매우 당혹스러운 일이었다.

평생 어울려 살아갈 줄 알았던 친구 중 한 명이 사라졌다는 것이 믿기지 않았다. 아니, 받아들여지지 않았다고 해야 더 정확한 표현일 것이다. 남은 친구들에게는 마음 한편이 무너져 내리는 경험이었기 때문이다. 슬픔 속에 장례를 치렀다. 남은 친구들은 삼 일 동안 친구가 세상에 없는 낯선 현실이 슬펐고, 갑자기 찾아온 죽음이 당황스러웠다. 그들은 생애 처음으로 '죽음'을 가까이 생각하게 되었다. 그들은 떠난 친구를 통해 죽음이라는 질문을 가지게 되었고, 그 질문에 대해 나름대로 답을 찾아갔다.

첫 번째 친구는 느리지만 천천히 이전의 일상으로 돌아갔다. 친구가 떠난 것은 슬프지만 이것을 잘 극복해야 한다고 생각했다. 추억은 간직하고 슬픔은 극복하는 것이 바른 자세라고 생각했다. 그래서 때때로 찾아오는 죽음에 대한 생각이나 감정에 빠지지 않으려고 노력했다. 죽음이 없는 것처럼 살았던 이전의 호흡으로 돌아가려고 노력했다. 쉽지는 않았지만 천천히 이전으로 돌아갈 수 있었다. 친구를 여전히 추억하지만 죽음에 대해서는 잊고 살아갈 수 있게 되었다. 스스로 슬픔을 잘 극복해서 다행이라고 생각했다.

두 번째 친구는 삶이 너무나 짧은 한순간이라는 사실을 깊이 깨달았다. 삶은 너무나 짧다. 나도 어느 날 갑자기 이렇게 사라질 것이다. 친구의 죽음을 통해 이것이 너무나 깊게 느껴졌다. 죽음이 이전에는 막연한 정보였지만 이제는 가까운 현실이 되었다. 죽음이 가까이 느껴지는 만큼 삶이 소중하게 다가왔다. 살아 있다는 것이 소중했기에 더는 삶을 낭비하고 싶지 않았다. 그래서 누군가가 나에게 가르쳐주는 대로 살아갈 시간이 없다고 생각했다. 이제부터는 내가 생각하는 대로, 내가 정말 원하는 삶을 살아야겠다고 생각했다. 그리고 죽음을 기억하는 것이 삶을 변화시킨다는 것을 깨닫게 되었다.

이전에는 늘 다른 사람의 시선으로만 세상을 봤다. 그들에게 내가 어떻게 보일지, 그들의 시선에서 내가 어느 정도의 위치에 있는지가 중요했다. 하지만 이제는 그런 것이 중요하지 않다. 오직 나의 시선으로만 나의 삶을 본다. 지금 내가 무엇을 원하는지, 그래서 그것을 하고 있는지가 중요하다. 이것이 떠난 친구가 나에게 준 마지막 선물이라고 생각했다.

세 번째 친구는 죽음 앞에서 그 사람이 어떻게 기억되는지를 생각했다. 모두가 그 친구를 아름답게 기억하고 있었다. 친구가 짧은 인생을 살았지만, 값진 인생을 살았다고 느꼈다. 그래서 사람은 이 세상에서 무엇을 이루거나 누렸는지가 아닌, 어떤 사람으로 살았는지가 중요하다고 생각했다. 그리고 죽음 앞에 부끄럽지 않은 삶을 사는 것에 대해 고민하기 시작했다. '죽음의 날, 나는 어떤 한 문장으로 정리될까?' 나의 직업이나 돈, 내가 누렸던 것이 아니라 이 친구처럼 좋은 사람이었다는 문장을 갖고 싶었다. 그렇게 사는 것이 잘사는 것이라 생각되었다. 내세가 있다면, 이 친구는 거기에서 칭찬받을 것이라는 생각도 들었다.

세 번째 친구도 죽음 앞에서 부끄럽지 않은 삶을 살고 싶었다. 그래서 이후의 삶은 좀 달라졌다. 이전에는 더 좋은 환경을 위해 그리고 기회가 되는 대로 즐겁게 사는 것이 삶의 기준이었다면, 이제는 바르게 사는 것에 대해 생각한다. 무엇이 바른 것인지를 고민하고, 그렇게 살아보려고 한다. 그렇게 살면서 왠지 내면이 맑아지는 것과 같은 경험을 하기도 한다. 이 만족감이 내가 하고 싶은 대로 다 하고 살았을 때보다 더 깊다는 생각도 들었다. 이것이 떠난 친구가 나에게 준 마지막 가르침이라고 생각했다.

네 번째 친구는 먼저 떠난 친구가 지금 좋은 곳에 있을 것이라는 말이 마음에 남았다. 친구가 사라졌다고 생각하지 않았다. 친구가 당연히 좋은 곳에서 우리를 지켜봐주고 있으리라 생각했다. 몸은 죽어도 영혼은 살아 있다는 말이 처음으로 가깝게 느껴졌다. 이 세상에서의 삶이 전부가 아니다. 어느 날 소풍 같은 이곳의 삶이 끝나고, 우리는 그곳으로 돌아갈 것이다. 그래서 영원한 삶에 대해, 영혼에 대해 생각하게 되었다. 그러자 삶에 대한 시선이 조금씩 변하기 시작했다. 진심으로 살고 싶었다. 영혼으로 살고 싶었다. 내일이 되면 '내가 왜 그랬을까?'라고 후회하는 삶으로 살고 싶지 않았다. 삶에서 가장 중요한 것은 진정한 나를 찾고, 그러한 나로 살아가는 것으로 생각되었다. 이것이 떠난 친구에게 받은 선물이라고 생각했다.

친구가 먼저 떠난 그 날은 남은 친구들에게 어떤 식으로든 영향을 주었다. 그들은 죽음에 대해 생각하는 것을 계기로 삶에 대한 답을 갖게 되었다. 작은 시선의 변화가 결과적으로 그들의 삶에 큰 영향을 준 것이다. 죽음에 질문을 던져 얻은 답은 나, 즉 자기 정체성에 대한 답이 되기 때문이다. 근본적인 생각이 바뀌는 것이기에 삶에 큰 변화로 나타난다.

종교는 무엇인가

종교는 '죽음에 질문을 던져 삶에 답을 얻는 것'이다. 이것이 종교가 이야기하는 종교의 정의다. 이처럼 종교는 신에 대한 것이라기보다는 죽음에 대한 것이다. 모든 사람이 죽음을 갖고 있지만, 죽음에 대해서는 잘 생각하지 않는다. 마치 죽음이 없는 것처럼 살아간다. 하지만 죽음은 분명히 나 자신과 삶의 일부이다. 그러니 죽음이 없는 것처럼 살아가기보다는, 죽음이 무엇인지를 반드시 살펴봐야 한다. 그리고 거기에 대한 답을 찾아야 한다. 이 답은 당연히 삶에 일정한 영향을 줄 것이다. 이렇게 죽음에 질문을 던져 삶에 답을 찾아가는 것이 종교다. 그래서 종교는 신에 대한 것이라기보다 죽음에 대한 것이라고 해야 맞다. 지금까지 사람들이 내놓은 죽음에 대한 답은 대략 네 가지다.

____ 무시

죽음에 대해 답하지 않는 것이 최선이라는 것이다. 세상에 죽고 싶은 사람이 어디 있겠는가. 이처럼 죽음은 모든 사람에게 반드시 찾아올 안 좋은 소식이다. 나아가 어쩔 수 없는 소식이기도 하다. 죽음은 내가 어떻게 바꿀 수 없는 확정된 일정이다. 죽음을 조금 미룰 수 있을지는 몰라도 바꿀 수는 없다. 죽음은 미래에 반드시 찾아올 소식이다. 하지만 예약된 날짜는 없다. 그래서 누구에게나 항상 먼 미래로 느껴진다. 죽음은 우리에게 반드시 찾아올 먼 미래에 생길 좋지 않은 일인데, 그것을 어떻게 할 수 없다면 잊고 지내는 것이 상책이라고 사람들은 생각한다. 미리 생각하고 오늘을 망칠 필요는 없으니까 말이다. 죽기 전까지 영원히 안 죽을 것처럼 살아가는 것이 좋다. 이것이 죽음에 대한 첫 번째 답 '무시'다.

___ 소멸

죽음은 완전한 소멸이라는 것이다. 인간은 단지 육체다. 육체는 죽음으로 소멸된다. 그래서 인간의 죽음은 완전한 소멸을 의미한다. 죽음 이후에 어떤 방식으로든지 인간이 존재할 것이라고 믿는 것은 모두 두려움이 만들어낸 상상이고, 남은 사람들을 위로하기 위해 만든 판타지다. 천국과 지옥, 심판, 하나님, 윤회, 해탈, 신들의 세계 등은 모두 고대인들이 죽음에 대한 두려움으로 만들어낸 상상의 이야기이다. 이것을 믿는 것은 썰매를 타는 산타클로스를 믿는 것과 같다. 죽으면 끝이다. 이것이 사실이다. 이 사실을 두려움으로 왜곡하거나 상상력으로 포장하는 것은 어리석은 일이다. 이것이 죽음에 대한 두 번째 답 '소멸'이다.

___ 정신

죽음 이후에도 우리의 정신은 남아 있을 것이라는 것이다. 인간은 육체와 정신으로 이루어진 이중적인 존재이다. 그래서 인간은 육체로 다 설명할 수 없다. 그 대표적인 것이 바로 인간의 이성이다. 인간은 동물과 다르게 합리적인 이해로 세계를 해석하고, 도덕적인 판단으로 바름을 추구하며, 이 이해와 판단에 따라 주체적인 선택을 해 나가는 존재다. 이런 인간의 정신적인 측면은 육체에 의해 만들어진 것이 아니다. 인간의 정신이 육체라는 그릇에 담겨 있는 것이다. 그 래서 육체의 소멸인 죽음 이후에도 정신은 존재할 것이라 믿는다. 애초에 정신이 육체에 의해 만들어진 것이 아니라면 육체가 소멸한 다고 해도 정신은 살아 있다고 보는 것이 자연스럽다. 그래서 우리 는 오늘도 바르게 살아야 한다. 그것이 진정한 나이기 때문이다. 이 것이 죽음에 대한 세 번째 답 '정신'이다.

____ 영혼

죽음 이후에도 우리의 영혼은 남아 있을 것이라는 것이다. 인간은 육체와 영혼으로 이루어진 이중적인 존재이다. 그래서 인간은 단지 육체라고 볼 수도 없고, 육체로 다 설명할 수도 없다. 인간이 동물과 다른 이유는 이성이나 도덕성에 있지 않다. 인간의 인간다움은 그 인격성에 있다. 인간의 이성을 정신으로 표현한다면, 인간의 인격성 은 영혼으로 표현한다. 그래서 육체의 소멸인 죽음 이후에도 우리의 영혼은 존재할 것이라고 믿는다. 따라서 우리는 개개인의 영혼을 발 견하고, 늘 진심으로 살아가야 한다. 그것이 진정한 나이기 때문이 다. 이것이 죽음에 대한 네 번째 답 '영혼'이다.

　지금까지 살펴본 죽음에 대한 네 가지 답을 보면, 결국 죽음에 대 한 답은 개인의 정체성에 대한 답이 된다는 것을 알 수 있다. 죽음에 대해 답하려면, 먼저 인간이 어떤 존재인가에 대해 답해야 한다. 그리고 정체성에 대한 답은 결국 삶에 대한 답이 된다. 그래서 종교는 '죽음에 질문을 던져 삶에 답을 얻는 것'이다.

죽음을 무시하고 오늘을 소중히 여기는 것을 '세속주의'라고 한다. 인간을 단지 육체로 규정하고 죽음을 소멸로 받아들이는 것을 '과학주의'라고 한다. 인간을 정신으로 규정하고 죽음 이후에도 남아 있는 진정한 나로 생각하는 것을 '명상종교'라고 한다. 불교, 힌두교와 같은 조직종교가 여기에 속한다. 인간을 영혼으로 규정하고 죽음 이후에도 남아 있는 진정한 나로 생각하는 것을 '계시종교'라고 한다. 기독교, 이슬람교가 여기에 속한 조직종교이다.

일반적으로는 명상종교나 계시종교에 속한 조직종교만 종교라고 생각하지만, 그렇지 않다. 세속주의와 과학주의 역시 죽음에 질문을 던져 삶에 답을 얻기에 하나의 종교라고 이해해야 한다. 또한 현대 사회에서 가장 영향력 있는 종교는 조직종교가 아니라 바로 세속주의와 과학주의라 할 수 있다.

나의 답, 나의 종교

사람들은 종교를 신중하게 선택하지 않는다. 주변 사람들의 답을 나의 답으로 받아들인다. 유행에 따라 옷을 입는 것처럼, 유행하는 종교를 걸친다. 이슬람 세계에서 태어나 무슬림이 되고, 불교 세계에서 태어나 불자가 된다. 자본주의 사회에서 살아가면서 세속주의자가 되고, 과학주의 교육을 받아 과학주의자가 된다. 이 경우에 종교는 주체적인 깨달음으로 나와 나의 삶을 해석하는 방식이기보다는, 다들 그렇다고 하니 그냥 그렇게 알고 있는 정보가 된다. 그러다 보니 삶의 변화보다 문화적 태도가 되고, 다른 문화를 가진 사람들과 자주 오해하고 충돌하는 이유가 되기도 한다.

평소에는 세속주의자이다. 그래서 죽음을 무시하고 살아간다. 하지만 종교에 대해서 논쟁할 때는 과학주의자가 된다. 그렇게 배웠기 때문이다. 그러다가 장례식장에서는 계시종교를 믿는다. 돌아가신 고인이 지금 좋은 곳에 가서서 우리를 지켜보고 계신다고 말이다. 사회적인 이야기를 할 때는 명상종교를 믿는다. 바르게 살아가는 것이 당연하다며 그렇지 않은 사람을 향해 비판한다. 이처럼 우리는 모순된 답을 가지고 살아간다. 이러한 삶은 어떠한 답도 그 안에 깊이 스며들지 못했다는 것을 의미한다. 따라서 유행처럼 적용된 종교는 그 사람에게 별다른 영향을 주지 못한다.

우리는 여기에서 벗어나야 한다. 죽음은 누구나 가지고 있는 사실이며, 답해야 하는 질문이다. 내가 이 질문에 대해서 주체적인 선택을 해나갈 때 그것은 나의 종교가 된다. 나아가 삶을 살아가는 태도에 큰 영향을 미친다. 다시 말해, 종교성이 그가 삶을 대하는 태도의 밑그림이 되는 것이다. 그러니 내 안에 어떤 질문과 답이 있는지를 자세히 들여다보라. 어떠한 정보를 얻는 것이 아니라 그 속에서 나의 답을 찾아 나갈 수 있길 바란다.

—————————◆—————————

† 성실한 개척자, 세속주의

† 자유로운 여행자, 과학주의

† 진리를 찾아가는 구도자, 명상종교

† 영혼으로 살아가는 인격자, 계시종교

—————————◆—————————

2부

네 개의 종교

죽음에 대해 인류는 크게 네 가지의 답을 가지고 있다. 세속주의, 과학주의, 명상종교, 계시종교가 바로 그것이다. 그리고 명상종교와 계시종교는 다시 불교, 힌두교, 철학 그리고 기독교와 이슬람교로 나누어 살펴볼 수 있다. 이들의 입장을 살펴보면, 지금까지 인간이 죽음에 대해 어떠한 답을 얻어왔는지 알 수 있다.

모든 종교는 선하다. 어떤 종교도 인생을 낭비하고, 타인을 공격하며, 자신을 망치도록 가르치지 않는다. 세속주의는 자신의 생존 앞에 진지하게 임할 것을 가르치고, 과학주의는 진정으로 원하는 것이 무엇인지를 돌아보도록 도우며, 명상종교는 바르게 살아갈 수 있도록 인도하고, 계시종교는 정돈되고 따뜻한 사람이 되라고 권면한다. 모든 종교가 선하다는 점에서 모든 종교는 옳다.

하지만 모든 종교가 옳다고 해서 모든 종교가 맞다는 것은 아니다. 각 종교는 무엇이 죽음에 대한 답인가, 무엇이 삶의 중심인가에 대해 서로 다른 답을 내놓는다. 그러니 모두 옳은 말이지만, 나의 질문에 대해서는 틀린 답이 될 수 있다. 따라서 틀린 종교를 선택하게 되면, 덜 중요한 것에 집중하다가 더 중요한 것을 놓치는 일이 생길 수 있다.

만약 진정으로 원하는 것을 위해 살아야 하는 과학주의가 답이라면, 환경을 개선하기 위해 노력하는 세속주의에 따라 살아온 삶은 후회의 삶이 될 수밖에 없다. 또 진심을 깨워 영혼으로 살아야 하는 계시종교가 답인데, 무엇이 맞는지 깨닫고 당위로 살아가는 명상종교에 따라 살아온 삶은 아쉬운 삶이 될 수밖에 없다. 그러니 모든 선한 이야기에 귀를 기울이지만, 무엇이 나에게 맞는 답인지는 잘 고민하며 종교를 들여다봐야 한다.

My life is my message.

- M. Gandhi -

01

성실한 개척자, 세속주의

성실한 개척자

나는 개인적으로 추억은 간직하고 슬픔은 극복해야 한다고 생각한다. 그래서 내가 일상으로 다시 돌아오는 것을 떠난 친구도 원할 거라 생각했다. 우리가 그 친구 때문에 슬픔에 잠겨 삶에 안 좋은 영향을 받는 것은 그가 원하는 것이 아닐 것이다. 떠난 친구는 우리가 슬픔은 빨리 극복하고, 추억은 오랫동안 간직해주길 바랄 것이다. 그런데 나만 일상으로 돌아온 것 같다. 다른 친구들은 그날 이후 모두 조금씩 변했다. 원래의 자리로 돌아오지 못했다.

오늘은 그중에서도 가장 많이 변한 친구가 여행에서 돌아오는 날이다. 원래 조용하고 성실한 친구였는데, 그때부터 성격이 변했다. 주관이 뚜렷하고 자유로운 사람이 되었다. 회사를 그만두고, 머리를 기르며, 거침없이 말하고, 여행을 다니기 시작했다. 그리고 "인생이 짧다. 삶이 소중하다. 정말 원하는 삶을 살아야 한다"라는 말을 암송하듯 반복하고 다녔다. 물론 다른 친구들도 변했다. 한 친구는 영혼에 관해 이야기하기 시작했고, 다른 친구는 집착을 버리는 것에 대해 이야기하기 시작했다. 하지만 첫 번째 언급한 친구가 제일 많이 변했다.

친구들이 함께 모였다. 그리고 매번 비슷해 보이는 이 친구의 여행 이야기를 들어준다. 재미는 없다. 나와 상관도 없고, 관심도 없는 이야기이기 때문이다. 그리고 이 중요한 시기에 저렇게 살면 안 될 것 같다는 걱정이 기본적으로 있기에, 이 친구의 모든 이야기가 그다지 반갑지 않다. 아쉬운 마음도 크다. 나와 가장 친한 친구들인데 공감대가 사라진 기분이다. 나는 그냥 평범하게 회사 이야기, 부동산이나 주식 이야기, 결혼이나 육아 그리고 교육 이야기를 하고 싶다. 내가 고민하고 관심 있는 이야기를 하고 싶고, 또 듣고 싶다. 같이 정보도 나누고 격려도 하며 위로도 하면 좋을 것 같은데, 이 친구들은 여기에 별로 관심이 없다. 이 친구의 여행 이야기가 끝나면 다른 친구가 집착과 번뇌에서 벗어나는 이야기를 할 것이고, 그 이야기가 끝날 때 즈음 또 다른 친구는 영혼과 구원에 관해 이야기할 것이다. 그날 이후로 매번 비슷해졌다. 일상적인 대화가 잘 되지 않는다. 가끔은 한참 어린 대학생들이랑 이야기하는 기분이다. 지루하지만, 그래도 대부분은 참고 듣는다.
하지만 때로 참아지지 않을 때도 있다. 가끔 보면 친구들이 돌아가면서 나를 '전도'한다. 자신들은 무언가 더 중요한 것을 알고 있고 나는 모르고 있다는 듯 가르치려고 하기 때문이다. 자기 이야기하듯 하지만 뭔가 자기 이야기를 듣고 감화되는 것이 없냐는 듯 내 눈치를 살피는 게 보일 때 불쾌하다. 오늘이 바로 그 불쾌한 날이다. 여행에서 돌아온 친구는 유난히 기분이 좋았다. 매번 비슷한 이야기를 또 신나게 하고 있다. 그냥 "그렇구나" 하고 들어주고 있는데, 오늘은 이 친구가 선을 넘는다. 나에게 "그러니까 너도 진짜 네가 원하는 걸 찾아"라고 말한다. 오늘은 별로 참고 싶은 기분이 아니라 나도 선을 넘기로 했다.

"나는 내가 뭘 원하는지 알아. 그걸 그렇게 여행 다니고, 명상해야 알 수 있는 거냐? 나는 그냥 알겠던데. 나는 지금 하는 일이 잘됐으면 좋겠어. 그래서 돈도 벌고, 시간도 생겨서 가족들을 편하게 살게 해주고 싶어. 지금보다 좀 더 여유롭게 살고 싶어. 먹고 싶은 거 먹고, 가고 싶은 곳 가고, 애들 해달라는 건 다 해주고. 이게 내가 원하는 거야. 그래서 지금도 열심히 일하는 거고. 이거 말고 다른 걸 찾아야 하는 거야? 난 이걸 원하는데, 왜 이거 말고 다른 걸 찾으라는 거야? 나는 사실 네가 말하는 원하는 것을 찾는다는 말에 동의가 안 돼. 그렇게 한참을 찾아다녀야 알 수 있는 거면 진짜 원하는 게 아니라 별로 안 원하는 건 아닐까? 내가 정말 원하는 건 그냥 느껴져. 안 느끼려고 해도 그냥 느껴져. 나는 잘되고 싶고, 잘살고 싶어." 내가 너무 오래 참았나 보다. 말이 끝도 없이 쏟아져 나왔다.

성실한 개척자, 세속주의

"난 사실 너희가 이야기하는 거 다 별로야. 마음에 안 들어. 솔직히 그냥 잘난 척하는 것 같아. 사람이 언제 정말 행복한지 내가 가르쳐 줄까? 사람은 등이 따뜻하고 배가 부르면 행복해. 내가 좋은 집에 살고, 먹고 싶은 거 먹으며, 쉬고 싶을 때 편히 쉴 수 있으면 행복해. 그러면 사람이 언제 불행한 줄 알아? 등이 차갑고 배 고프면 불행해. 집은 좁아터지는데 문제는 큰 집을 살 돈이 없어서 더 작은 집을 알아봐야 하고. 애들이 뭐 먹고 싶다는데 그 몇 푼이 없어서 부담스럽고. 나는 그러면 불행해." 나의 반박은 여기서 멈추지 않았다.

"사람이 언제 자기답게 살 수 있는지 가르쳐줄까? 돈이 있어야 사람답게 살 수 있어. 돈이 있어야 시간도 있고, 돈이 있어야 하고 싶은 걸 할 수 있어. 돈이 있어야 마음에 여유도 있고, 다른 사람 신경 쓸 마음도 생기고 그래. 사람에게 돈이 없잖아? 그러면 시간도 없고, 마음에 여유도 없어. 나도 모르게 이기적으로 되고 예민해지며 옹졸해지고 자격지심이 생겨. 환경이 좋으면 나답게 살 수 있어. 하지만 환경이 어려우면 그렇게 못해." 나는 계속해서 퍼부었다.

"난 이렇게 생각해. 그리고 내 생각이 맞아. 그러니까 건방지게 내가 너한테 뭘 배워야 한다는 듯 이야기하지 마. 내 생각에 내가 너희보다 더 인생을 똑바로 사는 것 같으니까. 넌 언제까지 그렇게 살래? 너 지금 그렇게 놀 수 있는 거, 몇 년 동안 열심히 하기 싫은 일 하면서 버티고 살아서 그런 거 아니야? 그 돈으로 여행 다니고 그러는 거잖아. 그 돈, 지금 그렇게 써도 되는 돈 아니야. 모아야지. 나이 들어서 어떻게 할 건데. 지금이야 좋지, 나중에는 어떻게 할 건데? 이제는 이전 직장 같은데 못 들어가. 거기보다 못한 데서 한참 후배였던 애들이랑 일해야 해. 그때는 어떻게 할래? 너희 부모님이 건물 물려주실 것도 아닌데, 지금 그렇게 살면 나중에 어쩔 생각인 거야? 그런 것이 네가 진짜 원하는 삶이야? 누구는 놀 줄 몰라서 안 노냐? 사람은 언제 죽을지 모른다고 계속 그러는데, 그러다가 너 백 살까지 살면 어떻게 할래? 너희 모두 너무 현실 감각이 없어. 노후 준비도 안 됐는데 너는 죽은 다음 이야기는 좀 그만해. 지금도 한참 모자라니까 너도 무소유 소리 좀 하지 말고. 또 너는 내가 진짜 원하는 게 뭔지 잘 아니까, 진짜 원하는 게 뭔지 찾으라는 소리 좀 그만해. 너희들은 현실 감각이 없어도 너무 없어. 다른 사람들처럼 그냥 부동산 이야기도 하고, 주식 이야기도 하며, 회사 이야기나 하자. 그리고 서로 응원하면서 정보도 나누고 말이야. 우리 그렇게 살면 안 되냐? 나에게 너희들은 진짜 친구인데, 너희들은 다 다른 세상에 사는 것 같아. 너희들은 나한테 뭘 가르쳐주고 싶은 것 같은데, 사실 나도 너희들 사는 거 보면 걱정이다. 나중에 어쩌려고 그러니?" 한번 쏟아져 나오는 말은 멈출 줄을 몰랐다. 말이 다 쏟아진 뒤에서야 민망함이 밀려왔다.

나는 단 한 번도 이런 식으로 이야기를 해본 적이 없다. 그리고 이렇게 하는 것은 상대에게 무례한 거니까. 나는 친구들에게 미안하다고 하며 변명을 하려는데, 오히려 친구들이 나에게 먼저 미안하다고 했다. 진심이 느껴졌다. 진짜 착한 친구들이다. 내가 그렇게 느끼는지 몰랐다고, 미안하다고 말한다. 내 말이 옳다고 한다. "우리가 너

성실한 개척자, 세속주의

무 현실 감각이 없기는 하지"라며 웃으며 말했다. "그래도 난 네가 그때 가르쳐준 덕분에 돈 관리 잘하고 있어"라고도 말한다. 좋은 친구들이다. 내가 뭐라고 친구들에게 쏘아붙였나 싶어 민망했다. 하지만 진심은 진심이다. 언제까지 이렇게 살려고 하는지 걱정은 된다.

세속주의의 교리

____ 죽음은 무시하는 것이 최선이다

종교는 죽음에 질문을 던져 삶에 답을 얻는 것이다. 세속주의는 죽음이라는 질문은 '무시'하는 것이 가장 좋다고 답한다. 죽음은 좋지 않은 소식이다. 하지만 어쩔 수 없는 소식이다. 또 죽음은 확정되지 않은 소식이다. 따라서 이런 일은 나중에 생각하는 것이 좋다고 말한다. 나중에 생각하고 지금은 그냥 오늘에 집중하라고 이야기한다. 이처럼 세속주의는 죽음이라는 질문에 무시로 답하는 것이 최선이라고 생각한다. 이것이 세속주의의 첫 번째 교리이다.

세속주의는 죽음에 무관심하다. 다시 말해, 종교에 무관심하다. 따라서 종교적 질문에 대해 "먹고 살기도 바쁘다"고 답한다. 그래서 죽음의 질문에 답하지 않는 것이고, 이로 인해 종교와 무관한 것처럼 생각되기도 한다. 하지만 무시도 질문에 대한 한 종류의 답이고, 그 답은 삶에 영향을 미친다. 죽음은 무시하고 오늘에 충실하려는 삶의 태도는 우리의 삶에서 환경을 중시하는 자세로 적용된다.

___ 환경이 사람을 만든다

세속주의의 두 번째 교리는 '환경이 사람을 만든다'이다. 세속주의자는 죽음에 대한 질문으로 오늘을 망쳐서는 안 된다고 생각한다. 죽음에 대한 질문이나 정체성에 대한 답보다 오늘이 더 소중하다고 말한다. 여기서 말하는 '오늘'은 단지 시간이 아니라 내가 지금 살아가는 환경을 의미한다. 오늘의 환경을 중요하게 생각하는 것, 더 좋은 환경을 만들기 위해 노력하는 삶을 더 의미있게 생각하는 것이 바로 세속주의의 가치관이다.

이 가치관은 '환경이 사람을 만든다'는 인간관에서 출발한다. 사람은 그 환경에 의해 만들어진다. 그의 환경이 그의 정체성이다. 그렇기 때문에 이것보다 더 우선시해야 하는 질문이나 가치관은 있을 수 없다. 그래서 세속주의는 종교적 질문에 먹고 살기도 바쁜데 쓸데없는 것에 신경 쓰고 싶지 않다고 말하는 것이다. 그런 질문에 시간을 쓰는 것은 낭비이고, 오늘 더 잘 먹고 잘살기 위해 노력하는 것이 더 값진 일이라고 생각한다. 이처럼 세속주의는 환경이 인간을 형성한다고 믿는다.

환경은 사람의 정서와 욕망을 만든다. 어린 시절 부모님에게 따뜻한 사랑을 받고 자랐다면, 그 사람은 다른 사람을 사랑할 줄 알고 정서적으로도 풍성한 사람이 된다. 어린 시절 다양한 기회를 얻고 긍정적인 경험이 많은 사람은 매사에 자신감이 넘치고 긍정적이다. 반대로 기회를 얻지 못하고 부정적인 경험이 많은 사람은 늘 심리적

성실한 개척자, 세속주의

긴장이 높고 부정적이다. 또 사랑받지 못하고 자라면 사랑할 줄도 모르고 나만 아는 이기적인 사람이 된다.

인정 욕구가 강한 사람, 안정 욕구가 강한 사람, 자존감이 낮은 사람, 자존감이 높은 사람, 관계에 대한 애착이 심한 사람, 관계에 대해 거부감이 심한 사람, 분노의 이슈가 있는 사람, 우울의 이슈가 있는 사람 등 사람이 가지고 있는 다양한 정서적인 패턴은 그가 지나온 환경을 통해 설명될 수 있다.

또한 환경이 사람의 생각을 만든다. 자본주의 사회에서 태어난 사람은 자본주의가 옳다고 생각하고, 공산주의 사회에서 태어난 사람은 공산주의가 옳다고 생각한다. 이처럼 사람은 자신이 받은 교육과 환경에 따라 개인의 사고를 형성하게 된다. 많은 사람이 주체적이고 특별한 자기만의 생각을 하고 있다고 착각하지만 사실은 그렇지 않다. 주변에 흘러다니는 생각, 혹은 어떤 생각을 하게 만드는 환경이 그 사람의 생각을 만드는 것이다. 독특하고 새로운 생각이라고 보이는 것도 자세히 들여다보면 환경이 만든 생각일 때가 많다.

한 예로, 요즘 미니멀리즘이라는 새로운 생각이 유행하고 있다. 하지만 이것도 환경에 의해 만들어진 생각이다. 드레스룸이 있는 사람은 굳이 어떤 옷을 버릴까 고민할 필요가 없다. 큰 창고를 가진 사람들은 추억이 담긴 물건 중 어떤 것을 남겨 둘지 고민할 필요가 없다. 하지만 우리는 오늘날 공간이 가장 비싼 세상에 살게 되었다. 예전 사람들은 보릿고개를 겪으면서도 마당이 있었지만, 우리는 먹을 것은 풍족하지만 마당은 상상도 못 하는 세상에 살고 있다. 그러니 예전처럼 물건을 소유하다 보면 삶의 공간을 물건에 빼앗기고 창고에서 살아가는 신세가 된다. 이런 환경에서 나에게 가장 필요한 것은 물건이 아니라 공간이라는 것을 깨달은 것이 바로 미니멀리즘이다. 물건은 싸고, 공간은 비싸다. 그러니 물건으로 공간을 메꾸기보다 물건을 버리고 공간을 얻는 것이 더 경제적이다. 따라서 추억은 디지털로 남겨두고, 나에게 공간을 되돌려주자는 것이 바로 미니멀리즘이다. 이러한 생각은 환경에 의해서 만들어졌다.

환경이 사람의 생각을 만든다는 것은, 수동적으로 주변의 생각을 따라가게 된다는 것만을 이야기하지는 않는다. 현재의 환경을 기반으로 능동적으로 생각하여 새로운 생각이 만들어지기도 하는데, 이 역시 환경이 만든 생각이라는 뜻이다. 세종대왕 시대에 살아가던 백성들은 왕정에 의문을 제시하지 않았다. 루이 16세 시대에 살아가던 백성들은 왕정에 의문을 제시했다. 21세기의 핀란드에 살아가는 사람들은 대부분 민주주의에 의문을 제시하지 않았다. 19세기 유럽을 살아가던 마르크스는 민주주의에 의문을 제시했다. 이처럼 사람들의 혁신적인 생각도 환경에 의해 만들어진다.

인간은 환경에 의해 만들어진다. 인간의 생각, 의지, 정서는 환경에 의한 결과물이다. 이것이 세속주의의 두 번째 교리이다.

____ 좋은 환경을 만들어 좋은 사람이 되고자 한다

인간은 주체적인 존재이다. 환경이라는 공장에서 찍혀 나오는 물건이 아니다. 이런 주체적인 인간이 환경에 의해 자신이 형성된다는 것을 알았을 때 어떤 행동을 하게 될까?

아마도 그 사람은 자신에게 좋은 환경을 만들어주려고 할 것이다. 환경이 자신에게 미치는 영향을 알았기에, 자신에게 좋은 환경을 만들어 좋은 사람이 되려고 할 것이다. 세속주의는 '좋은 환경을 만들어 좋은 사람이 되어야 한다'고 믿는다. 이것이 세속주의의 세 번째 교리이다.

우리는 이 교리를 다른 말로 '성공'이라고 한다. 성공은 나에게 필요한 좋은 환경을 포괄적으로 얻는 것을 의미한다. 이 포괄적인 환경은 네 가지 성공으로 나누어 설명할 수 있다.

첫째는 '경제적 성공'이다. 자유로운 소비생활을 유지할 수 있는 경제적 풍요를 이야기한다. 내가 필요하고, 원하는 것을 소비하는 데 가격을 확인하지 않아도 되는 것이 경제적 성공이다.

둘째는 '시간적 성공'이다. 시간의 여유를 가지고 있고, 또 시간을 자유롭게 조정할 수 있는 것을 말한다. 경제적으로 성공했어도 시간상 여유가 없다면, 이는 좋은 환경에서 살아간다고 할 수 없다. 돈을 쓸 시간이 없는 사람에게 돈이 많은들 무슨 의미가 있겠는가. 나의 시간을 내가 스스로 결정할 수 있는 것이 바로 시간적 성공의 핵심이다.

셋째는 '사회적 성공'이다. 내가 사회에서 존중의 대상이 되고 영향력을 가지고 있는 것을 의미한다. 시간과 돈을 가지고 있더라도 사회에서 의미 있는 위치에 있지 못하다면 성공이라고 할 수 없다. 사람들에게 존경받는 위치에서 일정한 영향력을 발휘할 수 있을 때, 그것이 바로 사회적 성공이다.

넷째는 '관계적 성공'이다. 내가 사랑하고 사랑받는 특별한 관계 속에 있고, 나에게 호의적이고 보편적인 관계 속에 있는 것을 말한다. 권력, 시간, 돈을 모두 가지고 있더라도 주변 사람과 적대적인 관계를 맺고 있다면, 이는 좋은 환경이라 말할 수 없다. 나를 특별히 사랑해주는 사람들이 있어야 하고, 나에게 호의를 가지고 대해주는 사람들이 있어야 한다. 이것이 관계적 성공이다.

이 모든 것이 총체적으로 만족하여 그 환경을 통해 건강한 자아를 형성시키는 것을 세속주의는 '성공'이라고 한다. 그리고 이는 그들의 핵심 가치이다. 성공이야말로 좋은 '나'를 만들 수 있는 길이기 때문이다.

세속주의는 성공을 추구하기로 하는 순간을 '어른이 되는 순간'이라고 부른다. 그리고 이 순간이 세속주의자들에게는 회심의 순간이다. 자녀는 부모가 제공하는 환경을 수동적으로 받아들일 수밖에 없다. 선물 같은 삶을 누리거나, 체벌 같은 삶을 견디는 것 외에 다른 선택은 없다. 하지만 어른은 그렇지 않다. 어른은 주어진 환경에서부터 다시 출발하는 존재다.

어른은 주어진 환경을 수동적으로 받아들이며, 거기에 만족하거나 불평하고 원망하지 않는다. 어른은 지금부터 내가 어떻게 해야 하는지를 스스로 생각하고 행동함으로, 나 자신에게 필요한 환경을 만들어낸다. 이런 사람으로 서는 것을 세속주의자들은 '어른이 되는 순간'이라고 한다.

어떤 사람들은 어른의 나이가 되고서도 실제 어른이 되지 못한다. 여전히 누군가가 만들어주는 환경을 받아들이는 자세에 머물러 있다. 착한 아이처럼 감사하거나 나쁜 아이처럼 불평하는 차이는 있지만, 모두 아이와 같은 반응이다. 누구나 사람에게는 어른이 되는 순간이 필요하다. 스스로 환경을 만들어가야 한다는 책임감과 만들어 갈 수 있다는 자신감이 필요하다.

인간은 환경을 통해 만들어진다. 따라서 좋은 환경을 만들어 좋은 사람이 되고자 한다. 이것이 세속주의의 세 번째 교리이다.

___ 숭고한 세속주의자

때로 세속주의자들은 특별한 신념이 없는 사람처럼 오해를 받는다. 그래서 다른 종교적 입장에 서 있는 사람들은 세속주의자들을 백지의 사람처럼 생각한다. 하지만 이것은 세속주의자들이 신념의 언어를 사용하지 않기에 생기는 오해다.

세속주의자들은 세속주의를 신념화하여 사용하지 않는다. 그것 자체가 쓸데없는 낭비라고 생각하기 때문이다. 굳이 환경이 사람을 만든다고 이야기할 필요도 없다. 그냥 먹고 살기 바빠서 다른 거는 신경 쓸 여유가 없다고 말하면 된다. 왜 인간에게 성공이 필요한가를 주장할 필요도 없다. 그냥 성공을 위해 매진하면 된다. 이것이 죽음에 대한 질문에 어떠한 답도 하지 않는 것처럼 보이지만, 사실은 그렇지 않다. 그들은 확신을 가지고 '무시'라는 답을 하고 있고, 인간의 정체성에 대해 '환경'이라는 믿음을 가지고 있다.

세속주의자들의 별명은 '성실한 개척자'이다. 그들은 자신에게 주어진 환경이라는 숙제를 다른 누군가가 풀어주길 바라지 않는다. 그들 스스로 해결해 나가고자 하는 책임감 있는 사람들이다. 또 자신이 추구하는 지점까지 환경을 변화시키고자 하는 주체적인 사람들이다. 그래서 세속주의자들은 황량한 벌판 앞에서도 자신이 원하는 농장을 꿈꾸며, 결국 자신이 원하는 집과 울타리를 만들어내는 사람들이다. 이처럼 세속주의자들은 인생이라는 숙제 앞에서 핑계를 찾지 않고, 그 숙제를 묵묵히 풀어가는 성실한 개척자들이다.

그래서일까? 한편으로 세속주의자들의 모습은 숭고하다. 가족의 생계를 돌보기 위해 매일같이 노동 현장에 서는 아버지의 어깨가 숭고한 것만큼, 자신의 생계를 돌보기 위해 매일 노동 현장에 서는 이들의 어깨도 숭고하다. 그들은 자신 앞에 놓인 생존의 숙제를 스스로 풀어나가며, 그 과정이 비록 어려울지라도 그것을 묵묵히 감당해내는 노동자의 숭고함을 가지고 있다. 성숙한 세속주의자들에게는 이런 존경스러운 모습이 있다.

세속주의의 실천

_____ **성장 과정 이해하기**

세속주의자가 되려면, 먼저 나 자신을 잘 이해해야 한다. 지금까지 나의 환경이 나를 어떤 모양으로 만들어왔는지를 말이다. 그리고 내가 그것을 인지하고 있는 것이 중요하다. 그것을 이해하는 것이 지금 내가 서 있는 출발점을 이해하는 것이기 때문이다. 출발점을 알아야 앞으로 나아갈 수 있다.

유년기를 이해해야 한다. 유년기를 이해하는 핵심은 부모가 어떤 사람이었는지, 나를 어떻게 대했는지 이해하는 것이다. 아이에게 부모는 세계이고 우주이다. 부모가 어떤 환경을 제공하고, 어떤 태도로 나를 대했는가는 아이에게 많은 영향을 미친다. 그러니 부모와 부모가 제공한 환경, 즉 나의 유년기를 돌아보는 것을 통해 환경이 나에게 어떤 영향을 주었는지 이해해야 한다.

부모가 나를 충분히 사랑해주지 않았다면, 나에게 애정 결핍이 있을 것이다. 애정 결핍은 중독, 타인에 대한 과도한 의존, 결핍된 사람에 대한 애정, 과도한 과시욕이나 인정 욕구 등으로 다양하게 나타난다. 우리는 이것을 스스로 인지해야 한다. 그래야 과거에 형성된 모습에 끌려다니지 않고, 나에게 환경의 개선이 필요하다는 것을 바르게 이해하여 그것을 추구해 나갈 수 있다.

애정 결핍을 이해하지 못한 사람은 자신과 같이 결핍된 사람과 동일시되어 그 관계에 매달리지만, 이것을 이해한 사람은 자신을 수용하여 건강하고 동등한 사랑을 하고자 노력하게 된다. 과거의 환경을 이해함으로 지금 나에게 필요한 환경이 무엇인지를 깨닫고 그것을 추구하는 것이다. 과거의 환경으로 형성된 나의 모습으로 계속 살아가며 환경에 떠밀려가는 것이 아니라 나에게 새로운 환경을 공급함으로 그 왜곡된 흐름에서부터 벗어나는 것이다.

부모가 나를 사랑했더라도 경제적으로 어려웠다면, 안정에 대한 집착을 가지고 있을 수 있다. 부모가 나를 사랑하고 풍요로웠더라도 나의 주 양육자가 부모가 아니었다면, 그것으로 내가 다른 이슈를 가지고 있을 수 있다. 혹은 어떤 사고와 같은 순간이 있다면, 그 트라우마가 나에게 영향을 줄 수도 있다. 그러니 나의 유년기를 이해하고 그 결과인 현재의 내 모습을 잘 이해하여 이것을 개선해가기 위해 어떤 환경이 필요한지를 생각해야 한다.

또한 청소년기를 이해해야 한다. 청소년기에 따돌림을 당한 경험이 있다면, 사회적인 긴장감이 높고 위축감을 잘 느낄 수 있다. 그리고 특정한 사람에 대한 분노와 공격성이 높을 수 있다. 만약 반복적인 평가와 실패의 경험이 많다면, 자존감이 낮고 용기가 부족할 수 있다. 자신을 평범하다고 생각해 자신의 장점에 대한 검증과 도전자체를 포기하고 있을 수도 있다. 따라서 우리는 청소년기를 잘 이해해야 한다.

내가 사회적인 기회를 얻지 못했다면, 우울하고 조급할 수 있다.

성실한 개척자, 세속주의

내가 운이 좋아서 무엇인가 많이 성취했다면, 과도한 자신감과 낙관적인 전망으로 신중하지 않은 선택을 하고 있을 수도 있다. 그러니 내 과거를 잘 이해해야 한다. 과거에 의해 형성된 나 자신의 모습을 이해하고, 더 만족스러운 내가 되기 위해 나에게 어떤 성공이 필요한지를 파악하고 그것을 추구해야 한다.

환경을 통해서 형성된 나 자신의 모습을 충분히 이해하고 있을 때, 자기기만에 빠지지 않고 자신을 바로 이해할 수 있다. 그리고 그것을 바탕으로 나에게 어떤 환경이 필요한지 파악하고 계획을 세울 수 있다. 그래서 나의 어떤 환경이 지금의 내 모습을 형성했는지 이해하고 있어야 한다. 어떤 환경이 지금의 나를 이렇게 만들었다는 이해는 그것 자체로 자신의 유동성을 이해하는 것이다.

우리는 광물처럼 고정된 형태를 가지고 있는 것이 아니다. 찰흙처럼 환경이 주무르는 대로 만들어진 것이다. 그러니 지금의 내 모습도 환경의 변화에 따라 변화될 수 있다. 환경을 통해 나를 이해하는 것은 나를 최종적이고 고정된 상태로 받아들이지 않고 유동적으로 받아들이게 하여 나에 대한 변화의 가능성을 기대할 수 있게 한다.

____ 성공 긍정하기

세속주의자는 성공을 긍정해야 한다. 사회에서 자주 '성공의 추구'는 마치 무언가 크게 잘못된 것과 같은 평가를 받아왔다. 젊은 시절 문학을 사랑하고 사회운동에 참여하던 청년이 사회에 진출해서는 좋은 직장, 많은 부동산과 주식, 좋은 집과 차 등을 추구하며 성공을 향해 달려가는 것이 잘못된 것으로 간주한다. 성공을 위해 살아가는 것은 자기 자신을 잃어버리고, 결국 성공을 이룬다고 해도 허무감만 느끼게 될 것이라고 말이다. 하지만 세속주의는 이런 비판에 근거가 없다고 반박한다.

세속주의는 성공이 타락의 과정이라는 주장에 동의하지 않는다. 성공을 타락이라고 말하는 사람들은, 마치 살인자와 사기꾼이 성공하는 것처럼 이야기한다. 사람을 속이고 공격하며 짓밟는 사람들이 성공하는 것처럼 말이다. 이것은 사실에 근거하지 않은 비난이다. 또 이런 주장을 하는 사람들이 과연 실제로 성공한 사람들을 얼마나 만나 봤을지 의심스럽다. 사기꾼과 살인자들이 성공하는 경우는 극히 드물기 때문이다. 그런 사람들은 사회에서 오래 살아남지 못한다. 그러면 어떤 사람이 성공할까?

유능한 사람이 성공한다. 재능이 있는 사람, 똑똑한 사람, 성실한 사람, 관계를 잘하는 사람, 태도가 좋은 사람, 사회를 이해하고 예측하는 사람, 도전하는 사람, 협업을 잘하는 사람, 관리를 잘하는 사람, 운이 좋은 사람이 성공한다. 그래서 성공을 위해서는 늘 성장해야 한다. 자기 성찰, 자기 계발, 꾸준한 학습, 성실, 관계와 태도의 개선, 도전과 집중, 커뮤니케이션 등 모든 것을 연습하고 성취하는 사람만이 성공한다. 그래서 성공은 타락의 과정이 아니라 성장의 과정이다. 성공의 과정이 타락의 과정이라는 것은 실체가 없는 비판이다.

성공한 사람이 허무감에 빠질 것이라는 이야기도 근거가 없다. 간단히 생각해보라. 좋은 환경에서 성장한 아이가 낮은 자존감과 허무감에 빠질 확률이 높을까, 아니면 안 좋은 환경에서 성장한 아이가 빠질 확률이 높을까? 좋은 환경에 있는 사람이 '왜 살지?'라고 하면서 허무감을 느낄 확률이 높을까, 아니면 안 좋은 환경에 있는 사람이 '왜 이렇게까지 살아야 하냐'며 허무감을 느낄 확률이 높을까? 성공이 인간에게 해로울까, 아니면 실패가 인간에게 해로울까?

성공한 사람들이 아름다운 집 거실에 앉아 무엇을 위해 살았는지 모르겠다며 허무감을 느낄 확률보다 실패한 사람들이 부채와 생활고에 시달리면서 왜 살아야 하는지 모르겠다고 허무감을 느낄 확률이 훨씬 더 높다. 따라서 성공이 인간에게 허무함을 줄 것이라는 주장은 당황스러울 정도로 허무맹랑한 이야기이다.

성공은 불의하지 않고, 해롭지 않다. 성공은 변질의 과정이 아니라 성장의 과정이다. 성공은 허무가 아니라 만족을 줄 것이다. 성공을 나쁜 것처럼 바라보는 편견을 넘어 성공을 당당하게 추구할 수 있어야 한다. 성공을 부정적으로 바라보는 모든 편견을 넘어 자부심을 가지고 성공을 추구해야 한다.

___ **계획 세우기**

세속주의자는 과거의 환경에 의해 형성된 현재 자신의 모습을 이해하고, 자신이 도달하고자 하는 성공을 지향한다. 과거에 의해 형성된 자신의 모습이 출발점이라면, 객관적인 성공은 목적지이다. 출발점과 목적지가 결정된 세속주의자는 어떻게 하면 거기에 도착할 수 있을지에 대한 계획을 세운다.

첫 번째는 개인적인 성공 계획이다. 과거에 의해 형성된 문제적인 내 모습을 개선하기 위한 계획이다. 우리는 유년기와 청소년기를 지나면서 어떤 왜곡된 모습을 갖게 된다. 부정적 사고방식, 완벽주의, 강박, 집착, 애정 결핍, 인정 욕구, 중독, 낮은 자존감, 누적된 분노 등 다양한 방식의 왜곡이 나에게 있을 수 있다. 그래서 우선은 이것을 개선하기 위한 환경적 계획을 세워야 한다. 이런 문제가 해결되지 않으면 객관적으로 행복한 환경이 주어진다고 해도 그것을 제대로 누리지 못하고 오히려 망칠 수 있다. 그러니 먼저 어떻게 이 왜곡을 개선할 것인가에 대한 계획을 세워야 한다.

무언가에 중독되어 있다면, 중독에 대한 치료가 필요하다. 부정적인 사고 방식이나 낮은 자존감을 가지고 있다면, 작은 성공을 경험할 수 있는 환경을 스스로에게 제공하는 것이 필요하다. 애정 결핍이나 인정 욕구에 대한 숙제가 있다면, 안정적인 사랑을 경험할 수 있는 관계가 필요하다. 과거의 환경으로 왜곡된 내 모습을 해결하기 위한 환경적인 계획이 필요하다. 인간은 유동적인 존재이다. 나쁜 환경에 의해서 형성된 나쁜 모습은 좋은 환경을 제공함으로 얼마든지 개선할 수 있다. 그러니 좋은 환경을 만들어 좋은 사람이 되는 계획을 세우고 실천해야 한다. 이것으로 우리는 개인적인 성공에 도달할 수 있다.

두 번째는 보편적인 성공 계획이다. 사람은 개인적으로 왜곡된 문제가 해결되면, 보편적인 성공을 꿈꾼다. 경제적인 풍요, 시간적인 여유, 사회적인 인정, 관계적인 풍요를 꿈꾼다. 그렇기 때문에 지금의 환경에서부터 어떻게 하면 이런 풍족한 환경에 도달할 수 있을지를 고민하고 거기에 대한 계획을 세운다. 이 계획에서 가장 중요한 것은 실현가능성이다. 불가능한 성공을 기대하는 것은 오히려 개인을 불행하게 만든다.

세속주의자는 욕심과 계획을 구별할 수 있을 정도의 통찰력을 가져야 한다. 현재 자신의 역량과 환경을 고려해 어디까지 환경을 개선할 수 있을지 현실적인 목표를 세우고, 그것을 이루어가는 것이 세속주의자의 실천이다.

_____ 미숙에서 성숙으로

어디에나 미숙한 수준은 존재한다. 많은 사람이 세속주의자이나, 대부분 미숙한 수준에 머물러 있다. 그들은 세속적인 전제로 출발한다. 죽음은 무시하고, 환경을 중요하게 생각하며, 성공을 추구한다. 하지만 이것이 막연한 생각이나 견해로 머물러 있을 뿐, 실제 자신의 삶을 해석하고 개선하는 삶의 방식으로 실천해가지는 못 한다.

미숙한 세속주의자의 대부분은 자신의 환경으로 자신의 모습을 해석하지 못한다. 세속주의자라면 자신이 지나온 환경과 그로 인해 형성된 자신의 모습을 이해하고 있어야 한다. 하지만 미숙한 세속주의자들은 이것을 이해하지 못한다. 애정 결핍으로 인한 중독 현상을 이해하지 못하고, 자신이 중독된 사실을 모른 채 그냥 좋아한다고 생각한다. 사회적 실패로 인한 자신 없음을 이해하지 못하고, 자신이 혼자 있는 것을 좋아한다고 생각한다. 거절감에 의한 우울을 이해하지 못하고, 그냥 삶에 의욕이 없다고 생각한다. 이것은 자신을 바르게 해석하지 못하고 환경에 의해 형성된 지금의 모습이 자기 자신이라고 생각하는 것이다. 이러한 사람은 어떤 목표와 계획을 세우고 노력한다고 해도 자신을 망치는 계획이 되기 쉽다. 상황을 제대로 파악하지 못하고 있기 때문이다.

또 미숙한 세속주의는 자신을 해석했지만, 자신이 개선될 것이라고는 생각하지 않는다. 나는 이런 환경으로 인해 이런 사람이 되었다는 것은 이해한다. 하지만 자신의 그런 모습을 최종적이고 고정된 모습으로 받아들인다. 세속주의의 대전제를 이해하지 못한다. 인간은 환경의 산물이기에 환경의 변화에 따라 바뀔 수밖에 없는 유동적인 존재라는 것을 이해하지 못한다. 그래서 자신이 변하지 않는다고 생각한다. 이것이 얼마나 모순적인 발상인지를 인식조차 못한다.

어떤 환경이 나를 이렇게 만들었는데, 이런 나의 모습은 어떤 환경의 변화에도 바뀌지 않으리라 생각하는 것은 모순이다. 이런 생각은 대부분 오랫동안 자신이 그 모습이었기 때문에 그것에 익숙해졌고, 익숙한 것과 고정된 것을 구별하지 못하는 착각에서 나온다. 생각보다 많은 세속주의자는 이런 착각에 빠져서 미숙한 상태에 머물러 있다. 자신을 파악하지만, 자신이 개선되리라 생각하지 않는다.

성실한 개척자, 세속주의

일부 미숙한 세속주의자는 환경을 통해 자신을 해석하고 자신의 유동성을 받아들이며 자신이 개선될 수 있는 환경적 지향을 세운다. 하지만 문제는 그것을 자신 스스로가 아닌 누군가 다른 사람이 이루어주어야 한다고 생각한다. 사회, 부모, 하나님 등 누가 되었든, 자신이 아닌 다른 사람이 해줘야 한다고 생각하거나 해주길 바란다. 자신은 성공을 위해서 살고 당위에 따라 사는 사람이 아니라고 하면서, 이 지점에서만 당위적 사고를 끌어들여서 마치 사회나 하나님, 타인이 자신의 환경 개선에 대한 책임이 있는 것처럼 주장하며 스스로 움직이지 않는다.

세속주의에서 회심의 순간은 '어른이 되는 순간'이다. 아이처럼 주어진 환경에 묶여 있는 것이 아니라 나 자신이 이 환경을 만들어 갈 수 있고, 만들어가야 하는 주체적인 존재로 인식하는 것이 바로 어른이 되는 순간이다. 하지만 미숙한 세속주의자는 이 순간이 없다. 책임 있는 태도로 자신의 삶에 참여하지 않는다.

미숙함은 자연스럽다. 성숙한 상태에서 출발할 수 있는 사람은 아무도 없다. 우리는 미숙의 과정을 거쳐서 성숙으로 나아간다. 하지만 내가 과정적 미숙함을 지나가는 것이 아니라 미숙함에 머물러 있다면 고민해야 한다. 미숙한 상태에서는 그것의 유익을 제대로 누릴 수 없다. 세속주의는 인간에 대한 의미 있는 이해와 대안을 내놓는 종교적 관점이다. 그런데 미숙한 세속주의에 머물러서는 세속주의의 유익을 누릴 수가 없다. 그러니 내가 세속주의자라면, 성숙한 세속주의자가 되기 위한 고민과 노력이 필요하다. 세속주의의 기본 교리와 실천을 암송해야 한다. "인간은 환경에 의해 형성된다. 좋은 환경을 만드는 것을 통해 지금의 내 모습은 더 좋아질 것이다. 그러니 나 자신의 현재 환경과 상태를 파악하고 개선하는 목표와 계획을 세우며, 그것을 위해 내가 할 수 있는 것을 해나가고자 해야 한다."

세속주의적 관점은 가지고 있지만, 여기에 대한 고민 없이 방치된 태도로 세속주의를 대할 때 그것은 나에게 좋지 않은 영향을 줄 것이다. 하지만 내가 세속주의의 관점에 충실하다면, 그 책임 있고 숭고한 모습이 어느 시점에서 나의 모습이 될 것이다.

____ 성실한 개척자

세속주의자는 말하는 사람이 아니라 행동하는 사람이다. 그래서 세속주의자는 '성실한 개척자'이다. 그들은 누군가 나의 환경을 대신 개선해주길 기대하지 않는다. 사회나 다른 누군가가 나의 환경 개선을 위해 노력할 책임이 있다고도 생각하지 않는다. 그 책임은 오롯이 자신에게 있다고 생각한다. 그래서 스스로 환경을 개선하기 위해서 행동한다.

또 세속주의자는 주어진 환경에서 어쩔 수 없다고 포기하거나 주저하지 않는다. 스스로 노력하지 않고 막연한 기대 속에서 기회를 낭비하지 않는다. 문제를 이해하고, 대안을 찾으며, 묵묵히 그 길을 걸어간다. 세속주의자는 담백하고, 성실하며, 대안적인 사람들이다.

세속주의에 대한 비판과 반박

____ 다른 사람의 답은 나의 답이 될 수 없다

과학주의는 인간이 환경에 의해 형성되었다고 생각하지 않는다. 인간은 타고난 기질과 성향을 가지고 있기에, 보편적으로 좋은 환경이 아니라 각자에게 맞는 환경이 있다고 생각한다. 따라서 과학주의는 각 사람의 독특성을 고려하지 않은 상태에서 보편적인 성공을 추구하는 세속주의의 주장에 반대한다. 성공을 추구해야 하는 것은 맞지만, 각 사람은 자기 자신에게 어울리는 성공을 가지고 있기에 보편적인 성공을 기준으로 제시하는 것은 잘못되었다는 것이다.

과학주의는 '보편적인 성공을 추구하라'는 세속주의의 가르침이 각자가 가지고 있는 진정한 욕망을 억압하는 사회적 기재로 작용할 수 있다는 점에 특히 주목하고, 여기에 대해 반발한다. 예를 들어, 음악을 하고 싶어하는 자녀에게 대기업에 취업해야 한다고 강요하는 세속주의 부모가 있다. 하지만 자녀는 다른 사람이 성공이라고 생각하는 자리에서 오히려 자신이 실패했다고 느끼며 살아갈 수도 있다는 것이다. 왜냐하면 사람은 보편적인 성공이 아닌 자기 자신만의 성공을 꿈꾸며 살아가기 때문이다. 따라서 보편적인 성공이 아이에게 가장 좋을 것이라고 하는 세속주의 부모의 생각은 실상 그렇지 않을 수도 있다. 모든 사람은 각자 서로 다른 기질과 성향을 가지고 태어났다. 따라서 이것을 무시하는 세속주의는 행복으로 포장된 억압일 수 있다고 과학주의는 비판한다.

_____ 안중근 의사는 불쌍한 사람인가

명상종교는 인간에게는 양심이 있고, 양심에 따라 살아갈 때 자부심을 느끼고 살아갈 수 있다고 생각한다. 하지만 세속주의는 '바르게 살아가는 것'에 대한 가치를 인정하지 않는다. 그래서 명상종교는 세속주의를 향해 개인에게서 자부심의 기회를 빼앗고, 도덕적으로 타락한 사회를 조장한다고 비판한다.

세속주의 사회에서는 도덕적인 이상형이 사라진다. 고통스러운 삶을 감당하며 나라를 위해 목숨을 던진 안중근 의사나 청빈한 삶을 살면서 성숙한 인격을 추구한 성 프란체스코나 비극적인 삶을 살았지만 위대한 작품을 남긴 빈센트 반 고흐는 세속주의자들에게 이상형이 되지 못한다. 세속주의자에게 이런 사람들은 그저 불쌍한 사람들일 뿐이다. 대단한 것은 인정하지만, 그렇게 살고 싶은 마음은 전혀 없다. 그래서 성공을 추구하는 세속주의 사회에서는 가치 있는 삶이 설 자리를 잃는다. '바르게 살아가는 것'은 더는 사람들에게 의미가 없다. 누군가 바르게 살아간다고 하면 그것이 나에게 유익하므로 손뼉을 쳐주지만, 내가 그렇게 살아갈 생각은 없다.

독립 운동가들이 있어서 내가 이 나라에서 살아갈 수 있기 때문에 감사한다. 하지만 내가 그렇게 나라를 위해 무엇을 할 생각은 없다. 주변에 성품이 좋은 사람이 있으면 내가 정서적인 유익을 얻을 수 있기 때문에 좋아한다. 하지만 내가 그렇게 성숙한 사람이 될 생각은 없다. 빈센트 반 고흐처럼 위대한 작품을 남기는 사람은 부럽지 않다. 그 작품을 싸게 사서 비싸게 팔아 엄청난 이익을 얻은 사람

성실한 개척자, 세속주의

이 부러울 뿐이다. 오히려 그 작품을 그리고도 돈을 제대로 받지 못한 고흐가 불쌍하다. 이렇게 생각하는 사회에서 사람들은 더는 바르게 살아가려고 하지 않는다. 성공적으로만 살아가려고 한다.

　세속주의 사회에서는 성공한 사람들이 이상형의 자리를 차지한다. 성공한 기업가, 돈 많은 투자가, 고액 연봉의 전문가, 스포츠 스타, 유명한 유튜버들이 이상형의 자리를 차지하고 있다. 오늘날 대부분의 사람이 이런 사람들과 같이 되고자 한다. 그래서 성공한 사람들이 인생의 스승이 되고, 시대의 선지자가 된다. 사람들은 그들에게 모여 어떻게 살아야 할지를 배운다.

　명상종교의 관점에서는 인정할 수 없는 장면이다. 그가 어떤 삶을 살아왔는가에 대한 가치적인 평가 없이, 그가 지금 가지고 있는 성공의 결과만으로 그가 이상적인 사람이 되고 사람들이 그들에게 인생을 배우는 상황은 잘못된 것이라고 비판한다.

　이렇게 성공이 정의의 자리를 대체할 때 사회적 공의라는 것은 급격하게 무너질 것이다. 사회적 공의 없이 모두가 성공을 위해 달리는 사회는 철학적으로 몰락한 사회이며, 결국 성공을 위해 서로서로 공격하는 정글과 같은 사회가 되리라는 것이 세속주의에 대한 명상종교의 비판이다.

＿＿ 과도한 경쟁은 모두를 불행하게 한다

세속주의는 실천될 수 없는 이상적인 이론이라는 비판을 받는다. 다

수가 세속주의를 선택할 때, 그 사회는 세속주의 사회가 된다. 세속주의 사회는 경쟁 사회이다. 세속주의가 만드는 경쟁 사회는 아이러니하게도 세속적 추구가 이루어지기 어려운 사회이다. 왜일까?

성공의 의자는 정해져 있고, 성공하고자 하는 사람은 많다. 경쟁은 치열해진다. 경쟁이 치열해지면 보상이 초라해진다. 수요 공급의 법칙이 작용하는 것이다. 경쟁이 치열해진다는 것은 물건의 가격이 오르는 것과 같다. 예전에 공무원이 되기 위해 필요했던 노력과 지금 공무원이 되기 위해 필요한 노력이 다르다. 예전에 아파트를 장만하기 위해 필요했던 노력과 지금 아파트를 장만하기 위해 필요한 노력은 다르다. 같은 것을 얻기 위한 노력의 강도가 증가하는 것이다. 그러니 대가의 인플레이션이 발생한다. 이것은 모두에게 불만족한 결과를 만든다.

성공한 사람도 만족할 수 없다. 내가 이 정도를 들여서 얻는 대가가 고작 이것이리는 것에 실망한다. 실패한 사람들의 불만족은 분노에 가깝다. 내가 그렇게 큰 노력을 기울였는데, 결국 아무것도 얻지 못했다. 이것은 내 개인의 역량 부족이라고 받아들이기 어려운 결과이다. 이렇게까지 아무런 대가가 없는 것은 부당하고, 게임의 규칙 자체에 문제가 있는 것이라고 분노한다. 또, 그 경쟁을 바라보며 자신은 해도 되지 않을 것이라는 생각에 시작조차 하지 못한 많은 사람도 있다. 이들은 만성적인 우울함에 빠진다.

이처럼 경쟁 사회에서 세속주의의 교리는 작동하지 않는다. 세속주의는 환경을 개선하여 나를 개선하는 것인데, 환경의 개선이라는

성실한 개척자, 세속주의

것이 너무나 어렵다. 환경을 개선한다고 하더라도 들여야 하는 노력이 막대하다. 그 노력을 들여서 그 정도의 환경이 개선되는 것이 개선이라고 할 수 있는지 의문이 들 정도이다. 따라서 나의 문제를 파악하고, 목표를 세우는 것에 의미가 없다. 실현 가능성을 검토하는 단계에서 모든 계획이 폐기되기 때문이다.

____ 세속주의 사회에는 부패한 종교가 서식한다

성숙한 세속주의자는 종교에 무관심하다. 죽음을 무시하기에, 당연히 종교를 무시한다. 하지만 미숙한 세속주의자는 조직종교가 제공하는 정보에 대해 세속적인 관점에서 관심을 둔다. '내가 환경을 변화시켜야 하는데 그게 쉽지 않으니, 혹시 신이나 운명이 있다면 그것의 도움을 받아 환경의 변화를 끌어낼 수 있지는 않을까'라고 기대하며 종교에 접근한다.

하지만 세속주의자의 종교적 태도는 절대로 바뀌지 않는다. 여전히 인간은 환경의 산물이라고 생각하며, 죽음에도 무관심하다. 환경의 변화가 나에게 가장 중요한 과제라고 생각한다. 단지 신이나 운명이 있다면, 여기에 도움을 줄 수 있는가에 대한 관심만 둔다. 그 종교가 원래 이야기하는 바와 다르게 세속주의적인 방식으로 그 종교를 소비하는 것이다. 이것은 다양한 문제를 야기시킨다.

우선 이 사람이 성숙한 세속주의자가 되는 것에 장애가 된다. 자기 스스로 환경을 개선하고자 하는 주체적 결단이 성숙한 세속주자를 만드는데, 그것을 신의 도움으로 이루고자 하는 태도를 갖게 될 때 이 사람은 계속 미숙한 상태에 머무르게 된다. 한편, 그 종교에 도 심각하게 해로운 영향을 준다. 세속주의적 관점에서 그 종교를 소비하는 사람이 그 종교에 가입하고, 그런 사람들이 종교 내에 주 류를 형성할 때 그 종교 자체가 변질되어 버린다. 원래의 가치와 지 향은 사라지고, 세속적 욕심을 성취시켜주는 신비한 존재에 대한 믿 음으로 변질되고 마는 것이다.

무엇보다 가장 큰 문제는 기회의 낭비이다. 그것이 틀렸기 때문이 다. 어떤 종교도 나를 믿으면 네가 원하는 것을 들어준다고 가르치 지 않는다. 역사와 사례들이 이런 소비적 태도로 신의 도움을 받는 것은 불가능하다고 증명한다. 그러니 세속주의적 종교성을 갖는 것 은 자신에게 주어진 기회와 역량을 낭비해 상황을 더 악화시키는 결 과를 가져온다. 따라서 오늘날 세속화된 종교가 받는 비판은 종교에 대한 비판이기도 하지만, 세속주의에 대한 비판이기도 하다.

____ 세속주의의 반박

세속주의는 보편적인 성공이 개인의 요구를 추구하는 데 방해하는 억압이라는 과학주의 주장에 반대한다. 더 좋은 환경, 풍요로운 소 비생활, 사회적 인정, 좋은 사람들과 함께하는 삶을 싫어하는 사람 은 단연컨대 존재하지 않는다. 따라서 이런 성취는 어떤 누구의 삶 도 억압하지 않는다. 이것은 근거가 없는 비판이라고 반박한다.

무엇보다 세속주의는 과도한 노력을 기울여 초라한 결과를 얻었다는 몇몇 사례를 이 비판의 근거로 삼는 것에 동의하지 않는다. 그것은 투자와 효율을 고려해서 현실적인 목표를 세워야 한다는 세속주의의 조언을 무시한 사람이 겪게 된 실패 사례일 뿐이라고 주장한다. 그런데 마치 이것이 세속주의 전체의 모습인 것처럼 비판하는 것은 왜곡과 과장에 기반한 비판이지 않을까?

　세속주의는 명상종교가 이야기하는 도덕성 비판도 반박한다. 세속주의에 대한 잘못된 오해 중 하나가 비도덕적인 사람이 더 성공한다는 주장이다. 하지만 사기꾼과 살인자들이 성공하지는 않는다. 재능 있고 성실한 사람들이 성공한다. 삶에 성실하고, 타인과 좋은 관계를 맺는 사람은 도덕적으로도 성실한 사람이다. 이런 사람들은 보통 건강한 사회 구성원으로 세상을 더 좋은 곳으로 만드는 데 일조한다. 따라서 세속적인 사람들이 비도덕적인 태도로 세상을 망칠 것이라는 비판은 음모론에 가깝다.
　돌아보면 세상을 더 나은 곳으로 만든 사람들은 대부분 세속주의자였다. 사회는 도덕적인 사람들을 통해서가 아니라 유능한 사람들을 통해서 발전해왔다. 현대 사회를 보더라도 당위적인 이야기를 늘어놓는 철학자보다는, 다르게 생각하는 것을 즐기는 사업가가 세상을 발전시켰다.

　세속주의는 경쟁 사회 비판에 대해서도 반박한다. 부족한 의자의 논리는 유능함과 성공의 의미를 이해하지 못한 사람들의 관점이라는 것이다. 성공한 사람들은 대부분 기존의 의자를 차지하기보다 새로운 의자를 만들어냈다. 유능한 사원, CEO, 전문가, 예술가, 공직자들을 통해서 새로운 의자가 만들어져 왔다. 경쟁 사회의 역동성을 단지 부족한 의자의 논리로 이해하는 것은 사회의 확장을 이해하지 못하는 편협한 시각일 뿐이다. 그리고 이런 비판을 하는 사람들의 대안이 무엇인지 이해할 수 없다고 말한다. 그렇다면 의자를 만들어 내지도 못 하고, 의자를 차지하지도 못 하는 사람을 어떻게 해야 하는가? 사회가 인원수만큼의 의자를 만들어서 모든 사람에게 제공해야 한다는 것인가?

그 의자는 앉아서 누리는 의자가 아니라 자기 역할을 감당해야 하는 의자이다. 경쟁과 검증은 그가 그 능력이 있는지를 확인하는 과정이다. 모두에게 의자가 제공된다면, 누가 뼈를 깎는 노력으로 자신의 역량을 키울까? 그렇게 역량이 계발되지 않은 무능한 사람에게 의자가 제공되면 사회는 어떻게 될까? 경쟁 자체를 부정적으로 바라보는 사람들의 대안은 항상 초라하다. 그들은 경쟁으로 인해 이루어진 인류의 진보를 누리면서 마땅한 대안도 없이 경쟁이 세상을 망쳤다고만 주장한다.

세속주의는 세속화된 종교에 대한 비판에 대해서도 동의하지 않는다. 누군가 신이나 운명의 도움을 기대하며 거기에 돈과 시간을 투자한다면, 그것이 맞고 틀림을 떠나서 개인의 선택이고 책임이다. 다른 사람이 거기에 대해서 왈가왈부할 일이 아니다.

무엇보다 노력하지 않은 상태에서 누군가의 도움으로 상황이 개선되길 바라는 것은 진정한 세속주의가 아니다. 세속주의는 이런 것들을 강조하며 세속주의 자체를 비판하는 것에 동의하지 않는다.

세속주의에 대한 비판은 대부분 진정한 세속주의에 대해서 이해하지 못하거나 지엽적인 현상을 과장하여 이루어지는 것이다. 따라서 세속주의자는 이 어떤 비판에도 동의하지 않는다.

세속주의자라면 생각해봐야 하는 것

____ 성숙한 세속주의자

세속주의는 틀리지 않았다. 환경은 사람을 만든다. 사람은 환경을 변화시키는 것을 통해 자기 변화를 만들어갈 수 있다. 이러한 변화가 누군가에 의해서 주어지길 기대하기보다 스스로 이런 변화를 만들어내기 위해서 노력해야 한다. 누구도 이런 세속주의의 가르침을 틀렸다고 할 수는 없을 것이다. 그러니 우리의 일부는 항상 세속주의자여야 한다.

단, 성숙한 세속주의자가 되기 위해 노력해야 한다. 세속적 전제를 사용하면서도 자기 자신을 파악하지 못하고, 제대로 된 목표와 계획을 세우지 못하며, 세워진 계획에 따라 주체적으로 실천하지 못하는 미숙한 상태에 머무르지 않기 위해서 노력해야 한다. 세속적 가치관에 충실하여 스스로 환경을 개선해나가는 '성실한 개척자'가 되어야 한다. 그럴 때 우리는 주어진 환경에 묶여 있던 어린아이 같은 모습에서 벗어나 자신의 삶을 책임지는 주체적인 존재로 살아갈 수 있을 것이다.

만약 내가 세속주의자라면, 그것이 나의 말이나 견해에만 머무르지 않게 해야 한다. 나의 삶을 해석하는 관점과 행동을 결정하는 기준이 되어, 이 기준으로 자신을 진보시키는 사람이 되고자 해야 한다. 우리는 모두 어느 정도 세속주의자여야 하기에, 이것이 나의 삶의 태도에 일부가 되도록 해야 한다. 또한 내가 어느 정도의 성숙도를 가진 세속주의자인지를 생각해봐야 한다. 세속적 견해에서 머무르는 것이 아니라 세속적 관점으로 살아낼 수 있도록, 현재 나의 위치를 파악하고 좀 더 성숙한 세속주의자가 되길 꿈꿔야 한다.

____ 부족함에 대한 고민

인간은 분명히 환경의 산물이다. 하지만 단지 환경의 산물일까? 세속주의자라면, 이것이 맞지만 부족한 해석은 아닌지 고민해야 한다.

인간은 환경의 산물이다. 그것을 부정할 사람은 없다. 하지만 단지 환경에 산물이라고 하는 것은 지엽적인 견해일 수 있다. 세속주의에 대한 모든 비판이 맞는 것은 아니다. 하지만 모든 비판이 세속주의 자체가 아니라 세속주의를 유일한 가치관으로 가질 때 발생하는 부작용에 대한 것이라는 점도 무시하지는 말아야 한다.

성실한 개척자, 세속주의

세속주의는 인간이 자신을 해석하고 삶을 계획하는 유일한 기준으로 사용하기에는 부족하다. 다른 종교들은 인간이 환경에 의해 형성되기 전, 즉 태어날 때부터 이미 내재한 부분이 있다고 주장한다. 그리고 그런 부분이 인간의 원래의 모습이라고 말한다. 이 원래 모습은 정체성이라고 하는데, 우리가 거기까지 알아야 인간을 제대로 이해한 것이라고 이야기한다.

세속주의자인가? 그렇다면 부족하게 느껴지는 답에 그대로 머무르지 말고, 세속주의의 답과 함께 새로운 답을 찾아 나서는 것은 어떨까?

02

자유로운 여행자, 과학주의

자유로운 여행자

처음은 편두통으로 시작하였다. 갑자기 찾아오는 두통은 항상 삶을 긴장하게 만든다. 다음은 낯선 얼굴이다. 어느 날부터 거울 속의 내가 낯선 얼굴을 하고 있었다. 표정이 없다. 그리고 무언가 사라진 것과 같은 얼굴이었다. 세 번째는 우울이었다. 원래는 항상 화가 나 있었는데, 어느 날 돌아보니 분노가 있던 자리에 우울함이 찾아왔다. 나는 대부분의 시간을 우울이라는 감정에 덩그러니 앉아 있었다. 그리고 마지막으로 친구가 떠났다. 오랫동안 그저 슬펐다. 좋은 친구였으니까. 나의 지친 날들을 지켜주던 친구였다. 그가 세상에 없다는 것이 아주 슬프고 허전했다. 그러다가 허무해졌다. 어느 날 갑자기 사람이 이렇게 사라진다는 것이, 삶이 끝난다는 것이 허무하게 느껴졌다. 안 그래도 무거웠던 삶에 허무가 얹히니 지탱하기가 어려웠다. 나는 이렇게 두통과 우울을 참으며, 오늘을 견디고 있는 이유를 찾을 수 없었다. 오랫동안 생각해도 답이 떠오르지 않았다. 답이 떠오르지 않는 마음에 "이렇게 살 수는 없다"는 문장이 떠올랐다. 눈이 아프게 반짝거리는 네온 광고처럼 이 한 문장이 꺼지지 않고 내 안에서 계속 깜빡였다. 정말 무서웠다. 내가 이렇게 계속 살게 될까 봐, 이렇게 쌓여가는 하루하루가 나의 인생이 될까 봐 말이다. 그래서 멈추기로 했다. 직장을 그만뒀다.

아침에 꼭 가야 할 곳이 없는 것은 다섯 살 이후로 처음이었다. 방학이나 취업 준비 기간은 있었지만, 그때도 가야 할 곳과 해야 할 일은 있었다. 항상 무엇인가를 향한 시간이었다. 아무것도 담겨 있지 않은 빈 하루, 이런 하루하루를 살아가는 것은 다섯 살 이후로 처음이다. 처음에는 비어 있다는 것이 좋았다. 내가 원하지 않는 것이 나의 일상이 되지 않는다는 것이 좋았다. 하지만 시간이 흐르면서 빈 하루는 방치된 하루처럼 느껴졌다. 처음에 여유로운 아침을 즐기며 커피를 마시고, 읽고 싶었던 책을 읽으며 혼자 영화를 보고, 운동을 본격적으로 하면서 마음에 드는 하루를 쌓아갔다. 하지만 한 달 정도가 지나자 늦게까지 침대에 머무르고, 눈을 뜨면 TV나 컴퓨터 앞에 앉아 있으며, 배달 음식으로 끼니를 때우는 일이 많아졌다. 무엇보다 그 모든 시간에 불안감이 있었다. '과연 이렇게 살아도 되나. 앞으로 어떻게 해야 하지?'라는 의문과 질문이 나를 계속 불안하게 만들었다. 부러워하는 직장을 그만둔 내가 나약하게 느껴졌고, 그다음에 대안이 없다는 것이 답답하게 느껴졌다. '그러면 직장으로 돌아가야 하나?'라고 생각하면 숨 막히는 기분이 밀려왔다. 길을 모르는 내가 한심했다. 아무것도 하지 않고 있지만, 회사에 다닐 때처럼 힘들었다. 그때처럼 갇혀 있는 기분이었다. 이 실망감에 더 눈을 뜨고 싶지 않았다. '밖에 나가고 싶지 않다. 이렇게 사회 부적응자로 전락하는 것인가?'라는 생각이 들면 무섭기도 했다.

　변화는 우연히 찾아왔다. 갈증 때문에 일어난 새벽이었다. 냉장고 앞에서 물을 마시고 문득 내가 짜증스럽게 중얼거렸다. "도대체 뭘 어쩌자는 거야!" 답답함에 내가 나에게 던지는 질문 같은 것이었다. 그런데 문득 '파이브리브스에 가보고 싶어'라는 생각이 나의 질문에 대한 답처럼 떠올랐다. 파이브리브스는 뉴욕 브루클린에 있는 브런치 식당이다. 며칠 전에 인스타에서 그 식당에서 파는 메이플 시럽이 뿌려진 리코타 팬케이크를 봤다. 순간 또 내가 한심하게 느껴졌다. 왜 이 순간 이런 생각을 떠올리는지, 도무지 나를 이해할 수 없었다. '팬케이크라니!' 성인이 되고는 먹어 본 일도 없다. 다시 침대에 누웠다. 늦은 시간까지 침대에서 버티고 누워 있다가 눈을 뜨며 생각했다. '안 갈 이유도 없잖아!' 일어나서 티켓을 끊었다. 그리고 브루클린에 팬케이크를 먹으러 갔다. 이날부터 무엇인가 나의 삶은 변하기 시작했다.
　'리코타 팬케이크에 메이플 시럽을 뿌리는 순간'은 내 인생 최고의 순간이었다. 솔직히 지금은 맛이 잘 기억나지 않는다. 물론 맛있었지만, 그 순간은 별로 기억되지 않는다. 나에게 최고의 순간은 시럽을 뿌리는 순간이었다. 식당에 들어가서 주문을 하고 음식을 기다리며 사진에서 봤던 것보다 훨씬 더 두꺼운 팬케이크를 보며, 점점 고조되었던 감정은 메이플 시럽을 뿌리는 그 순간에 정점에 이르렀다. 그 모든 시간에 두근거림이 있었고, 시럽을 뿌리는 순간에 이제까지 느껴본 적이 없었던 만족을 느꼈다. 하필 왜 그때 그렇게까지 행복했는지는 정확히 이해하지 못했지만, 지금 생각해보면 그 순간이 내가 원하는 사소한 것을 내가 공들여서 해준 순간이었기 때문이지 않을까. 즉, 내가 나를 환대하던 순간이었다. 내가 나의 작은 소원에 귀 기울여 준 순간이었다. 내가 나와 화해하는 순간 말이다.

그날 이후 나는 살아가는 방식이 달라졌다. 침대에 누워서 그저 '다음에는 무엇을 할까?'라는 고민을 멈췄다. 그냥 지금 하고 싶은 것을 했다. 이유나 목적, 맥락을 묻지 않고 하고 싶은 것을 했다. 여행을 떠나기도 하고, 요리를 배우기도 하며, 글을 쓰기도 하고, 다이어트를 하기도 했다. 그것을 얼마큼 하겠다는 생각도 없이, 그것으로 어떻게 하겠다는 생각도 없이 말이다. 진심으로 하고 싶은 만큼 최선을 다했고, 마음이 바뀌면 그만두었다. 뭔가 불안한 마음이 차오르는 날은 '브루클린 파이브리브스에 메이플 시럽이 뿌려진 리코타 팬케이크'라고 중얼거렸다. 그것은 나에게 '사람들 보기에 아무리 한심해 보여도 나는 내가 하고 싶은 것을 하자!'라는 뜻이 되었다. 이 문장을 나의 주문이자 주소, 정체성이자 신앙고백으로 삼았다.

신기하게도 그런 시간이 쌓여갈수록 마음에 안정감이 생기고 자신감이 차 올랐다. 내가 나에게 사랑받고 있다고 느껴졌고, 내가 나를 좋아한다고 느껴졌다. 그러자 다른 사람이 나를 어떻게 생각하는지 상관없어졌고, 세상이 나를 어떻게 평가하는지 관심이 없어졌다. 내 마음에 '이렇게 살 수 없다'는 문장은 사라졌다. '이렇게 살고 싶다'는 문장이 그 자리를 차지했다. 그것만으로 내가 잘살고 있다는 것을 확신할 수 있었다.

돈을 벌기 위해서 때로 일을 해야 했다. 하고 싶은 것을 하기 위해 일상의 소비 규모는 줄여야 했다. 하지만 그것이 그렇게까지 불편하게 느껴지지 않았다. 내가 하고자 하는 것을 위한 과정이라고 생각하면 모든 것을 쉽게 받아들일 수 있었다. 다른 사람이 보기에는 이상하게 생각할 수도 있지만, 나는 전보다 자신감 있고 행복하며 자유롭다고 느껴졌다. 내가 오로지 나로서 살고 싶은 삶을 살고 있다고 느꼈다. 그래서 다른 사람들이 선망하는 직장을 그만두고, 이런 삶을 살아가는 것에 후회가 없다. 나는 정말 잘했다고 생각한다. 앞으로도 이렇게 살아갈 생각이다.

어떤 면에서 인생은 어떤 집에 살고 어떤 차를 타며 어떤 직장으로 출근하는가보다 브루클린의 파이브리브스에서 리코타 팬케이크에 메이플 시럽을 뿌리는 순간을 각자 가지고 있는가가 더 중요하다. 수많은 사람이 이 팬케이크를 먹어보지 못하고 생을 마감하는 것을 생각하면, 그 순간을 가진 나는 행운아라고 할 수 있다.

과학주의의 교리

____ 죽음은 최종적인 소멸이다

과학주의와 과학은 자주 혼동되지만, 둘 사이에는 차이가 있다. 과학은 3차원의 물리 세계를 다루는 학문이다. 하지만 과학주의는 과학적 기준과 방법으로 다른 모든 영역을 이해하고자 하는 철학이자 종교이다. 이 둘 사이에는 차이가 있다. 누군가 과학자에게 신이 있는가 하고 물으면, 과학자는 그것은 과학의 영역이 아니라고 답한다. 죽음 이후의 다른 세계가 존재하는가, 인간에게 영혼이 있느냐는 질문에 대해서도 과학자는 과학의 영역이 아니라고 답할 것이다. 하지만 누군가 과학주의자에게 신이 있는가 하고 물으면, 과학주의자는 없다고 답한다. 죽음 이후의 다른 세계에 대한 질문이나 영혼에 대한 질문에 대해서도 없다고 답할 것이다. 과학주의자는 과학적 방법론이 진리를 알 수 있는 유일한 방법이기에 과학적으로 검증되지 않는 사실은 사실이 아니라고 답한다. 그래서 과학주의는 과학으로부터 출발한 철학이자, 인문학이자, 종교라고 할 수 있다. 과학적 방법론으로 철학과 종교의 대상을 다루기 때문이다.

종교는 '죽음에 질문을 던져 삶에 답을 얻는 것'이다. 과학주의는 죽음이라는 질문에 '소멸'이라고 답한다. 과학주의적 관점에서 인간은 단지 육체일 뿐이다. 그러니 육체의 죽음은 인간의 최종적인 소멸이지 않은가.

____ 나는 우주에서 단 한번만 일어나는 현상이기에 특별하다

과학주의는 인간을 물리적 현상으로 본다. 그렇다면 인간이라는 물리적 현상은 우주를 기준으로 볼 때 아주 특별한 현상이라는 것을 알 수 있다. 한 인간은 이 광대한 우주에서 수십억 년의 시간이 흐르는 동안 단 한번만 나타나는 특별한 물리적인 현상이다. 나라는 물리적인 현상은 이 끝없는 우주에서 다시 나타나지 않는다. 그렇기에 어떤 면에서 한 인간은 북극에 나타나는 오로라나 1천 년 만에 돌아오는 행성이나 수명을 다하고 폭발하는 초신성보다 더 특별한 우주적 현상이다.

과학주의는 이 사실에 대해서 '우주적 자기 성찰'이 필요하다고 말한다. 내가 그저 물리적 현상인 것이 아니라 특별한 물리적 현상이라는 것을 깊이 성찰하게 되면 우리는 그것으로부터 자존감을 얻을 수 있다. 따라서 과학주의는 우리가 사회적 인정을 통해 존재 가치를 입증할 필요 없이, 이미 특별한 존재라고 정의한다. 사회적 기준으로 나의 어떤 기능과 특징에 따라 평가하는 것은 좁고 편협한 견해라는 것이다. 우주적인 시각으로 볼 때 나는 이미 특별한 존재이다. 이 시각 아래 있을 때 사회라는 작은 그림으로 나의 존재 가치를 왜곡시킬 필요가 없다. 우주적 시각에서 이미 있는 그대로 특별한 존재라는 것을 깨닫고, 이것을 자신의 자존감 근거로 삼을 때 흔들리지 않는 자기 정체성을 갖게 된다고 과학주의는 말한다.

우주적 자기 성찰은 사회적 자기 성찰에서부터 벗어나는 자유를 준다. 사회는 때로 나의 직장과 자산과 사회적 역량 등으로 나의 등

급을 매기고, 나와 같은 사회적 등급의 사람들과 나를 동일시하며, 나를 남아도는 잉여 인간으로 규정한다. 내가 나에 대한 바른 성찰에 머물지 않으면, 이런 사회적 규정이 내 안으로 흘러들어와 나의 사회적 등급을 올리고 싶어지고 내가 잉여 인간이 아니라는 것을 증명하기 위해 능력이나 개성을 만들고 싶어진다. 하지만 그것은 모두 진정한 나 자신을 잃어버리게 만드는 것이다. 그러니 우주적 자기 성찰로 자신의 특별함을 인식하고 있어야 한다. 또 그로 인한 정체성을 유지하고 있어야 한다. 그래야 사회적 문법에 매여 인생을 낭비하지 않고 진정으로 내가 원하는 삶을 살 수 있기 때문이다. 우리는 사회적 평가에 종속되지 않는 자존감을 유지해야 한다.

_____ 나는 먼지이기에 겸손하다

과학주의는 인간을 광대한 우주에서 순간 존재하다가 사라지는 먼지로 본다. 우주는 무한대의 시공간이다. 거기서 지구가, 아니 태양계가 차지하는 비중도 먼지와 같다. 그 태양계에서 지구가 차지하는 비중 역시 작고 작은 것이다. 그러니 이 우주 속에서 나의 존재라는 것은 상상할 수 없이 미미하다. 시간에서도 마찬가지다. 생성과 소멸을 반복하는 다중우주의 개념까지 생각하지 않더라도, 일백 년의 시간 동안 잠시 존재하다가 사라지는 나의 존재는 '미미하다'라는 단어로 표현할 수밖에 없을 정도이다. 이에 나는 먼지다.

과학주의는 이 사실에 대한 우주적 자기 성찰이 필요하다고 이야기한다. 우리는 특별하지만, 대단하지 않다. 모두가 특별하지만, 모두가 대단하지 않은 것이다. 우리가 이것을 기억할 때 우리는 겸손하고 당당하며 자유로울 수 있다. 이 먼지들이 서로의 영향력의 크기를 비교하고, 사회적인 우월감이나 열등감을 느끼는 것 자체가 우스꽝스럽다는 것을 깨달을 수 있기 때문이다. 따라서 내가 사회적으로 다른 사람보다 좀 더 우월하다고 해도 단지 먼지인 나는 겸손함을 유지할 수 있고, 내가 다른 사람보다 열등하다고 해도 그들 역시 우주의 먼지에 지나지 않는다는 사실을 기억하면 그 차이에 집착하지 않고 자존감을 유지할 수 있다. 이 사회에서 대단하다고 하는 사람들 역시 우주의 먼지에 지나지 않는다. 여기서 우리 사이에 차이를 두고 누구를 성공한 사람, 누구를 실패한 사람으로 나누는 것은 우스꽝스러운 일이다. 우리는 이 성찰을 통해 대단하다고 하는 사람들의 우월감이나 그것을 갖지 못한 사람들의 열등감을 모두 대수롭지 않게 여길 수 있다.

우리는 자주 사회적인 틀 안에서 나를 바라본다. 그것이 있는 그대로의 나를 왜곡하여, 나 자신조차도 사회적 규정 안에서 나를 바라보는 문제를 만들기도 한다. 하지만 우리가 우주적 자기 성찰 안에 머물러 있을 때, 이런 사회적 성찰에서부터 자유를 얻을 수 있다. 사회적으로 이름 지어진 내가 아니라, 있는 그대로의 나를 바라볼 수 있기 때문이다.

_____ 삶은 순간이기에 소중하다

과학주의의 주장대로 죽음이 완전한 소멸이라면, 우리의 삶은 '불

91

자유로운 여행자, 과학주의

꽃놀이'와 같다. 인생은 너무나 아름다운 한순간이다. 아마 이 순간에 다른 곳을 보는 사람은 없을 것이다. 목이 아프다고 땅을 보거나, 주변 사람이 무엇을 하고 있나를 두리번거리는 사람은 없을 것이다. 모두 그 순간을 놓치지 않기 위해 하늘을 바라볼 것이다. 이것이 과학주의가 말하는 삶의 자세이다.

내가 오늘 살아 있다는 것에 집중해야 한다. 오늘을 살아야 한다. 이 순간을 살아야 한다. 이 순간 나의 살아 있음에 집중하며 내가 원하는 것을 해야 한다. 과거에 얽매여 오늘을 망쳐서도 안 되고, 미래를 생각하며 오늘을 포기하는 것도 멍청한 짓이다. 누군가 나에 대해 어떻게 생각하는지 신경 쓰거나 다른 사람과 비교하며 더 높은 곳을 가려고 하는 것은 어리석은 일이다. 사회가 만들어놓은 당위를 지키려고 애쓰거나 다른 누군가를 위해 살아가느라 나를 위해 살지 못하는 것도 인생을 낭비하는 것이다. 이것은 모두 불꽃놀이의 순간 땅을 바라보거나 주변을 둘러보는 것과 같다. 고개를 들고 하늘에서 터지는 불꽃놀이를 바라봐야 하는 것처럼, 오늘 내가 살아 있음에 집중해야 한다. 우리의 인생이 불꽃놀이와 같다면, 인생이 너무나 아름다운 한순간이라는 것을 깨달았다면 우리는 어떻게 살아야 할까? 여행을 온 사람처럼 순간을 소중히 여기고, 모험을 두려워하지 않아야 한다.

여행지에서 우리는 일상을 소중히 여긴다. 더 정확하게, 일상을 느끼는 감각이 새로워진다. 숙소 밖의 풍경, 아침 식사, 평범한 거리,

상점과 사람들의 일상적인 모든 것이 새롭다. 우리의 삶이 짧고 아름다운 한순간임을 기억한다면, 우리는 소소한 일상이 모두 소중하게 느껴질 것이다. 내가 지금 볼 수 있다는 것, 들을 수 있다는 것, 먹을 수 있다는 것, 느낄 수 있다는 것, 움직일 수 있다는 것, 즐길 수 있다는 것, 사랑을 나눌 수 있다는 것이 소중하게 느껴진다. 음악을 듣는 것, 아이스크림을 먹는 것, 조깅하며 내 심장 소리를 듣는 것, 좋아하는 사람을 안아주는 것 등 이런 일상적인 순간들이 모두 소중하게 느껴진다.

또 여행지에서 우리는 새로운 것에 도전한다. 여행을 와서 호텔 앞의 풍경만 보고, 숙소 앞의 식당에서만 밥을 먹으며, 숙소에서 TV만 보다가 잠드는 사람은 없을 것이다. 이곳에서 가장 아름다운 곳을 찾아가고, 가장 맛있는 것을 먹으며, 이곳에서만 할 수 있는 특별한 경험을 하려고 할 것이다. 뉴욕이라면 중앙역에서 굴과 함께 맥주를 마실 것이고, 스위스라면 인터라켄에서 패러글라이딩을 할 것이다. 스페인이라면 산티아고를 걸을 것이고, 발리에 왔다면 아침에는 요가를 하고 낮에는 서핑을 즐기며 밤에는 요즘 핫하다는 핀스비치클럽에 가볼 것이다. 여행을 왔다면 가장 아름다운 곳을 보고, 가장 맛있는 것을 먹으며, 이곳에서만 할 수 있는 신나는 일과 사람들을 찾아다닐 것이다.

인생이 불꽃놀이라는 것을 깨달은 사람도 마찬가지다. 삶이라는 기회를 소중하게 사용하고 싶어한다. 귀찮다고 숙소에 누워만 있다가 여행을 마무리하고 싶지는 않다. 또 무섭다고 서핑과 패러글라이딩을 포기하고 싶지도 않다. 내가 가진 삶이라는 기회에서 내가 누릴 수 있는 모든 것을 누리고 싶어한다. 내가 이 삶에서 꼭 봐야 하는 것을 보고, 먹을 수 있는 것을 먹으며, 경험할 수 있는 것을 경험하고자 하게 된다. 여행자로서의 삶의 자세를 갖게 된다.

_____ 내가 원하는 것은 무엇인가

여행 같은 삶을 살아가는 데 있어서 가장 중요한 것은 '내가 가장 원하는 것이 무엇인가?'를 아는 것이다. 인간은 단지 육체이다. 나의 DNA가 과학주의에서 말하는 '나'이다. 그리고 DNA는 욕망으로 나에게 메시지를 전한다. 나의 욕망, 나의 욕구를 잘 알고 그것을 위해 움직이는 것이 중요하다. 누구나 보편적으로 원하는 것이 있다. 하지만 거기에 추가해 자기만의 원함을 가지고 있다.

누구나 편한 잠자리와 맛있는 식사, 아름다운 풍경, 신나는 활동을 좋아한다. 하지만 어떤 잠자리를 더 편안해하고, 어떤 음식을 더 맛있어 하며, 어떤 활동을 더 즐거워하는지는 차이가 있다. 다른 사람에게 맛있는 것이 나에게는 맛없을 수 있다. 다른 사람에게 신나는 것이 나에게는 불편할 수 있다. 어떤 사람은 바다에 뛰어들어 서핑하는 것을 좋아한다면, 어떤 사람은 해변에 가만히 누워 노을을 바라보는 것을 더 좋아할 수 있다. 그러니 누군가가 좋다고 하는 것과 상관없이 내가 좋아하는 것에 귀를 기울여야 한다. 잘 모르겠다면, 내가 그것을 발견할 수 있도록 내가 나에게 여러 가지 경험을 제공해야 한다. 그리고 그것이 내가 원하는 것이라는 확신이 있을 때, 그것을 위해 움직여야 한다.

꼭 독특한 것이 아닐 수도 있다. 많은 사람이 가장 원하는 것이 평범한 직장에서 평범한 가정을 꾸리고 살아가는 것이다. 그렇다면 그렇게 살아가는 것이 불꽃놀이와 같은 삶이며, 짧은 여행을 진정한 나로서 누리는 것이다. 꼭 대단한 것이 아닐 수 있다. 나는 단지 리코타 팬케이크를 먹고 싶어하는 사람일 수도 있다. 그러면 그것을 발견하고 수용해야 한다. 반면, 아주 대단한 것일 수 있다. 가장 높은 곳까지 올라가 보고 싶은 것 말이다. 정치가, 가수, 학자 등 자신의 분야에서 가장 높은 자리까지 올라가 보는 것이 자신의 욕망일 수 있다. 그것에 집중하는 것이 불꽃놀이의 삶을 살아가는 것이다.

과학주의의 일반적인 이미지는 회사를 그만두고 세계를 여행하는 것이다. 하지만 그것은 단지 상징적인 이미지이다. 이런 이미지가 도그마화되어 평범한 생활을 하는 것이나 성공을 위해 살아가는 것은 다른 사람의 욕망으로 살아가는 것이고 삶을 낭비하는 것으로 생각해서는 안 된다. 그것이 무엇인지에 대한 구체적인 그림은 과학주의에서는 중요하지 않다. 단지 이 짧고 아름다운 삶의 기회를 내가 진정으로 원하는 것을 위해 쓰고 있는지가 가장 중요하다. 내가 그 확신을 하며 오늘을 살고 있다면, 나는 불꽃놀이와 같은 삶에 하늘을 바라보고 있는 것과 같다. 이 짧은 여행에서 가장 아름다운 것을 보고, 가장 맛있는 음식을 먹은 것이다. 이것이 죽음의 질문에 대한 과학주의의 답이다. 죽음은 소멸이다. 그러니 이 짧고 소중한 삶을 오롯이 육체가 원하는 것을 위한 기회로 사용해야 한다.

과학주의의 실천

____ 자기 돌봄

과학주의자가 지켜나가야 하는 첫 번째 실천적 행동이 있다면, 그것은 '자기 돌봄'이다. '나의 환경이 이래', '세상이 이래', '사람은 이래야 해', '인생은 이런 거야'라고 말하기를 멈춰야 한다. 즉 내가 다른 사람과 세상의 편에 서서 나에게 환경에 맞추라고, 정답에 따라 살라고 하는 것을 멈춰야 한다는 말이다. 그리고 진정 내가 무엇을 원하는지, 나의 이야기에 귀를 기울여야 한다. 이것이 과학주의자가 되기 위한 첫걸음이다.

많은 사람이 자기 돌봄에 실패한다. 내가 나를 돌보지 않고, 함부로 대한다. 사회적 시선에 묶여서 나의 반대편에 선다. 그리고 사회가 나를 바라보는 시선으로 나를 평가하고 비난한다. 때로 세상보다 더 가혹하게 나를 평가하고 비하한다. 사회적 기준에 미치지 못한다는 이유로 말이다. 그래서 자기 자신으로서 살아가는 것에 실패한다. 진정한 과학주의자라면 이러지 않아야 한다.

사회적 기준은 나를 바라보는 시각이 될 수 없다. 나는 우주적 자기 성찰 속에서 나 자신을 바라봐야 한다. 나는 특별하고, 인생은 소중하다. 이 불꽃놀이 같은 한순간에 내가 생각해야 하는 것은, '지금 내가 무엇을 원하는가'밖에 없다. 나에게 귀를 기울이고, 내가 원하는 것을 해나가는 것이 나의 신념이자 교리이다. 그러니 내가 나의 반대편에 설 이유가 전혀 없다. 나는 항상 내 옆에 서서 나를 헤아리고 지지하며 돌보고 내가 원하는 것을 해 나가는 역할을 감당해야 한다. 이 위치를 정하고, 그 자리를 지키는 것이 자기 돌봄이다.

____ 명상

명상은 멈춤과 기억, 그리고 집중의 시간이다. 내가 사회 속에서 살아가던 삶의 흐름을 멈추고, 내가 기억해야 하는 진리를 기억하며, 그 진리로부터 주어지는 삶에 대한 답에 집중하는 것이다. 내가 진정한 과학주의자로 살기 위해서는 '명상'이 중요하다. 그렇지 않으면 환경이 주는 생각이 내 안에 흘러들어와 그 생각이 나의 삶의 자세를 결정할 수 있기 때문이다. 명상이 없으면 사회적 기준이 나의 기준이 되어 우주적 자아를 잃어버리고, 사회적 자아로 살아가게 된다. 명상을 통해 이런 사회적 껍데기를 벗고 우주적 자아를 기억하여 나를 나답게 지켜갈 수 있다. 그렇다면, 어떻게 명상해야 할까?

첫째, 죽음을 명상해야 한다. 어떤 면에서 과학주의의 가르침은 죽음에서부터 시작한다. 인간은 단지 육체이다. 죽음은 완전한 소멸이다. 그래서 지금 살아 있음은 너무나 소중하다. 우리는 죽음을 선명히 기억함으로 어떻게 살아가야 하는지에 대한 삶의 방향을 회복

자유로운 여행자, 과학주의

할 수 있다. 사회적 시선에서 벗어나 삶을 소중히 여기며 진정으로 원하는 삶을 향해 나아갈 수 있다.

따라서 반복적으로 내가 어느 날 분명히 죽는다는 것을 기억해야 한다. 그래서 지금 내가 중요하다고 생각하는 많은 것이 전혀 중요하지 않고, 지금 내가 잊어버리고 있는 많은 것이 내 생각보다 훨씬 더 소중하다는 것을 깨달아야 한다.

둘째, 살아 있음을 명상해야 한다. 죽음을 통해 우리는 지금 살아 있음의 소중함을 명상할 수 있다. 환경에 떠밀려서 살다 보면, 지금 내가 살아 있다는 것을 잊고 살아간다. 살아 있다는 것, 그 자체가 얼마나 소중한 것인지를 느끼지 못하고 환경에 매몰되어 버린다. 해야하는 일, 주변과의 관계, 미래에 대한 불안, 과거의 잔상, 불필요한 정보들이 나를 채운다. 하지만 우리가 살아 있음의 소중함을 명상할 때 이런 것들은 그다지 중요하지 않다는 것을 깨달을 수 있다. 그리고 살아 있는 자체의 소중함과 행복을 회복할 수 있다.

내가 살아 있다고 느끼게 해주는, 살아 있어서 행복한 수많은 것들이 나에게 다시 선물처럼 느껴지는 명상이 우리에게 필요하다. 지금 비치는 햇살의 아름다움, 숲과 바다, 내가 좋아하는 음악, 사랑하는 사람들의 웃음소리, 맛있는 음식을 먹는 순간, 내 뺨에 차갑게 닿는 눈송이, 내 품에 잠들어 있는 아기, 향기 가득한 커피 한잔, 그저 지금 내가 숨 쉬고 있다는 것 자체가 선물처럼 느껴지는 명상 말이다. 단순히 호흡에 집중해 보는 것도 좋다. 숨을 깊이 들이쉬고 내쉬는, 그 호흡에 집중하는 것만으로도 나는 지금 내가 살아 있다는 것을 기뻐하며 미소 지을 수 있다. 이것이 우리에게 필요한 명상이다.

　셋째, 우주적 자기 명상을 해야 한다. 이는 광대한 우주 속에서 순간을 살아가는 생명체로서의 나를 명상하는 것이다. 내가 영원의 시간에 한 번 나타나는 우주쇼일 뿐이고, 우주 안에서 작고 작은 먼지에 지나지 않으며, 지금 살아 있음이 불꽃놀이처럼 짧고 아름다운 한순간이라는 것을 명상하는 것이다.

　우리는 이 명상을 통해 사회라는 작은 테두리 안에서 자신을 규정하던 것에서 벗어날 수 있다. 사회가 규정하는 나를 나로 생각하고 사회가 말하는 성공에 떠밀려가던 것에서부터 벗어날 수 있다. 우리는 우주적 자기 성찰을 통해 사회 안에서 나를 입증하려고 하는 의미 없는 가장무도회에서 벗어나, 이미 나에게 존재하는 자존감을 누리며 오늘이라는 소중한 삶의 기회에 집중할 수 있게 된다.

　넷째, 진정한 원함을 명상해야 한다. 삶은 소중하다. 삶은 내가 가장 원하는 것을 위해 쓰여야 한다. 그러기 위해서는 내가 원하는 것을 알아야 한다. 그래서 우리에게는 내가 진정으로 원하는 것을 알기 위한 명상이 필요하다. 많은 사람은 자신이 원하는 것이 무엇인지를 알고 있다고 생각한다. 하지만 사실 그렇지 않다. 많은 사람이 후회하는 이유는, 과거에 자신이 진정으로 원하는 것이 아닌 자신이 별로 원하지 않았던 것에 삶의 기회를 낭비했다고 생각하기 때문이

자유로운 여행자, 과학주의

다. 사회는 우리가 그다지 원하지 않은 것을, 마치 우리가 원한 것처럼 속인다. 그래서 사회가 권면한 무언가를 노력해서 이루어도, 주변에 자극받아 원하게 된 무엇을 이루었을 때도 우리가 느끼는 감정은 실망감일 때가 많다. 그것은 우리가 진정으로 원한 것이 아니었기 때문이다.

사회는 계속해서 우리의 원함을 기만한다. 그러니 멈춰서서 명상해야 한다. 내 안을 깊이 들여다봐야 한다. 모든 인간은 태어날 때부터 가지고 있는 자기만의 원함을 가지고 있다. 우리의 성향과 기질, 타고난 욕망이 존재한다. 그 본연의 욕망을 찾아야 한다. 우리의 성장 과정, 환경에 의해 왜곡된 욕망이 아니라 내가 진정으로 원하는 것을 발견해야 한다. 그것을 발견하고 추구해야 한다. 그래야 우리는 이 짧은 삶을 후회 없이 살아갈 수 있다.

___ 용기

과학주의자로 살아가기 위해서는 우리에게 용기가 필요하다. 사회적 성찰을 통해 삶을 결정하던 사람이 우주적 성찰을 통해 삶을 결정해 나가려고 할 때 두려움이 먼저 찾아오기 때문이다. 인생에 큰 문제가 생길 것 같은 두려움, 마치 열차가 탈선하는 것처럼 선택 하나가 나의 안정적이었던 삶을 흔들 것과 같은 두려움 말이다. 또 원하는 대로 하겠다는 것이 무엇인가 철들지 않은 미숙함이나, 상황을 파악하지 못하는 어리석고 무모한 선택처럼 느껴진다. 그래서 우리에게 용기가 필요하다. 구체적으로 어떤 용기가 필요할까?

첫째, 사회적 시선을 무시하는 용기가 필요하다. 내가 일반적인 삶과 다른 삶을 살아갈 때 가족과 지인과 친구들을 포함한 많은 사람이 나의 선택에 의문을 제시하며 나를 위해 사회적 기준을 강조할 것이다. 그때 그들과의 논쟁을 기꺼이 이어나갈 용기가 필요하다.

둘째, 환경적인 어려움을 감당하는 용기가 필요하다. 사회적 선택이라고 하는 것은 최적화된 선택이다. 무언가 결과를 얻기 위해서 가장 효율적인 선택이다. 여기에 내가 원하는 무엇을 반영하는 순간 최적화는 깨지고 효율이 떨어진다. 그것으로 인해 내가 가지고 있었던 경제적인, 사회적인, 관계적인 우위가 깨질 수 있다.

내가 사회적으로 해야 하는 말을 하기보다 내가 하고 싶은 말을 할 때 관계적 안정이 깨질 수 있다. 내가 사회적으로 해야 할 행동과 선택을 하기보다 내가 하고 싶은 행동과 선택을 할 때 내가 가지고 있었던 사회적 존중이 훼손될 수 있다. 내가 최적화된 선택을 하지 않을 때 기존에 얻었던 경제적인 수익이 줄어들 수 있고, 내가 비축하고 있었던 자산이 줄어들 수 있다. 이런 어려움을 감당할 용기가 필요하다. 사회적 문법에서는 내가 잘못되고 있는 것처럼 보이지만, 우주적 문법에서는 나의 만족도가 높아지고 있다는 것을 깨닫고 이 과정을 기꺼이 감내할 수 있는 용기가 필요하다.

우리는 지속되는 용기를 성실이라고 부를 수 있을 것이다. 인생을 바꾸는 것은 단 한 번의 선택이 아니라 그때부터 시작된 지속적인 선택이다. 이 선택과 행동이 지속되어 내 안에 누적될 때 변화가 일어난다. 그러니 한 번 자기 돌봄의 입장에 서는 것이 아니라 항상 자기 돌봄의 입장에 서야 한다.

내가 단 하루 명상의 시간을 갖는 것이 아니라 명상이 내 생활의 일부가 되게 해야 한다. 내가 단 한 번 용기를 내는 것이 아니라 이 기준의 선택과 행동이 내 삶에 반복되어야 한다. 그때 비로소 우리는 과학주의자로서 누리는 행복에 도달할 수 있을 것이다.

____ 미숙에서 성숙으로

어디에나 미숙한 수준이라는 것은 존재한다. 마찬가지로 많은 과학주의자도 미숙한 수준에 머물러 있는 경우가 있다. 죽음이 최종적인 소멸이라고 생각한다. 그리고 인간은 단지 물리적인 현상이라고 생각한다. 하지만 이것이 막연한 생각이나 견해로만 머물러 있을 뿐, 실제 자신의 삶을 해석하고 개선하는 삶의 방식은 되지 못한다. 이는 대부분의 미숙한 과학주의자들에게 나타나는 현상이다.

죽음이 완전한 소멸이라고 믿고 인간이 단지 물리적인 현상이라고 생각하면 그것을 가지고 자신을 해석해야 하는데, 그러지 못하고 사회적 견해로만 자신을 해석한다. 그래서 어떤 논쟁을 해야 하는 자리에서는 과학주의적인 입장에서 그 견해를 펼치지만, 실제적인 삶에서는 세속주의자와 전혀 다를 바 없는 삶을 살아간다. 환경을 통해 자신을 해석하고, 환경을 개선하려는 데만 골몰하는 삶을 살고 있어서 말만 과학주의자일 뿐 실제로는 세속주의자에 머물러 있는 것이다. 자신을 돌보지 못하고, 오히려 자기 반대편에 서서 자신을 공격하고 있다. 자신의 사회적 명함으로 자신을 평가한다. 이런 미숙한 과학자들에게 과학주의는 단순히 견해일 뿐, 자신에 대한 해석이 되지는 못 한다.

또 어떤 미숙한 과학주의자는 과학주의로 자신을 해석한 감동의 순간은 가지고 있다. 그에게 과학주의는 견해가 아니라 자기 해석이며, 그것으로 인해 자신을 발견한 경험을 가진다. 하지만 명상에는 익숙하지 못하다. 그래서 자신에 대한 해석은 우연한 기회에 찾아온 순간의 경험이 되고, 그 해석 안에 머물며 지속해서 그 시각을 유지하여 자신의 삶을 바라보지는 못 한다. 결국 미숙한 과학주의자는 분열된 자아를 갖게 된다. 우주적 자기 명상을 통해 삶을 소중히 여기며 진정으로 원하는 삶을 살아가고자 하는 마음을 가지고는 있지만, 삶의 대부분은 이러한 마음과 생각을 잊어버린 채 미숙한 세속주의자와 다를 바 없는 일상에 의해 강제되는 삶을 살아간다.

미숙한 과학주의자는 명상을 통해 자신의 진심을 회복하는 지점에 도달해야 한다. 그리고 이것이 일상이 되어 우주적 자기 명상으로 정체성을 형성하고, 살아 있는 자체를 소중히 여기며, 진정으로 원하는 삶을 추구하는 마음에 늘 머물러야 한다. 하지만 대부분은 이러한 결단에 용기를 내지 못한다. 막상 선택은 세속적이고 당위적인 기준으로 한다. 과학주의자의 마음을 가지고는 있지만, 세속주의자의 삶을 살고 있기에 마음과 삶이 자주 괴리되어 있다. 용기를 내지 못하는 자기 자신에 대한 실망감, 용기를 내려고 할 때 느껴지는 두려움, 세속적인 삶에 동의하지 않는데 거기에 갇혀 있는 것에 대한 불편함을 자주 느낀다.

미숙함은 자연스럽다. 누구도 성숙에서부터 출발하지는 못 한다. 하지만 내가 과정적 미숙함을 지나가는 것이 아니라 미숙함에 오래 머물러 있다면 결단이 필요하다. 미숙한 상태에서는 그것의 유익을 제대로 누릴 수 없기 때문이다. 과학주의는 인간에 대한 의미 있는 이해와 대안을 내놓는 종교적 관점이다. 그런데 미숙한 과학주의에 머물러서는 과학주의가 주는 유익을 온전히 누릴 수가 없다.

만약 과학주의자라면, 성숙한 과학주의자가 되려고 노력해야 한다. "죽음을 직면하여 삶의 소중함을 깨닫고, 내가 진정 원하는 삶을 살자!"는 메시지에 귀를 기울여야 한다. 과학주의적 관점으로 나를 해석하고, 명상을 통해 내 편에 서서 내가 원하는 것을 위해 함께하기로 결단해야 한다. 그리고 용기를 가지고 그것을 삶의 기준으로 삼아 선택해 나가야 한다. 그때 비로소 우리는 마치 춤추듯 살아가는 그 매력적인 삶을 나의 것으로 온전히 누릴 수 있을 것이다.

어떤 사람은 미숙한 과학주의자가 아닌 가짜 과학주의자이다. 이 시대에 과학주의는 유행이기도 하다. 그러다 보니 어떤 사람은 과학주의를 이해하고 추구하는 것이 아니라 유행하는 과학주의를 흉내 낸다. 직장을 그만두고 해외여행을 떠나는 것은 멋있어 보인다. 식당 한 곳을 방문하기 위해 해외를 다녀오는 것이 멋있어 보인다. 자기만의 특별한 스타일이 있는 것이 멋있어 보인다. 그래서 그것을 따라 한다. 마치 흥부를 흉내 내는 놀부처럼, 그 핵심은 이해하지 못한 채 겉모양만 따라 하는 것이다.

흉내 내기로는 아무것도 느낄 수 없다. 이런 행동을 통해 다른 사람에게 특별히 보이고 싶은 과시욕만 충족시킬 뿐이다. 이들은 모두 과학주의로 포장한 미숙한 세속주의자이다. 따라서 진정한 과학주의자들의 입장에서는 반갑지 않은 흉내 내기이다.

____ 자유로운 여행자

과학주의는 죽음을 직면함으로 삶의 소중함을 깨닫는 종교이다. 또 과학주의는 우주적 자기 성찰을 통해 사회적 자아를 극복하는 종교이다. 그리고 과학주의는 명상을 통해 자신이 원하는 것이 무엇인지를 찾고, 그것을 따르는 종교이다.

과학주의는 매력적이다. 과학이라는 떡딱한 단어에서 시작하지만, 춤추듯 살라고 하는 시적인 답을 주기 때문이다. 과학주의는 우리에게 "죽음을 직면하여 삶의 소중함을 깨닫고, 내가 진정 원하는 삶을 살자!"고 이야기한다. 그래서 과학주의자의 별명은 '자유로운 여행자'이다.

과학주의자는 사회적 시선에서부터 자유롭다. 사람들이 나를 어떻게 평가하는지, 사회가 나를 어떻게 규정하는지에서 벗어난다. 그리고 너무나 아름다운 곳에 여행 온 여행자처럼 모든 순간을 소중히 여기며 삶을 누린다. 여행자가 여행지의 소소한 일상에서도 즐거움을 누리는 것처럼, 과학주의자는 삶의 모든 순간을 소중히 여기며 즐겁게 살아간다.

과학주의에 대한 비판과 반박

____ 과학주의는 과학이 아니다

과학주의는 과학이 아니다. 그런데 어떤 과학주의자들은 자신이 과학이라고 말하며, 다른 종교적 입장과 다른 초월적 권위가 있다고 주장한다. 종교적 견해가 아니라 객관적 사실이라는 것이다. 다른 종교는 이런 초월적 권위를 주장하는 과학주의의 태도를 비판한다.

과학은 3차원의 물리 세계를 다루는 학문이다. 따라서 죽음 이후에 인간이 존재하는지에 대한 질문은 과학의 영역이 아니다. '영혼이 존재하는가? 신이 존재하는가? 이 세계가 아닌 다른 세계도 존재하는가?'와 같은 질문들 말이다. 과학이 이런 영역을 대상으로 하지 않기에, 이 영역에 대해서는 답을 하지 않는 것이 정상이다.

과학자가 신이 있는지를 판단할 수 있다고 믿는 것은, 마치 의사가 영혼이 있는지를 판단할 수 있다고 믿는 것만큼 이상하다. 의사가 말하길, "내가 수술을 많이 해봤는데, 영혼은 본 적이 없다"고 말하면 다들 이상하게 생각할 것이다. 영혼은 그런 식으로 존재하는, 아니 그렇게 찾아지는 것이 아니기 때문이다. 그런데 왜 과학자가 신이 없다고 말하면 다들 귀를 기울이는지 이해할 수 없다. 신은 그런 식으로 존재하는 것도 아니고, 그런 식으로 찾아지는 것도 아닌데 말이다. 또 과학이 죽음, 신, 영혼, 내세에 관해서 이야기하는 것은 마치 수학 교사가 국어를 가르치는 것만큼 어색한 일이다. 한 분야의 권위자이기에 다른 분야에 대해서도 권위가 있다고 생각하는 것은 어리석은 일이다. 그리고 이런 과학주의자들의 허세에 속아, "신이 없다는 것이 과학적으로 증명되었는데 아직도 그런 것을 믿고 있냐"고 당당하게 말하는 대중은 더욱 어리석다.

그러면 과학주의가 틀렸다는 말인가? 아니다. 죽음이 완전한 소멸이라는 것은 여전히 무시할 수 없는 주장이며, 이런 전제로부터 삶을 허무가 아닌 소중함의 방향으로 명상을 이끄는 과학주의의 가르침은 심오하고 훌륭하다. 어떤 종교도 이런 과학주의가 갖는 종교적 위상을 무시할 수는 없다. 단지, 과학주의가 다른 모든 종교가 갖는 위상과 가치를 무시하고 그것을 거짓말이라고 주장하는 것에 대해서만 반대하는 것이다.

_____ 자신의 인생이 너무 소중한 사람은 이기적이다

과학주의에서는 인생을 불꽃놀이에 비유한다. "나의 삶은 너무나 짧고 소중하다. 불꽃놀이처럼 너무나도 아름다운 한순간이다. 그래서 그 순간에 집중해야 한다"고 말이다. 이렇게 믿는 사람은 사회나 타인을 돌아볼 여유가 없다. 나 자신을 위해서만 살아가기에도 너무나 빠듯한 시간을 보내기 때문이다. 그러니 '이기심'은 대단히 자연스러운 결론이다.

과학주의에서는 '선'이 있던 자리에 '욕망'이 들어간다. 따라서 과학주의 사회에서는 선이 무엇이지 고민하지도 않고, 인간이 선하게 살아야 한다고 생각하지도 않으며, 선하게 살아가는 인간을 존경하거나 존중하지도 않는다. 물론 선함에 대해 반발하지도 않는다. 여전히 선한 사람에게 박수를 보내며, 그런 사람이 많아지길 바란다. 그것이 나에게 유익하기 때문이다. 하지만 자신이 선함을 고민하거나 추구하지는 않는다.

선한 사람들에게 박수를 보내며 "당신의 선함이 나의 욕망에 도움이 되어 기쁩니다"라고 이야기한다. 하지만 나는 선함이 아닌 나의 욕망을 고민한다. 내가 원하는 것은 무엇인지, 어떻게 하면 원하는 것을 이룰 수 있을지 등 이것이 과학주의자들의 고민과 추구다. 그러니 이기심은 너무나 자연스럽다. 그렇다고 과학주의자들의 이기심이 다른 사람에 대해 공격적인 마음과 태도를 갖는 것은 아니다. 다만, 타인에게 무관심한 것뿐이다. 나의 욕망과 성취를 먼저 고려하며 무언가를 결정하고 추구하는 것, 그 과정에서 다른 사람의 입장이나 상황을 헤아려야 한다는 생각이 없는 것뿐이다.

이기적인 사람들이 만들어가는 세상이라고 하여 공의가 사라진 세상은 아니다. 이 세상에 '타인에게 피해를 주지 않아야 한다'는 황금률이 살아 있기 때문이다. 과학주의 사회는 "네가 무슨 짓을 해도 난 관심 없고, 상관도 없으니까 나에게 피해만 주지 마"라고 이야기한다. 누구도 나의 욕망을 추구하는 데 있어서 다른 사람의 방해를 받고 싶지 않기 때문에 이 황금률은 사회적 기준으로 세워진다. 그리고 이 기준은 다양한 형태로 변주되어 그 사회의 공정성을 세우는 데 일조한다.

어떤 제도가 나에게 피해를 주고 있는 것은 아닌지, 기득권 세력이나 다수의 이익집단이 나에게 피해를 주고 있지는 않은지 의심하며 거기에 맞는 대안을 찾아가기 때문에 이 사회는 공정한 사회적 기준을 여전히 유지할 수 있다. 아이러니하지만, 실제로 이기적인 개인이 자신이 피해자가 될 수 있는 가능성을 고려하여 사회적 기준을 세울 때 그 기준은 객관적이고 이타적인 기준이 된다. 이기적인 시민이 공정한 사회를 세우는 것이다.

따라서 이기적인 사람들이 만들어가는 세상에서는 공의가 사라지는 것이 아니라 사랑이 사라진다. 이성 간의 사랑이 사라진다. 사람들은 자신이 사랑을 욕망할 때만 사랑한다. 그 욕망이 있는 동안 상대를 위해 목숨을 버릴 수도 있지만, 그 욕망이 사라지면 상대가 무슨 상처를 받든지 상관하지 않고 행동한다. 누군가를 사랑하는 것이 아니라 욕망에 따라 행동하는 것이다.

가족 간의 사랑이 사라지고, 친척은 타인이 된다. 부모와 형제와의 거리도 멀어지며, 부모를 부양하는 것을 부담스러워하고, 자녀를 양육하는 것을 어리석은 일이라 생각한다. 사회적 사랑이 사라지는 것이다. 친구, 동료, 지역사회, 국가, 공동체 등 어떤 사회의 일원이 되어서 그 사회를 사랑하고 헌신하며 서로를 격려하고 지지하는 관계가 사라진다. 서로에게 이익이 되는 동안만 만나서 상호 소비를 이어가다가 이해관계가 맞지 않으면 갈라지는 이합 집단의 관계가 일반화된다. 연대는 사라지고 이합 집단만 남는다.

이기적인 사람들은 누구보다 많이 사랑에 관해서 이야기한다. 누군가 자신을 사랑해주길 바란다. 충분히 사랑받지 못함에 대한 아쉬움을 가지고 그런 자신을 안쓰러워한다. 나도 사랑에 빠지길 바란다. 사랑의 감정에 들어가 누군가를 향해 설렘과 열정을 갖기를 원한다. 하지만 나 자신이 헤아림과 인내와 헌신을 포함하는 진정한 사랑을 감당하고자 하는 마음은 많지 않다. 그래서 모두가 사랑에 관해서 이야기하지만, 사랑이 사라지는 사회가 형성된다. 과학주의는 시적인 표현들로 자신을 포장하지만, 사실 그들이 만드는 사회는 이기적이고 차가운 사회이다.

_____ 하고 싶은 것을 할 수 없는 삶은 비참한 삶인가

과학주의라는 종교는 건강한 명상을 제시한다. 죽음을 생각하며 삶을 소중히 여기라고 한다. 그래서 자신이 진정으로 원하는 것에 따라 살아가라고 한다. 하지만 이 가르침에는 이면이 있다.

어떤 사람에게 이것은 단지 선택의 문제이다. 사회적인 환경, 교육받은 당위에 의해 살아가다가 과학주의의 깨달음을 통해 원하는 삶을 선택하고 그렇게 살아가면 되는 사람들이 있다. 하지만 어떤 사람에게 이것은 선택의 문제가 아니다. 내가 원하는 삶이 있더라도 그것을 선택할 수 없는 환경에 묶여 있는 사람들도 있기 때문이다. 그래서 과학주의는 중산층의 종교라고 할 수 있다. 회사를 때려치우고 세계여행을 떠날 수 있는 사람에게 과학주의는 매력적이지만, 오늘 하루 먹고 살기 위해 원하지 않는 일터에 서야 하는 사람에게는 도무지 적용할 수 없는 것을 가르치는 종교이기 때문이다.

한 예로, 경제적으로 어려운 사람이 있다. 그는 원하는 것을 하면서 인생을 살아가고 싶다. 하지만 원하지 않던 집에서, 원한 적 없던 일을 하며 살아가고 있다. 무엇보다 그에게 이런 상황이 바뀔 수 있는 여지가 전혀 없다. 세속주의 관점에서 이 사람은 여전히 '성실한 개척자'이다. 자신의 생존을 책임 있게 감당하고 있는 그의 모습은 숭고하다고 평가받아야 한다. 하지만 과학주의 입장에서는 불쌍한 사람일 뿐이다. 비루한 현실에 던져진 사람이고, 살지만 사는 것이 아닌 불쌍한 인생이다. 과학주의에서의 삶은 자신이 원하는 것을 이루는 것이고, 누리는 것이어야 하기 때문이다. 그러니 이 상황에서 그가 과학주의적 신념을 가지고 있으면 자기 비하와 우울함에 빠지게 될 것이다. 정말 개선의 여지가 없다고 생각하면 살아갈 이유조차 잃어버리게 되고, 결국 자살 충동과 싸우게 될 것이다.

따라서 과학주의가 말하는 건강한 명상의 방향은 그에게 적용되기는 어렵다. 그에게 죽으면 다 끝이기에 삶은 하고 싶은 것을 해야 한다는 말은, 결국 지금 사는 것은 의미가 없다고 하는 허무에 대한 명상으로밖에 적용될 수 없기 때문이다. 이처럼 과학주의는 세속주의마저도 지켜내고 있던 '삶의 존엄성'을 흔든다.

자유로운 여행자, 과학주의

삶의 존엄성만 흔드는 것이 아니다. 나아가 인간의 존엄성까지도 흔든다. 인간이 단지 물리적인 현상이라면, 인간은 존엄하지 않다. 인간에게 특별한 '인권'이라는 것은 존재하지 않는다. 인간이나 동물, 곤충과 식물까지 모두 가치적으로 동등하다. 인간은 단지 물리적인 현상이다. 그러니 모든 인간이 존중받을 권리를 타고났다는 선언은 기반을 잃어버릴 수밖에 없다.

과학주의가 팽배해질수록 인권을 바탕으로 세워진 사회적 기준은 흔들린다. 사람들은 점점 강자가 약자를 착취하는 것이 사자가 사슴을 잡아먹는 것처럼 자연스러운 일이라고 생각하게 될 것이다.

____ 과학주의의 반박

과학주의는 과학과 과학주의를 분리하여 비판하는 것에 동의하지 않는다. 과학주의의 논거가 과학적 근거를 가지기에 과학이라고 보는 것이 합당하다고 주장한다.

또 과학주의는 이기심을 조장하고 사랑 없는 사회를 만든다는 비판에 동의하지 않는다. 그들은 이 주장을 하려면 사랑이 무엇인가에 대한 정의에서부터 다시 생각해봐야 한다고 말한다. 사랑이 인간의 자연스러운 욕망이 아니라 사회적 당위에 의해 학습된 것이라면, 그런 사랑은 없어지는 것이 맞다. 그러한 사랑이 사라지는 것은 억압으로부터의 자유이지 인간성의 퇴보가 아니다. 하지만 인간이 사랑의 존재여서 자연스러운 상태에서 사랑의 욕망이 있다면, 과학주의로 인한 어떤 훼손도 일어나지 않을 것이다. 오히려 인간에게 존재하는 만큼의 사랑이 자연스럽게 발현될 것이다. 그러니 과학주의가 사랑이 없는 이기적인 사회를 만들기에 문제가 있다는 비판은 과학주의자들이 받아들이기 어려운 비난이라고 말한다.

마지막으로, 과학주의는 존엄성 비판을 받아들이지 않는다. 특히 다른 종교가 주장하는 존엄성 비판에 대해서는 강하게 반박한다. 그러면서 그들은 역사와 오늘날의 사회를 둘러보라고 말한다. 종교 사회가 인간의 존엄성을 얼마나 훼손했는지를 말이다. 종교의 이름으로 사람을 불태우고, 돌을 던져서 죽였으며, 명예라는 이름으로 가족을 살해하는 사회가 종교 사회이다. 여성의 권리를 인정하지 않고 열등한 존재로 규정하며, 그들의 권리를 제한하는 사회가 종교 사회이다. 여전히 여성이 어떤 옷을 입어야 하는지를 정하고, 여성은 지도자가 될 수 없다고 주장하며, 그들의 권리를 억압하는 것이 바로 종교 사회이다. 하지만 과학주의 사회는 타인에게 피해를 주지 않아야 한다는 황금률을 가진다. 따라서 삶의 가치와 인간의 존엄성에 대한 말의 향연을 펼치는 다른 종교보다 훨씬 더 명확하게 인간의 권리를 존중하는 제도를 만들어낸다고 주장한다. 인간이 인간을 존중하는 데 존엄성이라는 거창한 말은 필요 없다. 다른 사람에게 피해를 주지 않는, 누군가의 욕망을 억압하지 않는 사회와 문화를 만들고자 하는 과학주의가 훨씬 더 인간이 존중받는 사회를 만든다고 과학주의자들은 주장한다.

인간성 논쟁

과학주의와 전통적인 종교 사이에 오가는 논쟁에 대해 우리는 따로 이야기할 필요가 있다. 이것은 현대에서 종교적 흐름이 어떻게 흘러가고 있는지를 이해하는 데 필요한 핵심 논쟁이기 때문이다.

과학주의와 전통적인 종교의 핵심 논쟁은 '인간성humanity 논쟁'이다. 과학주의는 이것을 육체로부터 나타나는 현상으로 보고, 전통적인 종교는 이것을 인간이 육체를 초월한 존재라고 생각하는 근거로 삼는다. 그래서 인간성을 어떻게 규정하는가에 따라 과학주의적 관점과 전통적인 종교적 관점이 갈라지는 것이다.

인간성이 단지 육체에 의한 현상이라면, 육체의 소멸인 죽음은 인간의 최종적인 죽음이다. 하지만 인간성을 물리적 현상으로만 볼 수 없고, 인간이 단순한 육체가 아니라고 한다면 이는 조금 다른 이야기가 된다. 즉 인간은 육체와 정신의 결합이고, 육체의 죽음 이후에도 육체에 속하지 않은 정신은 여전히 존재한다고 생각할 가능성이 열리기 때문이다. 그래서 과학주의는 인간성이 단지 물리적인 현상이라는 것을 증명하려고 하고, 전통적인 종교는 인간성이 왜 육체에 의한 것이 아닌지를 설명하려고 한다.

_____ 인간성은 단지 물리적 현상이다

과학주의는 인간성이 물리적인 현상이라고 주장한다. 그러면서 인간의 정신 활동이라고 하는 것은 DNA에 의해 형성된 생존, 기질, 생의 주기, 소비 욕구로 설명될 수 있다고 말한다.

인간성은 '생존'으로 설명될 수 있다. 인간은 DNA의 명령에 따라 살아남는 것을 목적으로 움직인다. 현대인은 홍수가 오고 있음을 직감하여, 높고 안전한 곳으로 이동하는 동물과 같다. 지속해서 어떻게 하면 높고 안전한 곳에 도달할 수 있을지를 생각하는 것이 인간의 내적 활동이다. 부자가 되고 싶어하고, 연금과 부동산에 관심이 많으며, 정규직이 되고자 하는 것은 모두 이 위험한 세상에서 높고 안전한 곳에 도달하고 싶은 생존 때문이다. 따라서 이러한 인간의 내적 활동에 특별한 것이 없다. 더 높은 곳에 도달하기 위한 고민과 계획, 도달하지 못한 좌절과 실망, 도달했을 때의 안도와 만족이 인간의 내적 활동이다.

인간성은 '성격'기질으로 설명될 수 있다. 인간은 DNA에 내재한 성격을 가지고 있다. 그래서 어느 정도의 생존이 확보된 인간은 성격대로 살고 싶어한다. 어떤 사람이 대기업을 그만두고 가구를 만드는 일에 뛰어든 것은, 그가 자족할 줄 아는 성품 때문이 아니라 DNA에 그것을 더 편안하게 느끼도록 프로그램되어 있기 때문이다. 또 어떤 사람이 남들과 다르게 끊임없이 새로운 것에 도전하는 것도, 그가 용기가 있는 사람이라기보다 타고난 성격 때문이다. 물론 그런 유난한 것을 싫어하고 평범한 직장과 안정적인 삶을 추구하는 사람도, 역시 타고난 성격 때문이다. 인간의 내적 활동에 특별한 것은 없다. 어느 정도 안정된 상황이 형성되어지고 나면, 성격대로 살고 싶어한다. 이는 자주 '진정한 나 자신을 찾는다'는 말로 포장되지만, 그

자유로운 여행자, 과학주의

것은 사실 정신이나 영혼에 대한 것이 아니라 DNA에 내재한 성격에 대한 것이다. 여기에 대한 갈망과 계획과 실천, 혹은 되지 않았을 때의 실망과 답답함, 혹은 됐을 때의 자부심과 만족감 등 이 모든 것은 인간의 내적 활동이다.

인간성은 '생의 주기'로 설명될 수 있다. 사실 생의 주기는 생존에 대한 이야기이다. 삶의 시기별로 생존을 위해 더 중요한 것에 집중하는 특징을 생의 주기라고 한다. 아이일 때는 부모를 너무나 좋아한다. 부모가 나의 생존에 전권을 가지고 있기 때문이다. 청소년이 되면 부모보다 또래에 관심을 두기 시작한다. 이제는 부모가 아니라 내가 가진 사회적 위치가 나의 생존에 더 큰 영향을 주기 때문이다. 청년이 되면 이성에 대한 관심이 커진다. 자녀라는 또 다른 나를 통해 생존을 이어가고자 하는 본능 때문이다. 장년이 되면 타인에 대한 관심이 줄어들고 일에 대한 관심이 커진다. 내가 나의 생존을 책임질 수 있는 역량을 갖게 되어 다른 사람에게 의존할 필요가 없기 때문이다. 노년이 되면 자녀에 대한 관심이 커진다. 자녀가 나의 생존을 확보해주기 때문이다. 인간의 내적 활동에 특별한 것은 없다. 부모에게 사랑받고 싶은 간절함, 친구들 사이에 함께 있을 때 두려운 것이 없는 자신감, 친구가 없을 때의 위축감, 너무나 설레는 사랑, 사랑이 없는 외로움, 모든 것보다 일을 우선시하는 마음, 자식 걱정으로 보내는 하루 등 이 모든 것은 사랑이나 우정에 관한 것이 아니라 생의 주기에 관한 것이다.

인간성은 '소비 욕구'로 설명될 수 있다. 사람은 육체의 쉼과 자극을 원한다. 육체는 편안한 곳에서 쉼을 누리는 것과 새로운 자극을 통해 쾌락을 느낀다. 그래서 리조트는 낙원의 이미지를 갖게 된다. 편안한 숙소와 맛있는 음식, 아름다운 해변과 신나는 레저활동, 화려한 밤이 동시에 존재하는 곳이기 때문이다. 어떤 사람에게는 소파에 누워 TV를 보거나 편안한 의자에 앉아 오락하는 것이 최고의 즐거움이다. 쉼과 자극을 동시에 만족시키는 것이기 때문이다. 인간성은 특별한 것이 없다. 휴가 때 리조트에 갈 생각으로 한 해를 견디고, 집에 돌아가 오락을 할 생각으로 하루를 견딘다. 그런 시간을 많이 가진 사람이 부럽고, 그런 시간이 별로 없는 나 자신은 불쌍하다.

과학주의는 전통적으로 인간이 인간성에 대해 과도한 의미 부여해왔다고 생각한다. 꿈, 진정한 나, 사랑, 내가 원하는 삶 등 뭔가 있어 보이는 말로 포장했지만, 결국 이 모든 것은 인간이 육체의 명령을 충실하게 수행하고 있는 물리적 현상일 뿐이라고 주장한다.

전통적인 종교에서는 인간의 이타성, 인간성을 인간이 단지 육체가 아닌 근거로 제시하지만, 과학주의는 그것은 유전자를 제대로 이해하지 못했기 때문에 생겨나는 오해라고 말한다.

인간은 DNA를 지키는 그릇으로 프로그램되어 있다. 이기적인 것은 인간이 아니라 유전자이다. 또 각 개인은 자신이 속한 유전자 그룹을 위해서 이타적일 수 있다. 예를 들어, 인간은 누군가와 경쟁할 때 상대를 죽이더라도 자신이 살아남고자 하는 강력한 의지를 갖는다. 이는 나의 유전자를 보전하기 위해서이다. 또 인간은 내 자녀가 위험에 처하면 자녀를 위해 목숨을 던지는 이타성을 보인다. 나의 유전자와 자녀의 유전자는 같은 유전자를 갖고 있는데, 나이 많은 내가 살아남는 것보다는 어린 자녀가 살아남는 것이 유전자 보전에 더 유리하기 때문이다.

같은 이유로 인간은 국가나 인류를 위해 헌신하기도 한다. 더 큰 단위의 유전자 군집이 위협받을 때 자신의 목숨을 버려서라도 그것을 지키려고 한다. 유전자의 생존이라는 기준에서 나 하나만 살아남는 것보다 같은 유전자를 가진 많은 사람이 살아남는 것이 더 유리하기 때문이다. 그래서 인간이 도덕적이고 이타적으로 보이는 이유는 개인이 유전자를 담는 그릇에 지나지 않기 때문이다. 개인이 그렇게 행동하도록 그의 유전자에 이미 프로그래밍되어 있다. 그래서 안중근 의사의 죽음이나 꿀벌의 죽음은 근본적으로 같다. 꿀벌이 자신이 죽더라도 벌집을 지키기 위해 침을 쏘고 죽는 것은, 그가 충성이나 사랑이라고 하는 물리로 설명할 수 없는 꿀벌의 정신을 가지고 있어서가 아니라 DNA를 지키기 위해 최선의 길을 선택하도록 프로그래밍되어 있기 때문이다. 그러니 도덕성과 이타성으로 인간이 물리적 현상 이상의 무엇이라고 주장하는 것은 잘못이다.

이런 관점에서 보면 인간의 도덕성 역시 육체적인 관점에서 설명될 수 있다. 인간성이라는 것은 사실 존재하지 않는다. 자신의 내면을 정직하게 들여다보면 누구나 알 수 있는 사실이다. 좀 더 높이 올라가고자 하는 고민과 계획, 나의 기질성격대로 살 수 있는 자리를 찾아다니는 탐색, 생의 주기에 따른 부모와 친구와 연인과 자녀에 대한 관심, 편안하고 자극적인 삶에 대한 갈망 등 이런 것이 우리 안을 채우고 있다. 그리고 이것에 대한 지향이나 만족, 실망이나 대안이 우리의 내면을 구성한다. 그러니 이것을 정직하게 인정하고 수용해야 한다. 만약 이것이 인간의 가치를 깎아내린다고 느낀다면, 이것은 전통적인 종교와 철학에 따라 형성된 편견이다.

우리는 육체에 의해 형성된 DNA 작용이 인간성의 핵심이라는 것을 받아들여야 한다. 인간성이 인간이 육체 이상의 존재라는 것을 증명하는 증거라고 생각하면서부터 인간은 진정한 자기 수용으로부터 멀어진다. 인간이 자신을 있는 그대로, 육체로 이해할 때 진정한 자기 수용이 가능해진다.

____ 인간성은 인간이 단지 물리적 현상이 아니라는 증거이다

과학주의와는 달리 전통적인 종교는 인간성이 인간이 단지 육체가 아니라는 증거라고 주장한다. 그들은 인간의 육체로 설명할 수 없는 인간의 특징으로 자유의지, 자의식, 도덕성, 사랑을 제시한다. 이것은 생존이나 본능, 생의 주기로 설명할 수 없는 것이라고 말한다.

인간은 '자유의지'를 가지고 있다. 동물은 본능에 따라서 한결같은 삶을 산다. 일천 년 전의 사자가 살아가는 방식과 오늘날의 사자가 살아가는 방식은 같다. 아시아의 사자가 사는 방식과 아프리카의 사자가 사는 방식도 같다. 하지만 사람은 그렇지 않다. 아버지가 살

왔던 삶의 방식이 다르고, 아들이 살아가는 삶의 방식이 다르다. 같이 성장한 친구들의 삶의 방식도 모두 다르다. 이런 차이가 발생하는 이유는 인간이 자유의지를 가지고 있기 때문이다. 인간은 DNA라는 프로그램에 의해서 움직이는 존재가 아니라 스스로 선택하는 주체적인 존재이다. 어떤 물리적인 현상이 자유의지를 해석하고 예측할 수 없다. 모든 인간은 물리적 법칙에 종속되지 않는 주체성을 가지고 있다. 인간은 주체적인 존재로 독립적인 선택을 한다. 선택이 그 사람을 성자로 만들기도 하고, 악마로 만들기도 한다. 한심한 선택으로 인생을 망치기도 하고, 숭고한 선택으로 세상을 구원하기도 한다. 이것은 인간이 단지 물리적인 현상이 아니라는 것을 명확하게 보여주는 증거이다. 인간은 원인에 의한 결과가 아니라 결과를 만들어내는 원인이다. 이것이 전통적인 종교가 인간을 육체를 넘어서는 초월적인 존재라고 규정하는 첫 번째 근거이다.

인간은 '자의식'을 가지고 있다. 자의식이라고 하는 것은 초월적인 관점에서 나를 바라보는 시선이다. '지금의 나를 바라보는 나' 또는 '지금의 세상을 바라보는 나'가 바로 나의 자의식이다. 인간은 자신의 자의식을 진정한 자기 자신으로 인식한다. 인간은 자신의 몸과 자신을 분리하여 인식한다. 또 자신의 환경과 자신을 분리하여 인식한다. 인간은 자의식과 자신을 일치하여 인식한다.

키오스크kiosk는 자의식이 없다. 자신의 행동을 객관적으로 바라보고, 그 행동의 의미를 평가하며, 자유의지로 나아가지 못한다. 이처럼 프로그램에 따라 움직이는 객체는 자의식을 가지고 있지 않다. 흘러내리는 물줄기가 자의식을 가지고 왔던 곳으로 돌아가려고 하지 않는다. 빙하가 자의식을 가지고 좀 더 멋있는 모습을 갖고 싶어 하며 자기 모습을 다듬지 않는다. 자의식은 인간이 물리적 현상에 따라 끌려가는 객체가 아니라 그 물리적 현상 위에서 상황을 관찰하는 주체라는 것을 보여준다. 자의식은 무엇인가로 인해 만들어지는 현상이 아니라 무엇인가를 만들어내는 기원이다.

인간은 '이성'을 가지고 있다. 인간은 스스로 생각하는 존재이다. 칸트의 용어를 빌리자면, 인간은 순수이성과 실천이성을 가지고 있다. 순수이성은 사유의 능력으로서의 이성이고, 실천이성은 도덕적인 실천 의지로서의 이성이다.

'순수이성'은 이해하고 판단하며 개선하는 사고의 능력이다. 물리적인 세계를 이해해서 그 원리를 파악한다. 그리고 여기서 멈추지 않는다. 그 원리를 조합하여 새로운 세계를 창조한다. 이것은 인간이 만들어진 세계 속에서 살아가는 존재이기보다 새로운 세상을 만들어가는 존재라는 것을 보여준다. 인간은 도시를 건설한다. 전기, 수도, 도로, 빌딩을 만든다. 자동차가 달리고, 비행기가 날게 만든다. 인공위성을 띄우고, 스마트폰을 사용하며, 영화와 음악과 게임을 만들어낸다. 개념적인 세계를 이해해서 그 원리를 파악하고, 그것을 조합하여 새로운 세계를 만들어낸다. 민주주의와 같은 정치 제도를 만들고, 자본주의와 같은 경제 제도를 만든다. 의료, 복지, 교육이라

자유로운 여행자, 과학주의

고 하는 사회 시스템을 만든다. 순수이성은 세계를 이해하고 조합하여 새로운 세계를 만들어내는 능력이다. 이런 이성 활동을 볼 때 이성은 육체의 현상이기보다 육체를 뛰어넘는 무엇이라고 판단하는 것이 더 적합하다.

'실천이성'은 인간에게 내재되어 있는 판단의 기준이다. 모든 인간은 내면에 도덕적 양심이라고 하는 정직, 정의, 사랑, 성실과 같은 판단 기준을 가지고 있다. 그래서 자신이 이 기준을 어겼을 때 죄책감을 느끼고, 이 기준을 지켰을 때 자부심을 느낀다. 누군가 이 기준을 어길 때 분노하고, 이 기준을 지켰을 때 존경한다. 이 기준을 무시하면서 살아간다고 하더라도 그럴 수밖에 없었다고 하는 자기합리화의 과정을 갖는다. 이 기준 자체는 모두에게 내재되어 있다. 도덕적 이성은 인간이 이 물리적인 세계에 속한 존재가 아니라 다른 세계에 속한 존재라는 것을 보여준다. 거기에 물리적 기준과 원리와는 다른 도덕적 기준과 원리를 가지고 있고, 그 속에서 자신을 이해하는 존재라는 것이 인간이 단지 물리적 세계에 속하지 않고 이 세계를 넘어서는 도덕적 세계에 속한 존재이기도 하다는 것을 보여준다.

인간은 스스로 인식하고, 생각하며, 선택하는 주체적인 존재이다. 이 주체성은 물리적 원리에서부터 벗어나 있는 주체성을 이야기한다. 인간을 단지 우주의 한구석에서 일어나는 물리적인 현상이라고 하려면, 인간은 물리적 원인에 의한 결과에 지나지 않아야 한다. 생의 주기에 따라, 생존 본능에 따라, DNA의 성격에 따라 움직이는 수동적인 결과물에 지나지 않아야 한다. 하지만 인간은 그렇지 않다. 인간은 스스로 선택하는, 스스로 성찰하는, 스스로 생각하는, 스스로 도덕적 기준을 지향하는, 스스로 물리적 원리에서 벗어난 주체적인 존재이다. 이것이 인간성의 실체이다. 여기에 대해서 있는 그대로 자부심을 가지고 자신을 인정하며 받아들이는 것이 필요하다.

_____ 사랑에 대한 두 가지 이야기

과학주의와 전통적인 종교의 입장 차이를 가장 재미있게 보여주는 것은 '사랑'에 대한 논쟁이다.

 과학주의는 사랑이 DNA라고 본다. 그래서 남녀 간의 사랑은 DNA의 명령에 의한 것이라고 한다. DNA는 여성에게 최고의 남자를 선택하라고 이야기한다. 그래서 여성은 결혼식 전날 고민이 많다. '지금까지는 이 남자가 최고의 남자여서 선택했는데, 이후에 더 괜찮은 남자가 찾아오면 어떻게 하지?'라는 고민이다. 자신이 DNA의 명령에 따라 최고의 남자를 선택한 것인지를 고민한다. 반면, DNA는 남성에게 여러 여자를 선택하라고 이야기한다. 다양한 매력을 가진 다양한 여자를 선택하라고 말이다. 그래서 남성은 결혼식 전날 아쉬움을 갖는다. 나는 이 여자가 좋지만, 다른 많은 여자를 만날 기회를 포기하는 것 같아서 아쉽다. 즉 여자가 결혼을 미루는 이유는 더 좋은 남자가 나타나는지 확인하기 위한 것이고, 남자가 결혼을 미루는 이유는 지금 더 많은 여자를 만나기 위해서다.

또 여자는 어장 관리를 한다. 다른 1등이 나타난다면 정리해야 할 대상들이지만, 그렇지 않다면 이 중에 1등을 선택해야 하기 때문이다. 남자는 바람을 피운다. 이 여자를 좋아하지만, 다른 매력적인 여자를 외면할 이유가 없기 때문이다. 그래서 DNA에 따라 하는 사랑은 복잡해진다. 본능에 따르면 여자는 최고의 남자를 만나 독점하려고 하고, 남자는 여러 여자를 거느리며 모두를 독점하려고 한다. 이둘 사이의 의지는 자주 충돌하고, 서로에게 억압과 배신의 메시지를 던진다. 여자는 일정 수준에 이르지 못한 남자들이 자신을 좋아하는 것에 불쾌해하고, 최고의 남자라고 생각해서 선택했는데 그렇지 못하다고 느끼면 사기라도 당한 것처럼 분노한다. 남자는 한 여자를 일정 기간 만나면 싫증을 느끼고, 바람을 피우기도 하며, 성 산업 융성에 이바지하기도 한다.

과학주의의 입장에서는 이것이 '사랑'이다. 나의 운명인 사람이 어딘가에 있고, 그 사람을 서로 찾아 헤매다가 어느 순간 서로 운명이라는 것을 알아 상대만을 사랑하고 상대에게 완전한 만족을 느끼며 상대에게 헌신하고 살아가는, 즉 서로가 서로에게 선물이 되는 것이 아니다. 이런 동화 같은 이야기는 존재하지 않는다. 그러니 이런 환상으로 사실을 왜곡하여 서로를 비난하는 것을 멈추는 것이 더 좋은 방법이라고 주장한다. 과학주의는 최고의 남자와 다양한 여자를 찾아 헤매는 당사자들 간의 다양한 계약을 존중해야 한다고 말한다. 남자는 사귀던 여자가 더 나은 남자를 만났다고 하면 자신의 무능을 탓하며 겸손히 물러서야 하고, 여자는 남자가 나를 좋아하더라도 다양한 여자를 좋아하는 것을 자연스럽게 받아들여야 한다는 것이다.

물론 인간이 일부일처제에 대한 강한 욕망을 가지고 거기에 충실할 때도 있다. 그렇다고 그것이 서로에 대한 사랑으로 인한 것은 아니다. 이것은 자녀에 대한 것이다. 자녀를 낳으면 남녀는 DNA의 명령에 따라 자녀를 지키는 것을 삶의 우선순위로 삼는다. 그리고 자녀를 지키기에 남녀가 서로의 역할을 분담해서 자녀 양육에 최선을 다한다. 이때 남녀는 다른 이성에 관한 관심을 잊어버린다. 솔직히 상대에 대한 이성적인 관심도 상당히 잃어버리는 시기이다. 따라서 자녀를 중심으로 하는 가족에 집중하게 된다. 이것이 과학주의가 말하는 사랑에 대한 정의이다.

하지만 전통적인 종교는 이것을 사랑이라고 부르지 않는다. 이런 사람들은 자신의 본능을 충족하려고 하는 것뿐이며, 사랑의 가면을 쓰고 돌아다니며 진정한 사랑을 추구하는 사람들을 속이는 가짜들이라고 규정한다. 따라서 우리는 연애에서 이런 가짜들을 걸러내는 것에 가장 많이 신경을 써야 한다고 당부한다.

전통적인 종교가 말하는 사랑은 상대를 아끼고 헤아리며 위하는 것이다. 먼저 사랑은 상대를 아낀다. 상대를 바라볼 때 아름답게 느껴서 감동하는 마음, 상대가 나에게 너무나 중요한 존재로 여겨져서 소중히 여기는 마음을 갖게 된다. 또 사랑은 상대를 헤아린다. 나를 잘 알지도 못 하면서 나를 사랑한다고 하는 것은, 단지 내 외모에 매료된 것뿐이다. 그것은 진짜 사랑이 아니다. 사랑은 내가 지금 어떤 마음과 생각을 하고 있는지 섬세하게 관심을 가져서 그것을 잘 알아채는 것이다. 내가 그렇게 생각하고 느끼는 이유와 흐름을 잘 이해하고, 나의 편에서 공감하는 헤아림을 갖는 것이 진짜 사랑이다. 마지막으로 사랑은 상대를 위한다. 사랑은 상대를 위해서 자신의 손해를 감당하면서까지 헌신한다. 헌신이 포함되어 있지 않으면 사랑이라고 할 수 없다. 상대를 위하는 마음이 있기 때문에, 상대를 위해서 일정 부분을 포기하고 헌신하는 행위가 있다. 그래서 사랑은 지극히 도덕적이고, 선한 마음이다. 우리는 내가 누군가에게 이런 마음을 갖게 되길 바라고, 누군가가 나에게 이런 마음을 갖게 되길 바란다. 동시에 상대에게 이런 마음을 갖게 되어, 이런 마음을 서로 나누며 살아가길 바란다.

이는 남녀 간의 사랑만이 아니다. 인간은 인류애를 꿈꾼다. 모든 사람과 사람이 서로를 소중하게 바라보고, 서로를 이해하며, 서로를 위하는 세상을 꿈꾼다. 그리고 이 소망을 향한 태도를 가지고 있다. 인간은 자신과 아무런 상관없는 사람의 고통에 눈물을 흘릴 마음을 가지고 있다. 그래서 그들을 위해서 자신의 것을 내어 주고 헌신할 마음을 가지고 있다. 인간은 때로 알지도 못 하는 사람을 구하기 위해 자신의 생명을 던진다. 그리고 많은 사람이 그러한 행동에 숭고함을 느끼고 존경심을 표한다. 육체의 저항을 넘어 사랑을 실천하는 사람들이 있고, 그런 사람에 대한 존경의 마음은 사람들의 마음 안에 이것이 있다는 것을 보여준다. 인간은 그 크기가 어떠하든지 마음 깊이 인류애를 담고 있다. 인간은 소외된 세상보다 서로 사랑하는 공동체적인 세상을 지향한다. 사람은 인권이 무시되기보다 인간이 인간으로서 소중히 여겨지는 세상을 지향한다. 그리고 자신이 가지고 있는 마음의 크기만큼 이것을 위해 노력하고자 하는 의지를 갖추고 있다. 인간은 사람을 소중히 여기고 헤아리며 위하고자 하는 사랑의 마음을 가지고 있다. 이 선한 마음이 우리 안에 담겨 있다고 전통적인 종교는 믿는다.

지금까지 살펴본 사랑에 대한 이 두 가지 종교적 관점은 나 자신과 삶을 해석하는 관점으로, 우리와 직접적으로 관련된 논쟁이다. 이에 전통적인 종교의 입장에서는 과학주의가 진정한 의미의 인간성을 훼손하고 있다고 생각하며 경계한다.

_____ 나는 나를 어떻게 해석하는가

인간성 논쟁은 나와 상관없는 논쟁이 아니다. 모든 사람이 이 논쟁에서 관심을 기울여야 하는 이유는, 이것이 바로 나 자신을 해석하는 방식으로 적용되기 때문이다. 하지만 많은 사람이 이 주제에 대해 모순된 태도를 견지해 오고 있다.

공식적인 입장은 죽으면 인간은 소멸하고, 인간은 단지 육체라는 과학적 전제를 지지한다. 하지만 꿀벌의 죽음이나 안중근 의사의 죽음이 같은 것이라고는 생각하지 않는다. 또 사랑이 최고의 남자를 찾는 여자와 다양한 매력을 가진 여러 여자를 소비하려는 남자 사이에 속고 속이는 게임이라고 생각하지 않는다. 무엇보다 자신이 DNA의 프로그램에 따라 행동하는 기계와 다를 바 없다고 생각하지 않는다. 그들은 안중근 의사의 결단과 헌신을 존경하고, 속고 속이는 게임의 연애를 비난하며, 나는 스스로 판단하고 행동하는 주체적인 존재라고 생각한다. 리처드 도킨스의 이기적인 유전자에 감명받았다고 하지만, 인간을 꿀벌 이상의 존재라고 생각한다. 그러면서도 이 두 가지 생각이 모순됐다는 것은 인지하지 못한다. 많은 사람이 이 위치에 서 있다. 모순된 주장을 동시에 펼치면서 자신이 합리적인 생각을 하고 있다고 착각하는 위치 말이다. 그러니 이 논쟁을 들여다보고, 나의 위치를 정확하게 하는 것이 필요하다.

인간성 논쟁에 대한 현재까지의 결론은 인간은 분명히 육체이고 물리적 현상인 부분이 있지만, 그것만으로는 인간을 다 설명할 수 없다는 것이다. 과학주의의 이론적 기반이라고 할 수 있는 이기적인 유전자에서조차 이것만으로는 다 설명될 수 없다는 것을 알고 있다. 그래서 '밈'meme 이라고 하는 종교적 상상력에 가까운 이론을 전개함으로, 자신이 과학적으로 설명하지 못한 공백을 메꾸려 한다.

여기서 우리의 입장을 결정해야 한다.

물론 과학주의를 믿을 수도 있다. 정복되지 않은 미지의 세계를 언젠가 과학이 정복해 나갈 것이라는 믿음을 갖는 것이다. 그래서 현재까지 과학이 지지하는바, 인간은 단지 물리적 현상이며 DNA를 보전하는 그릇이라는 주장을 믿는 것이다. 그리고 이 전제의 일관성에 따라 나 자신을 해석하고, 삶에 대한 기준을 세운다.

반면, 전통적인 종교의 입장을 믿을 수도 있다. 과학이 다 설명하지 못하고 있는 자유의지, 자의식, 도덕적 양심, 이타적 사랑의 측면을 통해 인간이 단지 인간이 아니라는 것을 믿는 것이다. 이것을 정신이나 영혼으로서의 인간이 존재하는 증거로 받아들인다. 그리고 이 전제의 일관성에 따라 나 자신을 해석하고 삶에 대한 기준을 세운다.

우리는 인간성 논쟁을 통해서 내가 나를 해석하고 있는 관점을 돌아봐야 한다. 그리고 내가 어떤 입장에 서 있는지 확인해야 한다. 단지 육체라고 생각한다면, 나는 과학주의자이다. 하지만 그렇지 않고 정신이나 영혼의 존재를 믿는다면, 넓은 의미에서 나는 이제부터 설명할 전통 종교의 입장에 서 있는 것이다.

과학주의자라면 생각해봐야 하는 것

____ 성숙한 과학주의자

우리의 일부는 분명히 과학주의자여야 한다. 모두가 세속주의자로 환경에 따라서만 살아가서는 안 된다. 인간이 환경에 의해서 만들어지는 부분도 있지만, 그전에 타고나는 부분도 있다. 내가 원래 가지고 있는 모습이 있다는 말이다. 내가 원래 가지고 있는 모습 중에 영혼이나 정신에 의한 모습이 있을 수도 있지만, 육체로부터의 모습도 가지고 있다. DNA는 신비로운 것이다. 그러니 내가 육체적인 차원에서 나의 나 됨을 이해하고 있어야 한다. 그것만을 추구 점으로 삼을 수는 없지만, 그것이 내가 나로서 살아가는 중요한 부분이라는 것도 이해해야 한다.

따라서 우리는 성실한 개척자이면서 자유로운 여행자이기도 해야 한다는 것을 기억해야 한다. 죽음을 직면하여 삶의 소중함을 깨닫고, 내가 원하는 삶을 살아야 한다. 이 하루에 누리는 일상을 기쁘게 감당할 수 있어야 한다. 내가 이 지구상에서 누리고 싶은 것이 있다면, 가능한 내가 나에게 그 기회를 주어야 한다. 가능하다면, 나만의 파이브리브스를 찾아 메이플 시럽을 뿌리는 순간을 가져야 한다. 죽음의 날에 내가 기억하는 것은, 그 수많은 출근길이 아니라 이 한순간일 수 있기 때문이다. 반대로 그 한순간조차 가져보지 못한 것이 나에게 가장 큰 후회일 수 있다. 그러니 나에게 내가 원하는 것을 따라 살 기회를 주어야 한다.

과학주의자가 되고자 한다면 성숙한 과학주의자가 되어야 한다.

먼저, 자기 돌봄의 사람이 되어야 한다. 내가 나의 반대편에 서지 않고, 내 옆에 서야 한다. 내가 나를 평가하고 비난하며 방치하는 사람이 되어서는 안 된다. 물론 잘못을 돌아보고 지적할 수는 있지만,

그것은 항상 개선을 위한 것이어야 한다. 반대편이 아니라 옆에 서서 이루어지는 검토여야 한다는 말이다. 그리고 그보다도 더 내가 어떻게 느끼고 생각하며 원하는지를 스스로 경청하고, 그것을 이루어주기 위해 노력해야 한다. 자기 돌봄은 생각보다 쉽지 않다. 하지만 내가 내 편에 서지 못하면 자유로운 여행자로 살 수 없다.

또 명상의 사람이 되어야 한다. 이것을 통해 자신이 원하는 것이 무엇인지 알고 있는 사람이 되어야 한다. 많은 사람이 자신이 정말 원하는 것이 무엇인지를 알지 못한다. 사회가 가르쳐준 것을 자신이 원하는 것이라고 착각하며 산다. 우리는 여기서부터 걸어 나와야 한다. 자신이 정말 원하는 것이 무엇인지 느껴야 한다. 그리고 그 마음에 머물러 있어야 한다. 성숙한 과학주의자라는 것은 그 마음에 머물러 있을 힘을 가진 사람이다. 명상을 통해 그 힘을 기르고, 거기에 늘 머물러야 한다.

마지막으로 용기를 내야 한다. 내 욕망을 따르는 것이 때로 위험한 일이고 비난받는 일이라고 하더라도, 두려움 없이 그것을 향해 움직이는 사람이 되어야 한다. 원하지 않은 삶에 머물러 있는 것은 이미 죽은 것이다. 내가 안전하다고 하는 곳에 머물러 있다고 하더라도 결국 머지않아 나는 죽을 것이다. 그때 최소한의 시도조차 하지 않았던 것을 가장 후회할 것이다. 그러니 두려워하지 말고 움직여야 한다. 움직여 보지도 못 하고 이미 죽은 것 같은 삶을 살다가 결국 죽어버리는 것을 가장 두려워해야 한다. 그렇게 용감하게 내가 가장 원하는 것을 위해 움직여야 한다.

자신과 함께 서서 자신이 원하는 것이 무엇인지 정확하게 알고, 세상의 평가나 환경의 어려움과 상관없이 그것을 위해 용기 있게 행동을 하는 삶이 바로 성숙한 과학주의자의 모습이다. 만약 내가 과학주의자라면 여기에 도달하고자 노력해야 한다. 과학주의적 견해를 가지고 있지만 사회적 기준으로 자신을 비난하고, 원하는 대로 살고 싶지만 원하는 것을 몰라 막막하면서도 명상의 자리에 앉지 않고, 자신이 원하는 것이 무엇인지 알면서도 용기를 내지 못하고, 죽음이 두려워 이미 죽은 것 같은 삶을 선택하는 미숙함에서 벗어나 성숙한 과학주의자가 되고자 해야 한다.

_____ **부족함에 대한 고민**

인간은 분명히 육체를 가지고 있다. 하지만 인간이 단지 육체인가에 대해서는 고민이 필요하다. 과학주의자라면 여기에 확신이 있을 수 있지만, 이것이 나를 설명하는 데 충분한 관점인지는 생각해볼 필요가 있다. 또 과학주의가 가지고 있는 자유의 이미지에 대해서도 생각해볼 필요가 있다. 과학주의는 다른 종교를 무언가에 억압된 것이라고 주장한다. 세속주의는 환경에, 명상종교는 도덕에, 계시종교는 신에게 억압되었다고 생각한다. 하지만 어떻게 생각하면 과학주의는 인간에게 DNA의 종으로 살아가라고 이야기하는 것과 같다. 과학주의가 자유를 이야기하지만, 어떤 면에서 인간의 주체성을 유일하게 인정하지 않는 것이 과학주의의 관점이다. 그러니 너무 쉽게 과학주의의 틀을 나를 해석하는 틀로 받아들이지 말고, 깊이 들여다

볼 필요가 있다. 내가 육체인 것은 알겠는데, 내가 단지 육체만인지는 생각해 볼 필요가 있다. 과학주의에 대한 모든 비판이 맞는 것은 아니지만, 이 비판들은 과학주의 자체가 아니라 과학주의를 유일한 가치관으로 쓸 때 발생하는 부작용에 대한 것이라는 것을 간과해서는 안 된다.

　다른 종교들은 인간이 육체이기도 하지만, 단지 육체가 아니라고 한다. 육체 속에 정신이나 영혼이 담겨 있다고 한다. 그리고 그 부분이 인간의 정체성에 해당하는 부분이라고 한다. 이러한 답에도 귀를 기울여보길 바란다. 그들도 과학주의 자체가 틀렸다고는 하지 않는다. 당신이 과학주의만 바르다고 주장하는 것이 아니라면, 거기에 대화의 공간은 넓게 남아 있다.

03

진리를 찾아가는 구도자,
명상종교

진리를 찾아가는 구도자

대부분 그랬던 것 같다. 무슨 일을 시작하면 늘 자연스럽게 풀렸다. 재미 삼아 시작한 일이 잘됐다. 그리고 자연스럽게 그 일은 나의 직업이 되고, 직장이 되었다. 당연히 자유롭게, 재미있게 일했다. 결과도 괜찮았다. 인정받으면서 여유롭게 일하는데, 돈도 잘 벌리는 구조가 만들어졌다. 또 우연히 만난 사람이 좋은 사람이었다. 대학 때부터 연애했고, 때가 되어 결혼했다. 살아볼수록 좋은 사람이고, 가족들도 모두 좋은 분들이었다. 지금도 설레고, 즐겁게 살고 있다. 다른 일들도 그랬다. 주변에 좋은 사람들이 많았고, 괜찮은 기회들이 찾아왔다. 그러다 보니 자주 생각보다 삶의 결과가 좋았다. 그래서 갑작스러운 친한 친구의 죽음은, 어떤 면에서는 내가 처음 만난 불행이었다.

장례는 힘들었다. 친구가 떠났다는 것을 받아들이는 게 쉽지 않았다. 남은 넷 중에 둘은 좀 더 힘들어했다. 나도 친하기는 하지만 이 둘은 유난히 더 의지하는 사이였다. 어떤 면에서는 떠난 친구가 이 둘을 잘 챙겼다. 이 둘은 자신의 한쪽이 무너져 내린 기분이라고 했다. 어떻게 이렇게 좋은 사람에게 이런 일이 생기냐며 말이다. "괜찮아. 얘는 정말 좋은 곳에 갔을 거야." 무심결에 툭 던진 말, 위로를 위한 말이었지만 그들에게는 들리지 않는 것 같다. 오히려 나에게 깊이 들렸다. '그렇다. 이 친구가 아니면 누가 좋은 곳에 가겠나.' 먼저 떠난 친구는 정말 좋은 사람이었다. 그래서 이 친구는 정말 좋은 곳에 갔을 것이라는 생각이 들었다. 나는 며칠간 계속해서 이 말을 반복했다. 슬픔의 말들이 나올 때마다 나는 '괜찮아. 좋은 곳에 갔을 거야'라고 중얼거리듯 이야기했다. 정말 그렇게 믿어졌다. 이 친구는 그냥 없어진 것으로 생각되지 않았다.

무너져 내리는 기분 없이 이야기할 정도의 시간이 지났다. 친구들과 오랜만에 모여 이야기를 나누다가 떠난 친구에 대해 이야기했다. 그 모임을 마치고 돌아오는 길에 나는 그 친구가 '참 잘살았구나'라는 생각이 들었다. 짧은 삶을 살고 갔지만, 그가 정말 좋은 사람이었다는 것은 우리가 잘 알고 있다. 그리고 죽음은 그 사람의 삶을 한 문장으로 정리하게 하는 힘이 있는 것 같다는 생각이 들었다. 그 친구는 '정말 좋은 사람이었다'는 한 문장으로 우리에게 남아 있다. 그는 바르고 따뜻하며 성실한 사람이었다. 주변에 항상 따뜻하게 곁을 내어주는 사람이었고, 바르게 생각하고 항상 그 생각대로 살아가려는 사람이었다. 나는 그 친구를 생각하며 죽음 앞에 부끄럽지 않게 살아가는 것이 중요하다는 생각이 들었다. 그러면서 '내가 오늘 세상을 떠난다면, 나는 어떤 사람으로 기억될까? 죽음 앞에서 나는 어떤 문장으로 정리될까?'라는 생각이 들었다.

오래 생각해보지 않아도 한 문장이 떠올랐다. 나는 '많이 누린 사람'으로 기억될 것 같았다. 당연하지만, 당황스러웠다. '그렇구나. 내가 떠나면 사람들은 모여 앉아서 내가 얼마나 유능했는지, 얼마나 운이 좋았는지, 얼마나 많이 누리고 살았는지를 이야기하겠구나.' 그리고 만약 내가 그 자리에 있다고 상상하면 나 또한 '그래도 후회 없이 할 거 다 해보고 갔어'라고 이야기할 것 같았다. 당황스러웠다. 내가 잘살고 있다고 생각했는데, 꼭 그렇지 않을 수도 있겠다는 생각이 들었다. 내 인생에서 중요한 것을 놓치고 있는 것은 아닐까 하는 생각이 문득 들었다.

죽음 앞에서 부끄럽지 않은 삶을 살고 싶었다. 그리고 나를 정리하는 한 문장이 '많이 누린 사람'은 아니어야 한다는 생각이 들었다. 떠난 친구에 대해서 우리는 마음으로 존경심을 가지고 있었다. 하지만 나에 대해서는 부러움만 있을 것이다. 나는 부러워할 만한 삶을 가지고는 있지만, 존경할 만한 사람은 아니었다. 나에게서 내가 가진 것과 내가 누린 것을 빼면 무엇이 남을까? 아무것도 남지 않는다. 지금의 나는 내가 가진 무엇이나, 내가 누린 무엇일 뿐이었다. 잘 살고 싶어졌다. 좋은 환경에서 사는 것이나, 내가 하고 싶은 것을 하고 사는 것과는 좀 다른 의미에서 잘살고 싶어졌다. 어쩌면 삶은 죽음 앞에서 부끄럽지 않은 한 문장을 만들어가는 것이라는 생각이 들었다. 그런데 어떻게 사는 것이 잘사는 것인지 막연했다. 나는 이제까지 좋은 환경을 만드는 법, 내가 하고 싶은 것을 하는 법만을 '사는 법'으로 배웠다. 이것을 빼고 생각하니, 어떻게 사는 게 잘사는 것인지 막연하게 느껴졌다. 이렇게 사는 것은 아닌 것 같은데, 솔직히 어떻게 살아야 할지 모르겠다.

어느 날 어떤 모임에서 이런 비슷한 이야기를 했다. 언젠가부터 뭔가 진솔한 이야기를 하는 분위기가 되면 이런 이야기를 하게 되었다. 누구였는지는 기억이 안 난다. 누군가 내게 템플스테이를 해보라고 했다. 그가 경험이 있는 것은 아니고, 그냥 지나가듯 했던 이야기였다. 그런데 정말 '해볼까?'라는 생각이 들었다. 인터넷으로 검색해보니, 홈페이지에 '참된 나를 찾아 떠나는 여행'이라고 적혀 있었다. 마음에 들었다. 그래서 한번 해보기로 했다. 대부분 짧은 일정밖에 없어서 장기 코스가 있는 절을 찾았다. 관광으로 절을 지나가 본 적은 있지만, 절에 머물기 위해 가는 것은 처음이었다. 긴장도 되고, 설레기도 했다.

처음에는 그냥 답답했다. 일단 스마트폰이 없는 것이 너무 답답했다. 담백한 식사도 답답했다. 배는 부른데 허전함이 사라지지 않았다. 뭔가 자극적인 것이 먹고 싶었다. 경내에 머무는 것도 답답했다. 며칠간 내가 깨달은 것이라고는 나는 스마트폰 중독이라는 것과 생각보다 자연을 좋아하지 않는다는 정도였다. 가장 답답한 것은 '어떻게 살아야 잘사는 것일까?'라는 질문에 대한 답이 전혀 찾아지지 않는다는 것이다. 절에 며칠 있으면 '인생을 이렇게 살아야겠구나'라고 깨달아지리라 생각한 내가 너무 순진하게 느껴졌다. 시간이 아까웠고, 쓸데없는 짓을 했다는 생각이 들었다.

며칠이 지나고 스님과 차담을 나누는 시간에 이 답답함에 관해서 이야기했다. 스님이 내게 뭘 알고 싶은지 물었다. 나는 어떻게 살아야 잘사는 것인지가 알고 싶다고 했다. 스님은 절에서 하는 이야기 중에 들어본 이야기가 있는지 물었다. 기억을 더듬어 보니 '산은 산이고, 물은 물이다'라는 말이 떠올라 이야기했다. 스님은 좋은 것을 알고 있다며, 그것을 계속 생각해보라고 했다. 또 절하는 것은 어떤지 나에게 물었다. 나는 그냥 힘들고 관절에 안 좋은 것 같다고 했다. 스님은 웃으며 절을 좀 진지하게 해보라고 했다. 비워야 채울 수 있다고, 절은 비우는 것이라고 했다. 그리고는 이런저런 이야기를 하고 대화가 마무리되었다. 이날의 차담은 뭔가 실마리처럼 느껴졌다.

절을 좀 더 진지하게 했다. 내 나름대로 절을 할 때마다 무언가를 하나씩 바닥에 두고 일어나는 것처럼 생각했다. 스마트폰이나 고기에 대한 집착도 내려놨다. 이곳에 있는 답답함도 내려놨다. 내가 가지고 있던 더 좋은 환경에 대한 계획도 내려놨다. 내려놓는다고 생각하면서 절을 반복할수록, 무언가 내 안에 깊이 오래 있었던 것을 내려놓게 되었다. 내가 하고 싶고, 되고 싶고, 갖고 싶어하는 것들도 모두 내려놨다. 사람들 보기에 괜찮은 삶이고 싶은 생각도 내려놨다. 뭔가 제대로 살고 싶은 마음도 내려놨다. 그렇게 친구를 붙잡고 있었던 마음도 내려놨다. 절을 반복할수록 내려놓고 싶은 것이 많아졌다. 어느 지점에서 뜨거운 눈물이 흘렀다. 나 자신도 인정하지 않고 있던 두려움, 조급함, 슬픔, 분노, 집착도 내려놨다. 그렇게 한참이나 내가 몇 번의 절을 하고 있는지도 잊고 내려놓고 또 내려놓았다. 어느 지점에서 무엇을 내려놓는다는 생각도 들지 않았다. 마음이 처음으로 빈 곳처럼 느껴졌다. 절을 멈췄을 때, 온몸이 땀으로 흥건하게 젖어 있었다. 정신은 멍하지만 맑았다. 지겹던 시간이 순식간에 지나갔다. 뭔가 후련하고 마음이 가벼워진 기분이었다. 절을 좀 더 하고 싶어졌다. 답답함이 많이 사라졌다. 마음이 맑아지니, 답답함이 사라졌다. 절을 하고 밥을 먹으며 산책을 하고 남은 시간은 그저 가만히 앉아 있었다. 그리고 시간이 되면 차담에서 들었던 대로 내가 아는 문장을 반복해서 생각했다.

어느 날 조용한 경내의 툇마루에 앉아서 하늘에 구름이 흘러가는 것을 가만히 보며 '산은 산이고 물은 물이다'라는 말을 되뇌고 있었다. 그러다가 구름이 흘러가는 것처럼 생각이 흘러가기 시작했다. 산을 산으로 보면 되고, 물을 물로 보이면 된다는 생각으로 흘러갔다. 내가 산을 산으로 보지 않고, 물을 물로 보지 않았다는 생각이 들었다. 나는 자주 내 입장에서 모든 것을 보고 있는 그대로 보지 않았다. 내 입장에서 상대를 보고 내 입장에서 세상을 봤지, 있는 그대로 상대를 보지 않았다는 생각이 들었다. 있는 그대로 본다고 생각하면서 내 주변의 사람들을 생각해봤다. 내가 사는 세상을 생각해봤다. 뭔가 편안하고 자연스럽게 생각되었고, 받아들여지는 기분이었다.

진리를 찾아가는 구도자, 명상종교

산은 산다우면 되고, 물은 물다우면 된다는 생각으로 흘러갔다. 산이 물이 될 수도 없고, 물이 산이 될 필요도 없다. 내가 나 아닌 다른 사람이 되려고 하는 것이 문제이다. 내가 다른 사람이 될 수 없고, 다른 사람이 될 필요도 없다. 이 생각은 자연스럽게 내가 바르게 살아가야 하는 사람이라면, 바르게 사는 법을 이미 알고 있을 것이라는 생각으로 흘러갔다. 그것이 산이라면, 나는 이미 산일 것이다. 구름이 흘러가듯 내 마음에 이런 생각들이 고요하게 흘러갔다. 전에 없던 경험이었다. 평화로웠다. 설명할 수 없지만, 답을 찾은 기분이었다. 이제 내려가도 되겠다는 생각이 들었다.

집으로 돌아와서 서재에 있던 책장과 책, 책상과 컴퓨터를 모두 치웠다. 그리고 빈방 한가운데 방석 한 개를 두었다. 템플스테이에서 깨달은 것을 삶에서 유지하고 싶었다. 도시는 나를 이전의 상태로 돌아가게 만드는 힘이 있다. 환경에 신경 쓰고, 원하는 것에 끌려 다니며, 정작 중요한 것을 잊고 살게 만든다. 그래서 평화로운 마음을 유지할 수 있는 무엇이 필요하다고 생각했다. 가족들이 잠들어 있는 새벽 시간이나 늦은 밤에 나는 그곳에 들어갔다. 마음에 복잡한 생각이 많을 때는 절을 했다. 환경이나 욕망, 집착을 내려놓으려고 했다. 그리고 마음이 좀 다듬어지면 명상을 했다. 구름이 흘러가듯 내가 해야 하는 생각들이 내 안에 흘러가는 것을 보려고 했다.

그 시간이 차츰차츰 쌓이면서 나는 좀 다른 사람이 되어갔다. 전에는 내가 가지고 있는 것이나 내가 경험한 것으로 내가 나를 생각하고 있었다면, 이제는 내가 깨달은 것과 깨달음에 따라 살아가고 있는가를 기준으로 나를 바라본다. 정확히 알지 못하지만, 지금 생이 전부라고 생각하지 않게 되었다. 그래서 여기서 무엇을 갖고 무엇을 누리는 것이 그렇게까지 중요하다고 생각하지 않는다. 그보다는 죽음 앞에서 내가 어떤 사람으로 살 것인지가 더 중요하다고 생각한다. 그래서 내가 가진 진심과 양심에 따라 바르게, 따뜻하게, 진실하게, 성실하게 하루하루 살아가고자 한다.

명상종교의 교리

____ 명상종교의 인간관

명상종교는 죽음에 대한 질문에 대해 인간이 죽어도 여전히 존재한다고 답한다. 왜냐면 인간은 단지 육체가 아니기 때문이다. 인간은 자유의지, 자의식, 도덕성, 사랑 등 육체로 설명될 수 없는 부분을 가지고 있다. 이것은 인간이 단지 육체가 아니라는 증거이다. 죽음은 인간의 육체적인 측면의 소멸이다. 따라서 육체로 인해 형성된 것이 아닌 부분은 죽음 이후에도 여전히 존재한다.

명상종교는 인간이 죽음 이후에도 존재한다고 믿는다. 인간이 죽음 이후에 존재한다면, 육체는 인간이 잠시 가지고 있는 부분이다. 그리고 죽음 이후에 여전히 존재하는 부분은 인간이 항상 가지고 있는 부분, 즉 인간의 정체성에 해당하는 부분이다. 그러면 우리는 잠시 환경에 의해 형성된 모습이 나의 모습이라는 착각, 육체가 원하는 것이 나 자신이라는 오해에서 벗어나 내 안에 내재하여 있는 진정한 나를 찾아야 한다. 원래부터 내 안에 담겨 있었고, 죽음 이후에도 변하지 않을 내 모습을 찾아 그 모습으로 살아가야 한다. 그것이 진정한 나로서 살아가는 것이다.

어떤 의미에서 육체는 진정한 인간을 담은 상자와 같다. 우리 눈에는 상자가 먼저 보이고, 상자를 열어보지 않으면 그 상자가 전부인 것처럼 생각되지만 사실 그렇지 않다. 그 상자 안에 담겨 있는 것이 진정한 나이다. 그 상자 안에 담겨 있는 것은 상자가 사라진다고 해서 사라지지 않는다. 어떤 의미에서 상자가 사라질 때 비로소 자기 모습을 더 명확히 드러낸다고 할 수 있다. 육체는 죽음으로 사라지는 잠정적인 부분이고, 육체 안에 담겨 있는 우리의 본모습이 죽음으로도 사라지지 않은 우리의 진정한 모습이다. 그 진정한 모습을 찾아, 그 모습으로 살아가야 한다. 그러면 진정한 나의 모습은 무엇인가?

인간은 육체로 설명할 수 없는 두 가지 모습을 가지고 있다. 하나는 인간 안에 내재한 도덕적 이성, 좀 더 종교적 용어로 표현하면 '바른 마음'이다. 다른 하나는 그 기준을 찾고 그 기준에 따라 살아가고자 하는 자의식, 순수이성, 자유의지이다. 이를 역시 종교적 용어로 표현하면 '구도의 마음'이라고 할 수 있다. 이 두 가지가 인간에게 내재한 진정한 인간의 모습이다.

우리는 내면 깊은 곳에 바른 마음을 담고 있다. '선함'은 우리를 억압하는 도덕적 가르침도 아니고, 서로의 이익을 위해 만들어 놓은 사회적 합의도 아니다. 선함은 우리 안에 깊이 내재하여 있는 우리의 본모습이다. 우리는 때로 이것을 '양심'이라는 형태로 느낀다. 우리의 양심은 바르고 따뜻하며, 진실하고 성실하게 살고자 하는 기준이다. 우리는 바르지 않은 일을 하고 있을 때 죄책감을 느끼고, 나와 상관없는 사람의 고통에 대해서도 안타까움을 느끼며, 그것을 외면할 때 불편함을 느낀다. 누군가의 거짓을 볼 때 분노하고, 나의 거짓이 드러날 때 부끄러워한다. 누군가의 게으름을 볼 때 한심하다고 생각하고, 나의 게으름을 볼 때 답답하다고 생각한다. 이처럼 우리 안에는 양심이라는 기준이 있다. 어느 지점에서 우리는 마음 깊이, 이 기준에 따라 판단하고 있는 것을 스스로 깨닫게 된다. 하지만 이러한 양심은 빙산의 일각일 뿐이다. 양심보다 더 깊은, 우리 안에는 선함이 있다. 선함은 우리 안에 내재한 진정한 우리의 모습이다.

'자의식', '순수이성', '자유의지'는 이러한 선을 찾아가는 데 사용되는 구도의 마음이다. 인간은 주체적인 존재이다. 주체성의 핵심은 자기 성찰이다. 내가 나를 돌아볼 수 있는 '자의식'이 주체성의 핵심이다. 인간은 이 주체성을 가지고 자신을 돌아본다. 무엇에 따라 자신을 돌아볼까? 선함을 기준으로 자신을 돌아봐야 한다. 그리고 '순수이성'을 통해 자신의 문제가 무엇이고 그것을 어떻게 해결할 수 있는지 해석하고, '자유의지'를 통해 그렇게 되고자 선택해 가야 한다. 이것이 자의식, 순수이성, 자유의지를 가장 바르게 사용하는 것이다. 이것은 구도의 마음으로 사용돼야 한다. 그렇지 않고 욕망에 따라 자신을 성찰하고, 순수이성으로 욕망을 이루는 계획을 세우며, 자유의지로 그 욕망을 선택해나가면 우리는 진정한 나로부터 멀어져 거짓된 내가 진정한 나인 것처럼 생각하는 자기기만에 이르게 된다. 그래서 구도의 마음은 독자적인 정체성이라기보다 선함에 종속적으로 사용되어야 하는 우리의 모습이다.

인간에게 담겨 있는 바른 마음과 그것을 찾아가는 구도의 마음을 합쳐서 우리는 '정신'이라고 부른다. 위대한 사람의 죽음 이후에 우리가 그의 정신을 기리겠다고 말하는 것은, 그가 자신 안에서 발견하고 실천한 바른 기준을 잊지 않고 내 안에서도 그것을 찾아가겠다는 고백이다. 누군가에게 정신을 차리라고 이야기하는 것은 환경과 욕망에 자신의 중심을 빼앗기지 말고 바른 마음을 따라 가고자 하는 구도적 중심을 잃어버리지 말라는 뜻이다. 그래서 명상종교는 인간을 육체에 정신이 깃들어 있는 존재라고 말한다. 그 사람의 정신이 그의 정체성이고, 그것이 죽음 이후에도 사라지지 않은 그의 본모습이라고 믿는다.

_____ **명상종교의 세계관**

현상은 소멸해도 원리는 남는다. 이 우주가 소멸해도 우주를 형성했던 물리적 원리는 소멸하지 않는다. 원리가 현상을 만드는 것이지 현상 속에 제한되는 것이 아니기 때문이다. 그래서 우주가 소멸해도 원리는 남아 거기서부터 새로운 현상, 즉 새로운 우주를 만들어갈 것이다. 우리가 인지하지 못하더라도 이것은 이미 발생한 현실이며 존재하는 사실일 것이다.

우리는 아마도 첫 번째 우주가 아니라 생성과 소멸을 반복하고 있는 여러 우주 중의 하나일 것이다. 이 우주가 소멸하더라도, 그 원리에 의해 새로운 우주가 만들어질 것이다. 이 원리가 시·공간성에 제한을 받지 않는다고 상정한다면 멀티버스multiverse, 즉 다중 우주에 대한 개념도 가능하다. 시·공간 자체가 원리에 의해 구현된 현상이라고 한다면, 이 시·공간과 다른 시·공간에서 다른 우주가 동시적으로 존재한다는 상상도 가능하다. 원리의 영원성의 관점에서 볼 때, 현상과 원리는 분리된다. 우주를 만든 원리와 우주가 분리되는 것처럼 현상과 원리는 분리되어 존재한다. 우리는 이것을 통해 현상이 사라져도 존재하는 원리의 영역을 상상해볼 수 있다.

어떤 현상이 없는 상태라고 하더리도 원리는 분명히 존재한다. 현상이 없어 현상적 인지가 불가능한 것은 현상적 세계에서의 인식론일 뿐, 원리가 사라지거나 소멸하는 것은 아니다. 원리는 분명히 현상이 없는 상태에서도 존재한다. 그러면 그 원리는 어떤 방식으로 존재할까? 인식론의 한계를 뛰어넘기 위한 상상력이 필요하다. 우리의 상상력은 3차원 물리 세계의 이미지로 제한되기에 개념적인 상상을 해야 한다. 현상이 없는 상태에서 존재의 존재를 상상해야 한다. 현상이 없더라도 여전히 존재하는 원리와 그 원리가 존재하는 영역을 상상할 수 있다. 우리가 존재하는 3차원 물리 세계가 존재의 유일한 영역이 아니라는 것을 물리적 영역에 대한 개념을 통해서도 유추할 수 있는 것이다.

인간의 정신은 물리적인 원리가 아닌 도덕적인 원리를 따르고 있다. 모든 인간이 보편적으로 수용하는 원리가 각 사람 안에 내재하여 있다. 이 도덕적인 원리가 지금은 인간의 내면에 담겨 인간이라는 현상을 구현한다. 이 도덕적 원리가 인간과 인간이 활동하는 사회에서 구현되는데, 이것은 이 원리가 표현하는 하나의 현상일 뿐 유일한 현상이 아닐 것이다. 3차원 물리 세계는 이 도덕적 원리가 구현하는 하나의 세계에 지나지 않을 것이다. 도덕적 원리가 물리적 원리나 물리적 현상에 제한되지 않을 것이기 때문이다. 그래서 생성과 소멸을 반복하는 우주나 멀티버스를 상상하는 것처럼, 도덕적 원리가 구현되는 다중 세계를 상상할 수 있다. 도덕적 원리는 물리적 현상의 영역을 넘어 새롭고 다양한 세계를 만들고 있을 것이다. 도덕적 원리에 의해 이 세계가 아닌 다른 현상적 세계가 존재할 확률은 이 우주가 첫 번째 우주가 아닐 확률만큼이나 높다.

우리는 이미 인간이 단지 육체가 아니고 정신적인 측면을 가지고 있다는 것에 대해 이야기했다. 죽음 이후에도 우리의 정신은 여전히 남아 있을 것이라고 했다. 그러면 우리는 3차원 물리 세계 내에서의 존재 방식이 소멸한 이후, 도덕적 원리가 구현되고 있는 다른 세계에서 다른 존재 방식으로 존재할 것이라는 가정이 가능하다. 인간의 정신이 죽음 이후에도 존재한다는 원리와 도덕적 원리는 다차원적 세계로 구현될 것이라는 원리가 연결되는 것이다. 인간이 죽음 이후에 존재하고 이 세계 밖에 수많은 다차원적인 세계가 존재한다면, 우리는 그 다차원적인 어느 세계에서 여전히 존재할 것이다. 그렇다면 우리의 죽음은 우리가 다른 세계에서 존재하기 시작하는 첫 장면일 것이다. 그 첫 장면에서 우리는 완전히 정신적인 실제로 존재할 것이다. 나의 육체나 환경으로 형성되었던 잠정적인 부분은 완전히 사라졌을 것이고, 나의 정신적인 부분만 남아 존재할 것이다.

많은 명상종교는 이 지점에서 평가와 배정이 있을 것이라고 상상한다. 내가 바른 마음이라고 하는 진정한 나를 찾아 그러한 나로 살아왔다면 그것에 걸맞은 더 높은 도덕적 수준의 세계에서 살아가게 될 것이고, 내가 바른 마음을 찾지도 따르지도 않아 육체의 내가 나인 것처럼 살아왔다면 인간계보다 더 낮은 도덕적 수준의 세계에서 살아가게 될 것이라고 상상한다. 나의 죽음의 지점은 진정한 기준과 만나는 변곡점이고, 그 기준에 의해 내가 평가받으며, 나에게 맞는 세계를 부여받게 되리라 생각한다. 내 안에 선함이 진정한 나이고, 죽음으로 나는 이 원래 모습으로 돌아가 진정한 내가 될 것이다. 그리고 죽음의 순간에 나는 이 선함의 근원인 진정한 선함과 마주하게 될 것이고, 그 선함 앞에서 판단받게 될 것이다. 죽음 이후 우리는 그 진리 앞에서 나 자신을 돌아보게 될 것이다.

이러한 상상은 자주 세속주의나 과학주의에 의해 조롱의 대상이 되었다. 세속주의는 그 다른 세계는 먹고 살 만하니 관심을 두고, 과학주의는 그 세계에 대한 물리적인 증거가 있는지를 묻는다. 이것은

진리를 찾아가는 구도자, 명상종교

명상종교의 전제를 이해하지 않고, 자신의 전제로 명상종교를 이해한 것이다. 환경이라는 전제를 통해, 여전히 물리적 현상이라는 전제를 통해 영원한 세계를 바라본다. 이런 관점에서 상상되는 다차원적인 세계는 만화적이고 우스꽝스러울 수밖에 없다. 왜냐하면 우리의 상상력으로 영역을 설정하는 상상을 하지 않고 이 세계와 비슷하지만 좀 다른 어떤 세상을 상상하게 되는데, 그것은 존재하지 않는 만화적인 세상이기 때문이다. 세속주의자들과 과학주의자들은 3차원 세계의 이미지로 상상해서는 안 된다. 개념적으로 상상해야 한다. 그래야 다차원의 세계를 만화적인 3차원 이미지로 상상하지 않을 수 있다. 자신이 상대를 우스꽝스럽게 묘사하고는, 그렇기 때문에 믿을 수 없다고 말하는 것은 틀린 것이다. 그들의 접근 방식 자체가 그런 결론을 가져올 수밖에 없게 만든다. 그러니 다차원적인 세계를 생각하려면 이미지를 가져오지 말고, 영역과 개념으로 상상해야 한다. 그 세계의 현상은 전혀 알 수 없다. 단지 도덕적 원리가 더 명확하게 구현되는 더 나은 세계가 있고, 이 세계만큼도 구현되지 않은 더 못한 세계가 있을 것이라는 개념과 영역의 상상이다. 나음과 못함은 물리적 환경에 대한 것이 아니다. 염라대왕, 지옥, 극락, 무릉도원, 윤회 등 그 현상에 대한 믿음이 아니라 그것이 상징하는 바에 대한 가르침이다.

명상종교는 죽음 앞에서 우리가 유일하게 받게 될 질문은, 내가 얼마나 선하게 살아왔는지에 대한 질문이라고 이야기한다. 내가 얼마나 나 자신으로서 나답게 살아왔는가에 대한 질문이 유일한 질문일 것이라는 뜻이다. 원래의 선함 앞에서 나의 나다움, 나의 선함이 평가받게 될 것이라고 이야기한다. 그래서 죽음 앞에서 부끄럽지 않게 살아온 사람이 빛날 것이고, 진정한 나의 모습을 잃어버리고 단지 육체로 살아온 사람들은 부끄럽게 될 것이다. 이것이 명상종교의 세계관이다.

명상종교의 실천

___ 깨달음

명상종교가 생각하는 진정한 나는 내 안에 담긴 선한^{바른} 마음이다. 그러니 나는 구도의 마음을 가지고 이 선한 마음을 찾아야 한다. 내 마음의 중심에 낚싯대를 드리우고, 진심으로 내 안의 선한 마음을 발견해야 한다. 그 발견의 순간을 '깨달음'이라고 한다.

선한 마음에 따라 살아가는 것을 이야기하면, 어떤 사람들은 선한 기준을 지키며 살아가는 것이라고 생각한다. 하지만 여기에 분명한 차이가 있다. 내가 내 안을 들여다보고 사람은 정직하게 살아야 한다는 선한 마음을 깨달아 그것을 따라간다면 그것은 나에게 자유지만, 누군가가 나에게 정직하게 살아야 한다고 가르쳐서 그렇게 따르고 있다면 그것은 나에게 억압일 수 있기 때문이다. 내 마음은 정직하게 살기보다는 환경과 욕망에 따라 이익을 위해 살고자 하는데,

정직이라는 도덕으로 인해 그렇게 살지 못하고 있다면 그것은 억압받는 것이다. 교육으로 만들어진 선은 진정한 선이 될 수 없다.

우리는 선이라고 하면 여전히 어떤 법조문처럼 생각한다. 그 법을 잘 지키면 죽음 이후에 좋은 성적으로 좋은 세상에 간다고 생각한다. 하지만 그렇지 않다. 선은 그런 것이 아니다. 선은 내 안에 담긴 진정한 나의 모습이다. 내가 진정한 나의 모습으로서의 선을 발견하지 못한다면, 그것은 나에게 선이 아니다. 그래서 선에 대한 많은 정보는 오히려 선으로부터 멀어지게 할 수 있다. 물론 참고 자료가 될 수는 있겠지만, 선을 향한 길이 될 수는 없다. 그래서 불경에 담겨 있는 내용을 체계적으로 정리해 하나의 세계관으로 이해하여 내가 이제 불교를 알았다고 생각하는 사람은, 어떤 면에서 명상종교와 가장 멀어진 사람이다. 명상종교는 바름을 배우고, 힘들더라도 그것을 지키면서 살아가는 것이 아니다.

선을 배워서 지키는 것은 의미가 없다. 진정으로 원하는 것은 자신의 욕망을 성취하거나 좋은 환경을 만드는 것인데 그렇게 하면 안 된다고 교육받아 이러한 욕망과 야망을 누르고 선함을 흉내 내며 살아가는 것은 명상종교의 관점에서 가장 최악일 수 있다. 욕망이라는 거짓 자아를 진정한 자아로 착각하고 있는데, 그 자아가 선이라는 이름의 당위에 억압받아 선을 흉내 내는 삶을 살고 있다면 그것은 너무나 안타까운 일이기 때문이다. 선을 내 안에서 발견하는 것이 아니라 배워서 지키는 것이라고 생각하는 사람은 이런 기괴한 상태에 도달할 수밖에 없다.

깨달아야 한다. 내 안에 선한 마음이 있다는 것을, 그것이 진짜 나라는 것을, 이제까지 나라고 생각했던 환경과 육체가 만든 나의 모습은 진짜 모습이 아니라는 것을 발견해야 한다. 명상종교의 입장에서 답답한 질문이 "무엇이 선인지 가르쳐 달라. 그러면 선을 따르겠다"라고 하는 것이다. "선에 대해서 계속 이야기를 하는데, 정작 선의 내용에 관해서는 이야기를 안 하니까 뜬구름 잡는 이야기로 들린다. 무엇이 선이고, 왜 선인지 일목요연하게 설명해 주면 내가 그것을 이해하고 수용되는 만큼 적용하겠다"라고 말하는 것이다. 하지만 깨달음은 논리적으로 이해하는 것과는 완전히 다르다. 이해는 외부의 정보를 체계화시켜 수용하고 이해하는 것일 뿐, 내 안에 있는 진리를 건져내는 것이 아니다. 그러니 명상종교에 대한 개념을 이해하고는 명상종교를 알았다고 생각하는 것은, 진리와 가장 멀어지는 방법이 될 수 있다. 모든 것을 깨달아야 한다고 생각하는 사람이 있다면, 어떤 면에서 아무것도 깨닫지 못한 사람이다. 여전히 공부하듯 전체 체계와 개념을 모두 파악하는 것이 깨달음이라고 생각하고, 어떤 사고체계를 형성할 대전제를 이해하는 것이 깨달음이라고 생각하는 것이기에 그는 아무것도 깨닫지 못한 것이다. 깨달음은 어떤 세계관을 갖는 것이 아니다. 내 안에 있는 진심으로 진리의 작은 조각이라도 찾아내는 것이 깨달음이다.

내가 깨달았다면 그 깨달음을 따라 살게 된다. 선한 마음을 찾아 그것이 진정한 나라는 것을 알았다면, 이제 자연스럽게 선한 나로 살아가게 된다. 이것은 선을 지키는 것과는 전혀 다른 문제다. 그것이 맞기 때문에 그렇게 해야만 하는 것이 아니라 내가 그런 사람이기 때문에 자연스럽게 그렇게 하는 것이다. 이것이 깨달음의 상태이다. 악한 내가 선에 억압되어 끌려가는 것이 아니고, 선한 내가 마음 가는 대로 사는데, 그것이 선인 상태이다.

____ 평화

깨달음에 도달한 사람은 '평화'를 경험한다. 반면, 깨달음이 없는 사람에게는 평화가 없다.

어떤 사람은 세속주의자가 되어 환경을 위해 살아가고, 또 어떤 사람은 과학주의자가 되어 욕망에 따라 살아간다. 하지만 그들 안에도 그들만의 진정한 모습인 선한 마음이 있다. 다만 그들 자신이 스스로 진정한 자신을 외면하고 있는 것뿐이다. 그래서 그들에게는 마음에 평화가 없다. 그가 얼마나 좋은 환경을 가졌는지, 그가 자기 욕망을 얼마나 성취하면서 살아가는지와 상관없이 그냥 평화가 없다. 왜냐하면 그들의 무의식에서는 진정한 자아와 만들어진 자아가 분쟁 중일 것이기 때문이다. 그들은 막연하게 이것을 느낀다. 그리고 그것은 다양한 형태로 그들 자신에게 경험되어진다. 공허함, 허무함, 무의미, 가치 없음, 존재의 가벼움 등 어떤 단어와 형태로 표현되든지 상관없이 진정한 나 자신으로서 살지 못한다. 무언가 중요한 자리가 공석으로 남아 있는 큰 공백을 느낀다. 그래서 그들의 내면에는 진정한 평화가 없다.

어떤 사람은 도덕주의자나 형식적인 구도자로 남아 있다. 환경과 욕망을 위해 살아가지 않는다. 선함이 맞다는 것에 동의하고, 선함이 나라는 것에 동의하며, 선함을 따라 살아가고자 한다. 하지만 진정한 자기 자신으로서의 선함을 찾지 못했다. 그래서 자신이 학습한 선함을 억지로 지키며 살아간다. 주변 사람은 이 사람에게 속을지 모르지만, 이 사람 안에 진정한 평화는 없다. 항상 당위와 욕망이 충돌하는 혼란스러운 상태에 서 있다. 해야 하는 것을 하고 있을 뿐, 여전히 답답함과 불만을 느끼며 환경과 욕망에 따라 사는 것이 자기 자신이라고 느낀다.

어떤 사람은 도덕적인 가르침을 재료로 삼아 돈과 명예를 얻고, 그것을 즐긴다. 이런 사람의 내면에도 평화가 있을 수 없다. 자기 정죄와 합리화를 반복하면서 방치되고 분리된 내면으로 평화 없이 살아가게 될 것이다.

깨달은 사람은 평화를 경험한다. 깨달은 사람은 나 자신으로서의 선함을 발견하여 그 선함으로 마음을 가득 채우기 때문에 비어 있는 내면으로 인한 공허에서 벗어나 평화를 얻는다. 깨달은 사람은 나 자신으로서의 선함을 발견하여 그 선함이 자신의 진심이 되기 때문에 선함과 원함의 충돌에서 오는 혼돈으로부터 벗어나 평화를 얻는다. 이제까지 경험해보지 못한 나와 나 사이의 평화를 얻는 것이다.

자기 자신과의 평화를 찾은 사람은 타인과도 평화를 찾는다. 모든 사람과 잘 지낸다는 것이 아니다. 모든 사람의 갈등을 중재한다

진리를 찾아가는 구도자, 명상종교

는 것도 아니다. 내가 다른 사람을 대하는 바른 마음을 가졌기 때문에 바른 마음을 가진 사람과 평화의 관계를 맺는다는 것이고, 바르지 못한 사람을 만나더라도 내가 바르지 못한 사람을 대하는 마음을 알고 그 마음으로 대하고 있기 때문에 그로 인해 내 평화가 사라지지 않는다는 것이다.

이렇게 자신과 타인의 평화를 찾은 사람들이 많아지면, 그 사람들이 만들어가는 세상은 평화로운 세상이다. 명상종교는 이런 세상을 꿈꾼다. 자기 자신으로서의 선을 발견하여 자신이 원하는대로 하는 것이 선인 사람들이 함께 모여 살아간다면 그곳은 자연스럽게 선한 세상이 될 것이다. 누구 하나 선함을 보상받으려고 하지 않고, 선함을 과시하려고 하지 않으며, 다른 사람의 선함을 이용하거나 소비하려고 하지 않는다. 모두가 자연스럽게, 선하게 한마음이 되었기에 평화로운 세상이 이루어지는 것이다. 이것이 명상종교가 추구하는 삶이다. 나와 나의 평화, 나와 타인의 평화, 그래서 세상에 임하는 평화이다.

____ 자비

깨달음을 통해 평화를 얻은 사람이 그렇지 못한 세상을 보면서 느끼는 마음은 무엇일까? '안타까움'이다. 모든 사람은 자신의 진정한 모습인 선한 마음을 가지고 있다. 그것을 깨달으면 이제까지 모습과 다른 진정한 자아를 회복하고 평화를 얻게 될 것이다. 그렇게 평화를 얻은 사람들이 함께 만들어가는 세상은 선한 세상, 평화로운 세상이 될 것이다. 그런데 사람들이 자기 안에 담긴 그 아름다운 가능성을 알지 못해 스스로 분쟁하는 마음으로 살고, 서로 분쟁하는 세상을 만든다. 그렇게 세상이 허무와 고통의 공간이 되어 버린다. 깨달은 사람은 이 모든 상황을 보면서 안타까울 수밖에 없다. 인간에게 그런 본모습이 없다면 모르겠지만, 아름다운 모습을 내재하고 있으면서도 그것을 잊어버리고 비참함을 자초하는 것을 볼 때 안타까울 수밖에 없다. 세상은 풍성한 곡식이 있는 창고를 가지고도 그 창고가 있다는 사실을 잊어버려 굶주리고 있는 모습이다. 그래서 먼저 깨달은 사람들은 그 사람과 세상에 안타까움을 가지고, 그들이 깨닫기를 기대하며 돕는다. 이것을 '자비'라고 한다.

자비는 내가 우월한 존재고 상대가 열등한 존재라는 생각에, 불쌍하게 생각해서 베풀어 주는 것이 아니다. 자비는 나에게, 또 상대에게 잘해줘야 하는 의무가 있어서 상대가 원하는 대로 무언가를 지속해서 해주어야 하는 것도 아니다. 자비는 지금 상대에게 못난 모습이 있다고 하더라도 상대에게 내재한 아름다운 본모습이 있다는 것을 믿기에, 그 모습이 깨어날 수 있도록 내가 할 수 있는 도움을 베푸는 것이다. 그것이 가르치는 것일 수도 있고, 책망하는 것일 수도 있으며, 도움을 베푸는 것일 수도 있고, 기회를 주는 것일 수도 있다. 어떤 형태로든 그가 여전히 기회를 가지고 자기 안에 있는 아름다운 모습을 발견하도록 돕는 것이 자비이다.

자비는 내가 누군가의 이익을 위해 착취되어야 하는 의무가 아니다. 자비는 평화를 찾은 사람의 자연스러운 관계적 태도이다. 세상 안에 담긴 진정한 모습을 알기에, 현재 나타나는 모습이 아니라 그 안의 가능성으로 세상을 바라보고 그 모습을 기대하며 내가 할 수 있는 것을 하는 것이다. 자비는 명상종교가 실천해야 하는 도덕성이 아니라 깨달음을 가진 사람들이 자연스럽게 세상을 향해 갖게 되는 관계적 태도이다.

___ 명상

깨달음을 위한 구체적인 실천은 '명상'이다. 명상은 내 안에 담긴 선한 마음을 길어올리는 것이다. 명상종교의 명상은 과학주의의 명상과 지향점이 다르다. 고요함 속에서 마음을 들여다보는 형태는 같지만, 과학주의는 자신의 '원함'을 찾는 것이고 명상종교는 자신의 '선함'을 찾는 것이다.

명상종교의 명상은 '허상을 덜어내는 명상'이다. 허상을 실상처럼 생각하면 진정한 자아에 이를 수 없다. 지금 환경이 보여주는 것이 모두 바르다고 생각하고, 지금 내가 욕망하는 것을 모두 내가 원하는 것으로 생각하면 진정한 맞음과 진정한 원함의 자리가 사라진다. 그러니 내 안에 실상처럼 자리 잡고 있는 허상을 덜어내기 위한 명상이 우리에게 필요하다. 내가 누군가를 지금 열렬히 사랑한다치자. 하지만 몇 년이 지나면 이 감정은 모두 사라질 것이다. 그러면 이것은 실상처럼 보이지만 허상일 수 있다. 내가 무엇인가를 얻고 싶어하고, 어딘가에 오르고 싶어한다. 하지만 최고 권력자가 된다고 하더라도 그 자리에서 내려와야 하고, 주체할 수 없는 재산을 가졌다고 하더라도 모두 놔두고 죽음의 강을 건너가야 한다. 그러니 그것은 실상처럼 보이지만 허상일 수 있다. 어떤 것은 이 순간 존재하는 것 같지만 시간이 지나면 사라져버리는 안개와 같은 것일 수 있다. 그런 허상을 좇아 살아가는 것은, 신기루를 좇는 것이고 바닷물을 마시는 것이다. 그러니 그 허상을 따라가려고 하기보다는 그 허상을 덜어내려고 해야 한다. 우리는 명상을 통해 우리 안에 영원한 것처럼 우리를 속이지만 곧 사라져버릴 것들의 허상 됨을 깨닫고 그것을 덜어내야 한다. 그래야 거기에 실상이 세워질 자리가 만들어진다.

명상종교의 명상은 '선함을 길어올리는 명상'이다. 내 안에 선함이 있다. 나의 내면을 들여다보고 그것을 알아채는 명상이 필요하다. 이 명상은 진리를 발견하는 것에서부터 출발한다. 어떤 것이 맞다는 것을 알게 되는 것이다. 하지만 거기에 머물러서는 안 된다. 길어올린다는 것은 '깨닫는다'는 것을 이야기한다. 깨닫는다는 것은 단지 거기에 깊이 동의하는 것이 아니라 그것이 나의 진심이라는 것을 알게 되는 것이다. 나 자신으로서의 선함을 발견하는 것이다. 진리는 정보가 아니다. 진리는 어떤 이론을 이해하거나, 그것이 바르다고 동의하는 것이 아니다. 진리는 그것이 내 안에서 나 자신으로서 발견되는 것이다. 내가 여기에 이르기까지 내 안을 들여다보는 것이 명상종교의 명상이다.

명상에 방향은 있지만, 방법은 없다. 많은 사람이 각자가 했던 명상의 길이 있고 그것을 예로 제시하기도 하지만, 그것이 꼭 나의 방법일 수는 없고 그것만이 유일한 방법인 것도 아니다. 산사를 찾아 108배를 드리며 참선을 할 수도 있고, 인도로 순례의 여행을 떠날 수도 있으며, 고요한 공간에서 편안히 앉아 조용히 호흡을 묵상할 수도 있다. 도움이 된다면 향이나 촛불, 음악 같은 것을 활용할 수도 있다. 다른 사람이 명상한 내용을 적어놓은 책을 읽는 것, 단어의 개념을 깊이 생각해보는 것, 나의 마음이나 생각이 흘러가는 대로 글을 써보는 것도 명상이 될 수 있다. 농사나 요리, 무엇을 만드는 노동도 좋은 명상의 길로 소개되고 있고, 내가 살아가는 일상 속에서 잠시 커피 한잔을 마시며 삶을 천천히 곱씹어 보는 것도 좋은 명상일 수 있다. 내가 지금 나라고 생각하는 껍데기에 균열을 만들고, 내 안에 담긴 진정한 나를 찾아가는 모든 방법이 명상이다.

___ 언어의 집

내가 깨달은 것은 '언어의 집'에 보관해두어야 한다. 그 언어 자체가 깨달음은 아니다. 하지만 내가 무언가를 깨달았다면, 그것을 언어에 담아 오래도록 내 안에 머무르게 할 수 있다.

깨달음은 하나의 단어나 문장에 담길 수도 있고, 긴 이야기나 개념화된 설명 속에 담길 수도 있다. 깨달음은 어떤 가치관일 수도 있고, 하나의 이미지일 수도 있다. 하지만 체계적으로 정리된 하나의 개념은 아니다. 명상종교의 언어는 체계화된 개념과 논리의 언어가 아니다. 명상종교의 언어는 모순의 언어이고, 이미지의 언어이며, 격언의 언어이다. 논리와 개념의 언어에 익숙한 사람들에게 이것은 뜬구름 잡는 이야기처럼 들리기도 한다. 하지만 깨달음을 찾고 보관하는 것은 체계적으로 정보를 보관하는 것과 다르다. 그러니 명상종교는 모순의 언어를 자기 표현에 더 최적화된 언어로 사용한다. 선문답같이 사고의 균열을 만들어 우리 안에 잠재된 것을 깨우는 언어가 명상종교의 언어로 더 적절하다.

나의 깨달음을 이런 언어에 담아 보관할 수 있어야 한다. 그것이 우리가 거기에 머무르는 데 도움을 준다. '산은 산이고 물은 물이다'라는 한 문장일 수 있다. '번뇌'라는 한 단어일 수 있다. 이야기일 수도 있다. 유명한 이야기 하나를 떠 올려보자. 어느 맑은 봄날 바람에 이리저리 흔들리는 나뭇가지를 보며 제자가 물었다. "스승님 저것은 나뭇가지가 움직이는 겁니까, 바람이 움직이는 겁니까?" 스승은 말했다. "무릇 움직이는 것은 나뭇가지도 아니고 바람도 아니며 네 마음뿐이다."

어떤 사람은 이 이야기에 깨달음을 얻을 수 있다. 또는 더 일반적인 문장일 수도 있다. 내가 '정직하게 살자'라는 문장에 담길 수 있는 깨달음을 길어올렸다고 하자. "내 안을 깊이 들여다봤더니 나는 정직하게 살고자 한다. 그것이 나의 진심이고 나이다. 그래서 정직하지 않으면 내가 나를 속인다고 느끼고 나 자신으로 살아가지 못하는 것 같다. 그래서 나는 정직하고 싶어졌다." 이것이 내가 길어올린 깨달음이라면, '정직하게 살자'라는 한 문장이 내 깨달음을 담아두기에 가장 적절한 언어가 될 수 있다.

때로는 장면이 곧 언어가 되기도 한다. 갠지스에서 흐르는 강물을 바라보던 순간, 고요한 산사에서 구름이 흘러가는 것을 보던 순간, 108배를 올리고 나와 새벽공기를 마시는 순간, 집에서 새벽에 깨어난 어떤 순간 등 내가 언어로 설명할 수 없지만, 그 순간에 내가 깨달은 것을 그 장면에 담아 기억할 수 있다. 문득 찾아온 마음의 평화일 수 있고, 평범한 열정이나 담백한 사랑일 수도 있다. 아니, 이런 언어로 표현하면 설명되지 않기 때문에 그 장면에 담은 것일 수 있다. 그럴 때는 장면이 언어가 되기도 한다.

무엇이든지, 우리의 깨달음을 언어의 집에 담아두어야 한다. 그렇게 깨달음이 오랫동안 우리 안에 기억되고 머무를 수 있도록 해야 한다. 이렇게 언어화된 깨달음은 경전이 되어 누군가에게 깨달음의 계기를 만들어주기도 한다.

___ 머무름

깨달았다면 '머무름'을 연습해야 한다. 우리가 일상적인 삶을 살다 보면 삶이 주는 수많은 생각과 감정이 우리 안에 쌓인다. 그래서 우리는 깨달음을 얻었다가도 그 먼지 속에 갇혀 다시 원래의 내 모습을 잃어버릴 수 있다. 환경이 주는 내 모습과 육체가 말하는 내 모습을 마치 내 모습의 전부인 것처럼, 진정한 나인 것처럼 생각하고 살 수 있다. 깨달음의 문장을 가지고 있어도 그 안에 담겨 있던 것이 사라져버리고 빈 상자만 남는 것을 발견할 수도 있다. 그러니 나의 깨달음이 진정한 내 모습에 계속 머무르게 해야 한다.

머무르기 위해서는 명상과 기억의 시간을 일정하게 유지해야 한다. 생활이 주는 자극만큼이나 명상이 주는 자극이 내게 유지되게 해야 한다. 또 이미 깨달은 것을 지속해서 기억하는 습관을 지녀야 한다. 언어에 담겨 있는 깨달음을 반복적으로 기억하는 것을 통해 거기에 머무르도록 해야 한다.

행동은 머무름의 중요한 방법이다. 선함은 행동의 기준이다. 내가 그 기준에 따라 행동해 나갈 때 나는 그런 사람으로 머무르게 된다. 진심 없는 행동은 흉내 내기에 지나지 않지만, 행동 없는 진심 역시 그 실체에 대해 의구심을 갖게 한다. 우리가 깨달음을 기준으로 삼아 삶을 선택해 나갈 때, 그 행동을 통해 깨달음에 머무를 수 있다.

____ 미숙에서 성숙으로

미숙한 수준이라는 것이 존재한다. 우리는 한순간에 성숙의 지점에 도달할 수 없다. 미숙한 과정을 지나, 어느 시점에 성숙에 도달하는 것이다. 하지만 과정으로서의 미숙함이 아니라 어느 지점에 정체된 미숙함이라면, 그 틀을 깨고 거기서부터 걸어 나오려는 결정이 필요하다.

아주 많이 미숙한 구도자는 사람이 바르게 살아야 한다고 생각한다. 하지만 무엇이 바르게 사는 것인지에 대한 정확한 이해가 없고, 그 기준대로 실제 살아가고 있지도 않다. 그래서 미숙한 구도자가 선함을 추구한다는 것의 표현이 보통 다른 사람을 비판하는 것으로 나타난다. 평소에 자신이 지키고 있던 기준도 아닌 어떤 기준으로 다른 사람이 선하지 않다고 비판하고 분노하며 자신은 비판자의 위치에 있기 때문에 선하다고 착각하는 것이다. 자신도 성실하지 않으면서 누군가가 성실하지 않은 것을 비판한다. 자신도 공공선을 추구하지 않으면서 다른 사람이 그렇지 않다고 비판한다. 자신도 이익과 즐거움의 기회가 올 때 도덕적 기준을 일정 부분 무시하면서 다른 사람이 그렇게 하는 것에 대해서 분노하다. 그러면서도 자신의 이중성을 깨닫지 못한다. 바르게 살아야 한다는 명제가 다른 사람에게만 적용되고 자신에게는 전혀 적용되지 않는다. 이것은 그의 사회적 견해일 뿐, 개인적 견해조차 되지 못한다. 이런 사람은 위선적인 태도로 사회를 혼란스럽게 하는 삶을 살게 된다. 그러니 여기에 오래 머무르지 말고, 다음 단계로 성장해 나가도록 노력해야 한다.

많이 미숙한 구도자는 바르게 살아 가야 한다고 생각한다. 자신이 생각하는 바른 기준을 스스로 지켜가려고 노력한다. 이 사람은 바른 생각을 이야기하고, 자신이 그것을 일정 부분 지켜가며, 지키지 못했을 때는 반성하며 더욱 지키려고 노력한다. 그래서 언뜻 성숙한 구도자처럼 보인다. 하지만 자세히 보면 그 기준이라는 것이 깨달음을 통해 자신의 내면에서 건져낸 것이 아니라, 그렇게 하는 것이 바르다고 이해하고 동의한 것이다. 그러다 보니 자신의 마음은 선함에 설득되어 있지 않은 상태이다. 마음은 더 좋은 환경을 바라고 자기 욕망대로 살아가기를 바라는 상태에 여전히 머물러 있는데, 이렇게 해야 한다는 당위적인 생각으로 그 마음을 누르고 억지로 그 선함을 지켜내는 것이다. 마음 가는 대로 하는데 그것이 선함인 상태가 아니라, 마음 가는 대로 한다면 내가 무슨 짓을 할지 모르지만 그러지 못하고 그냥 해야 하는 대로 하는 상태이다. 이런 사람은 사회에 유익하지만, 자신에게는 고단하다. 내면이 분리되어 끝없이 당위와 욕망 사이의 분쟁이 이어진다. 구도자가 찾는 평화는 이 사람의 내면에 깃들지 못한다. 그러다 보니 선하게 살지 않는 사람에 대해 자비의 마음보다 분노의 마음으로 대한다. 내가 고통스럽게 감당한 선함의 짐을 그들은 지지 않고 즐거운 삶을 살았으니 거기에 대한 처벌이 이루어져야 한다는 마음을 갖게 된다. 이런 사람도 많이 미숙한 구도자이다.

그들은 도덕주의자의 모습을 갖게 된다. 어떤 도덕적 당위를 법조문처럼 받아들여 마음과 상관없이 그것을 지켜야만 하는 의무로 알고 수행하는 것이다. 여기에 오래 머무르는 것은 누구보다 자신에게 해롭다. 이 시간이 지속된다면 그에게 선함은 자신을 가두는 감옥처럼 느껴질 것이다. 그의 마음에 평화는 없다. 항상 선함이 잡은 권력을 빼앗으려고 하는 원함의 혁명을 진압하는 데 내적 에너지를 소모하고 있다. 그리고 어느 지점에서는 원함이 그 권력을 차지하고, 선함은 나를 억압하는 악한 권력이었다고 선언하게 될 것이다. 이렇게 선이 오해되지 않기 위해 이 과정이 빨리 지나가는 것이 필요하다.

　미숙한 구도자는 깨달음의 순간을 가지고 있다. 명상을 통해 자기 안에 있는 선함을 발견하고, 그것을 즐거워한 순간을 가지고 있다. 당위적으로 지켜야만 하는 선이 아니라 내 안에 내재한 것이어서 즐겁게 따라갈 수 있는 선을 가지고 있다. 이 사람은 선함의 진심을 가지고 있지만, 용기와 성실이 부족하다. 선함을 그렇지 않은 세상에서 용감하게 실행해야 한다. 선함에 지속해서 머물기 위해 성실하게 그것을 대하는 것이 필요하다. 그것을 통해서 선함이 자연스러운 나의 전인격이 될 수 있다. 이런 머무름이 우리에게는 필요하다. 하지만 미숙한 구도자는 거기에 이르지 못한다.

　선하게 행동하고 싶지만, 그것으로 인해 생겨날 상황적 문제나 그것을 지속할 때 갖게 되는 피로감이 무겁다. 그래서 마음은 그렇지만 행동이 따라가지 못한다. 그러다 보니 스스로에 대한 실망감이나 자책감을 느끼고 경험했던 평화를 잃어버리기 쉽다. 미숙한 구도자는 자신을 격려할 필요가 있다. '잘하고 있다. 머무름에 연습이 된다면 모든 것이 자연스럽게 될 것이다.' 그러니 자책하기보다 머무름이 배어들 수 있도록 다시 반복하는 결정이 필요하다.

　누구나 미숙의 과정을 지나 성숙에 도달한다. 내가 미숙한 구도자라면, 스스로의 미숙을 깨닫고 성숙이 이르기를 연습해야 한다.

_____ **아름다운 사람들의 종교**

명상종교는 요즘 트렌드가 아니다. 세속주의와 과학주의의 시대에서 '바르게 살아가는 것'은 매력적으로 보이지 않는다. 이 시대는 구도자들을 사회에 의해 세뇌된 사람처럼 생각한다.

사람들은 선하게 사는 사람을 보면 답답하게 느낀다. 너도 하고 싶은 것이 있고, 나쁜 마음이 있을 것 아니냐고 묻는다. 환경에 의해 생겨나는 마음이나 욕망을 진정한 자아로 생각하기 때문에 착한 마음으로 살아가는 것을 진정한 자아를 잃어버리고 억압된 삶을 살아가는 것으로 생각한다. 그래서 그 착함을 내던지고 그동안 마음에 안 들었던 것을 표현하며 자기 하고 싶은 대로 하는 것을 진정한 자신을 찾는 것으로 생각하는 것이다.

누군가 착함에서 벗어날 때, 진정한 자아를 찾고 자유로워졌다고 생각하고, 이제야 그 사람과 진심을 나누며 교제할 수 있다고 생각한다. 착한 사람을 보면 그 사람을 자극해서 왠지 화내게 만들고 싶어한다. 그것이 가면을 벗기고 진짜 그 사람의 얼굴을 보는 것으로 생각한다. 이들은 선함이 진심이라는 것을 인정하지 않는다. 선함을 단지 사회적 억압과 학습이라고 생각한다. 이것이 얼마나 무례한 태도인지 스스로 인식하지 못한다.

이러한 사회 분위기에서 명상종교를 믿는 사람으로 살아가기 위해 자기 확신이 필요하다. 선함을 조롱하는 문화 속에서 위축되기보다는 그 문화가 잘못되었다는 관점을 유지해야 한다. 선함은 존경의 대상이지 조롱의 대상이 아니다. 선함을 조롱하는 사회가 있다면,

그 사회가 잘못된 것이다. 선한 사람은 무시되고 성공한 사람만 존중되는 세상은 건강한 세상이 아니다. 성공한 사람도 존중받아 마땅하지만, 선한 사람이 존경받는 세상이 바른 세상이라는 확신을 가져야 한다.

선한 사람이 존경받는 세상이 아름다운 세상이다. 나라를 위해 목숨을 바친 군인, 백성을 돌보기 위해 고단한 삶을 자처한 왕, 가난하고 소외된 사람들을 위해 헌신한 활동가, 인류에게 바른길을 제시한 철학자, 더 나은 세상을 만들기 위해 싸운 혁명가, 이름이 없더라도 무엇이 맞는지 깨달아 욕망과 환경을 넘어서 바르게 살아간 사람들이 존경받는 세상이 아름다운 세상이다. 이들을 존경하는 것은 이들의 정신, 도덕적 이성을 존경하는 것이며, 그 정신을 배우고 따르려고 하는 것이다. 이런 사람들을 위인으로 이야기하는 것은 그들이 단지 세상에 유익을 주었기 때문이라는 실용적인 이유가 아니라 이들은 사람이 살아가야 하는 바른 모범을 제시했기 때문이다. 그래서 그들을 자신에 비추어보며 환경과 욕망에 따라 살아온 것을 부끄럽게 여기고 자신 안에 담겨 있는 선함을 다시 발견하여 그것에 따라 살아가고자 하는 사람들이 많아지는 것이다.

성공한 사람들, 부와 명예와 권력을 잡은 사람들도 존중받아 마땅하다. 하지만 이들이 유일한 존경의 대상이 되는 세상은 초라한 세상이다. 사실 이것은 그 삶에 대한 존경이라기보다는 그가 가진 것에 대한 부러움이다. 그리고 그들에게 비법을 배워 나도 거기에 도달하고 싶은 욕심이다. 이 사회에서는 성공한 사람들이 시대의 선지자가 되어 인생에 대해서, 삶에 대해서, 진리에 대해서 가르친다. 성공을 추구하는 것이 인생이고, 삶이며 진리라고 가르치는 것이다. 이런 시대는 초라한 시대라는 시각을 가져야 한다. 성공의 관점에서는 이순신 장군도 탁월한 무력을 가지고 왕이 될 수도 있었는데, 정치 감각이 둔하고 고리타분한 원리에 갇혀 있어서 전장에서 전사한 실패한 영웅이다. 이 위대한 정신을 가진 사람을 이렇게 평가하게 되는 관점이 물질적인 기준인 것이다. 그러니 이러한 관점에 위축되지 않는 용기가 이 시대를 살아가는 구도자들에게 필요하다.

명상종교는 아름다운 사람들의 종교다. 인간의 내면에 선함이 담겨 있고 그것이 인간의 본모습이라고 믿는 것은 아름답다. 모든 사람이 그 선함을 발견해서 더불어 그 선함을 실천해가는 사회는 아름답다. 진정한 인류의 진보는 환경의 진보보다 내면의 진보에 있다. 내면의 진보가 이루어지지 않으면 환경이 아무리 화려하게 바뀌더라도 분쟁의 내면을 가진 사람들이 분쟁의 사회를 만들어가는 형국이 된다. 그러니 내면의 진보가 진정한 인류의 진보이며, 구도자들은 이것을 자기의 마음에서부터 이루어가는 사람들이다. 이 사람들은 자신이 더 아름다운 사람이 되어 세상을 더 아름답게 만들 것이다. 내가 구도자라면 시대의 무시와 평가에 흔들리지 말고, 깊은 자부심을 느끼고 더 성숙한 구도자가 되는 길을 걸어야 한다.

명상종교에 대한 비판과 반박

_____ 피지배층 양산 방식이라는 비판

도덕의 출발은 무엇인가? 도덕은 피지배층을 개조하고 싶은 권력자의 욕망에 의해 만들어진 것이다. 도덕은 진리에 대한 충성, 타인에 대한 사랑, 삶에 대한 성실이라는 세 가지 덕목으로 이루어져 있다. 이 세 가지는 권력자가 바라는 이상적인 피지배층의 모습이다.

왕의 명령에 충성하여 전쟁이 일어나면 목숨 걸고 싸우는 군인이 되고, 평소에는 논과 밭에서 성실하게 일하여 소출을 내는 농부가 되며, 자기들끼리 분란을 만들지 않고 잘 지내는 가족이 되는 것이 왕에게는 너무나 유익하다. 그래서 모든 권력자는 이러한 가치관을 만들어 백성을 세뇌해 왔다. 이것이 도덕이다.

명상종교는 도덕주의가 종교화한 것에 지나지 않는다. 종교화된 도덕주의는 막연한 당위가 아니라 세계관과 내세의 심판을 동반하여 교육되기에 더 강력한 교육 효과가 있다. 명상종교는 사람들에게 바르게, 따뜻하게, 성실하게 살 것을 가르치며 국가에 필요한 인재를 만들어내려고 만든 것이다. 이런 도덕과 종교가 아직도 남아 있는 것은 당황스러운 일이다. 이것은 민주사회의 도래와 함께 진즉 사라졌어야 하는 구습에 지나지 않는다. 이처럼 종교와 도덕을 고대사회의 통치 수단이라고 판단하는 관점에서는, 인간에게 선이 내재하여 있고 그것이 자발적인 진심이라는 명상종교의 주장에 동의하지 않는다. 이것은 손바닥으로 하늘을 가리는 얼토당토않은 주장이라고 생각한다.

인간의 본성이 성실과 다르다는 것을 우리는 출근해야 하는 월요일 아침마다 깨달을 수 있다. 어떤 산사에 들어가서 오랫동안 명상하지 않더라도 내가 성실을 싫어한다는 것을 온 마음으로 깨달을 수 있다. 인간이 따뜻한 관계를 추구하지 않는다는 것을 동료와 갈등이 있을 때마다 깨닫는다. 따뜻한 말과 태도로 문제없이 마무리했지만, 속에서 끓어오르는 분노와 공격성을 직면하며 할 수만 있다면 마음껏 공격하는 것이 내가 가장 원하는 것이라는 것을 깨닫는다. 해야 하니까 어쩔 수 없이 공부하고 일하며, 해야 할 일을 감당하면서 살아온 것이지 할 수만 있다면 누구도 신경 쓰지 않고 내가 하고 싶은 대로 하고 살고 싶은 것이 내 마음이라는 것은 순례의 여행을 떠나지 않아도 자연스럽게 알 수 있다. 이러한 명확한 사실을 외면하고 "그렇지 않아. 너는 사실 바르게 살고 싶어"라고 말하는 것은 나를 개조하려는 세뇌이지 나를 설명해주는 가르침일 수 없다.

인간에게 '선함'은 맞지 않은 옷처럼 불편하고, '원함'은 맞는 옷처럼 자연스럽다. 인간은 원함을 따라가는 존재이지 선함을 추구하는 존재가 아니다. 이런 명확한 사실을 부정하며 선함을 기준으로 세우는 것은 고대사회와 마찬가지로 현재의 기득권이 사회의 부속품처럼 쓸 수 있는 사람들을 만들기 위해 이런 가치관을 사용하고 있기 때문이다. 그러니 이런 가르침을 단호하게 무시하는 것이 자유롭고 주체적인 개인으로 서는 첫걸음이다.

____ 동화적 상상력이라는 비판

명상종교가 시대에 발맞춰 자신을 포장하고 있지만, 사실 구체적인 내용을 보면 동화라고도 할 수 없는 우스꽝스러운 내용을 가르치고 있다. 불교는 우리가 죽음 이후에 얼마나 선하게 살아왔는가에 따라서 심판을 받는다고 믿는다. 그래서 가장 악하게 살았던 사람은 지옥으로 떨어지고, 부족하게 살았던 사람은 동물로 태어나며, 괜찮게 살았던 사람은 다시 사람으로 태어나고, 아주 선하게 살았던 사람은 천상계로 올라간다. 힌두교는 그 이름을 다 알 수 없는 수만 개의 신이 있다고 믿는다. 그리고 그 출발점에 '창조의 신 브라흐마', '유지의 신 비슈누', '파괴의 신 시바'가 있다. 지금도 이 신들이 세상에 영향을 주고 있다. 명상종교가 믿는 내용은 너무나 동화적이어서, 상식적인 성인들이 이것을 사실로 받아들이고 믿는다는 것 자체가 우스꽝스러운 일이다.

____ 결과론적 비판

명상종교는 자신이 주장하는 바를 수천 년 동안 현실로 구현하지 못했다. 명상종교의 이론에 따르면, 이 종교에 속한 많은 사람이 자기 안에 선을 발견하여 환경과 욕망으로부터 자유로움을 얻어 자연스럽게 그 선을 실천하고 있다. 그런 사람들이 많아져서 그들이 속한 공동체와 사회, 국가가 변화된다. 하지만 명상종교는 수천 년 동안 이런 결과를 만들어내지 못했다.

힌두교는 항상 인도라는 나라를 가지고 있었다. 그것도 백 년이나 천 년이 아니라 그 시작을 알 수 없을 정도로 항상 인도에 존재해 왔다. 명상종교의 주장이 맞다면 인도는 대부분의 사람이 깨달음을 얻어 선함을 따라가며 욕망과 환경에 이끌려 살아가는 사람들이 만드는 세상과는 다른 세상을 만들고 있어야 한다. 하지만 인도가 그런 나라인가? 그렇지 않다. 인도가 국제적인 기준에서 더 도덕적으로 탁월한 나라라고 볼 수 없다. 어떤 면에서는 국제적인 기준에 못 미치는 도덕성을 가지고 있다고도 볼 수 있다. 불교도 자주 어떤 나라의 국교가 되었다. 하지만 그 나라가 더 도덕적으로 탁월한 나라가 되었다는 역사적인 증거는 찾아볼 수 없다. 주변의 명상종교를 믿는 사람들이 깨달음을 통한 평화와 자비를 가진 사람들로 보이지도 않는다.

누군가 어떤 주장을 펼치는데 그 주장을 실험해볼 기회가 주어졌음에도 불구하고 수천 년 동안 자신이 주장하는 바를 구현하지 못했다면, 그 주장 자체가 잘못되었다고 볼 수 있다. 정치세력이 이렇게 하면 나라를 바로 세울 수 있다고 주장할 때, 우리가 그 주장이 사실인지 검토하기 위해 그 세력에게 주는 시간은 십 년이 되지 않는다. 십 년의 세월 동안 권력을 주었는데 그 주장을 현실로 구현해내지 못하면, 우리는 그것이 이상적인 말의 성찬일 뿐 실재가 없다고 평가한다. 하물며 천 년의 기회가 주어졌는데 주장을 현실로 만들지 못했다면 그 주장을 믿을 이유가 있을까? 어떤 주장이건 상관없이 그 결과만으로 그 주장은 무시되어야 한다. 이것이 결과론에 의한 세속주의의 명상종교 비판이다.

명상종교는 자아를 과도하게 단순화시킨다. 인간의 내면에 선한 자아가 있는 것은 사실이다. 그것이 인간의 본모습인 것도 사실이다. 하지만 그것만 있는 것이 아니다. 인간 내면에는 그 선함을 추구하기보다 자신의 이익만을 구현하고자 하는 이기적인 자아도 존재한다. 명상종교는 이것을 환경과 육체에 의해 날아온 먼지쯤으로 생각하여 선한 자아를 자각하면 알아서 다 사라질 것 정도로 생각하는데, 그것은 이기적인 자아를 너무나 가볍게 여기는 것이다. 인간 본연의 정체성은 선할 수 있으나, 실존하는 인간의 정체성은 선과 악으로 분리되어 있다. 인간은 선한 자아를 가지고 있으면서 동시에 악한 자아를 가지고 있다. 악이라고 하는 것은 악을 추구하고 그것을 기준으로 삼는 것이 아니라 자신의 이기심에 더 중심을 두어 선함을 포기하고 악을 개의치 않는 것을 이야기한다. 인간은 이 두 가지를 동시에 추구하는 분열된 자아를 가지고 있다. 그런데 명상종교는 마치 한쪽에 없는 것처럼 생각하고, 따라서 다른 한쪽만 계발하면 되는 것처럼 이야기한다.

인간은 선한 존재라기보다 인격적인 존재라고 보는 것이 적절하다. 인간의 내면에 정신이 담겨 있기보다 영혼이 담겨 있다고 보는 것이 더 정확하다. 인간은 인격적인 존재이다. 인격은 지성, 의지, 감성, 그리고 자유의지로 형성되어 있다. 인간은 생각하고 원하며 느끼는 가운데 선택하며 자기 인격을 형성한다. 그런데 명상종교는 인간의 정서와 의지를 인간의 본연의 모습이라고 생각하지 않는다. 정서는 환경에 의해서 형성된 것이고, 의지는 몸으로부터 형성된 욕망이라고 생각한다. 선한 마음이라고 하는 지성적인 측면만을 인간의 본연의 모습이라고 생각한다. 이것은 인간의 전인격성을 훼손하는 자기 인식이다. 이런 자기 인식을 가진 사람은 자신의 정서나 욕망을 무시한 채 당위에 따라 선택하게 된다. 그렇게 자신이 자기 감정을 배제하면 그 사람은 결국 정서적인 문제에 도달할 수밖에 없고, 그렇게 자기 욕망을 계속 억압하면 그 역시 왜곡된 욕망의 문제에 도달할 수밖에 없다고 생각한다. 그가 아무리 깊이 깨달았다고 해도 그것은 지성의 변화이지 정서와 의지의 변화가 아니기 때문에 한계가 분명하다.

___ 명상종교의 반박

명상종교는 종교가 지도층이 피지배층을 지배하기 위한 수단으로 만들어낸 통치 윤리라는 비판에 반박한다. 이것인 전형적인 영역 오류이다. 종교의 독자적인 가치를 이해하려고 하기보다 사회학적인 관점에서 종교를 해석하고, 그것을 종교라고 부르는 것이다. 영역 오류의 무지에 대해서는 이미 서론에서 충분히 설명했다. 아는 것은 경제학 한 가지밖에 없는데 경제의 논리로 의료와 교육을 보고, 세상을 보면서 자신이 모든 것을 알고 있다고 생각하는 것과 똑같은 어리석은 발상이다. 사실관계 또한 맞지 않는다. 종교가 지배층의 통치 수단으로 악용되었던 때가 있었다. 하지만 그만큼이나 종교는 저항하는 백성과 함께 지배층의 악한 통치에 반발하여 탄압의 대상이 되기도 했고, 지배층이나 피지배층의 분류에서 벗어나 제3의 길을 제시하며 정치와 상관없는 길을 걷기도 했다. 이런 역사적 사실을 외면하고 편집된 정보를 통해 비판 논리를 세우는 것은 음모론에 지나지 않는다.

명상종교는 동화적 상상을 믿고 있다는 비판에 반박한다. 어떤 진리든지 시대의 언어로 표현될 수밖에 없다. 천 년 전에 누군가가 진리를 깨달았다면, 그 진리는 천 년 전의 언어 속에 담겨질 수밖에 없다. 깨달음은 언어라는 상자에 담겨 보관되는데, 그 상자는 시대적 한계를 가지고 있을 수밖에 없다. 한국인이 진리를 깨달았다면 한국어로 그것을 표현할 것이고, 미국인이 진리를 깨달았다면 영어로 그것을 표현할 것이다. 이것은 진리가 언어 속에 담겨질 때 자연스럽게 나타날 수밖에 없는 제한이다. 하지만 그렇다고 해서 한국어로 표현되었기 때문에 그것은 한국 사람에게만 해당하는 진리라고 이야기하는 사람은 없을 것이다. 오히려 한국어로 표현된 진리를 자국어로 번역해서 이해하려고 할 것이다. 천 년 전에 깨달아진 진리는 천 년 전의 언어에 담겨 있다. 천 년이라는 시간을 넘어 그 언어를 지금에 듣는 우리는 그 고대어의 표현들이 낯설고 불편하고 이해되지 않을 것이다. 그것은 마치 우리에게 동화적인 상상이나 우스꽝스러운 비유처럼 다가올 것이다. 하지만 그렇다고 해서 이것은 천 년 전 사람들에게나 해당하는 진리이고 우리에게는 상관없는 고리타분한 것이라고 말하는 것이 맞을까? 그렇지 않다. 우리 시대의 언어로 문화적 번역이 이루어져야 한다고 생각하는 것이 훨씬 더 자연스럽다. 보물을 보관하고 있는 상자가 낡았다고 해서 그 속에 든 것을 보지도 않고 상자를 버리는 어리석은 사람이 되어서는 안 된다. 불교나 힌두교와 같은 종교는 수천 년의 역사를 가지고 있다. 당연히 각 종교의 진리는 수천 년 고대의 언어 속에 담겨 있다. 그래서 우리는 그 언어를 오늘 우리의 언어로 번역하여 그 안에 담긴 진리에 귀를 기울여야 한다.

명상종교는 결과론의 비판에 반박한다. 완벽한 전술이라고 해도 운동장에서 그것을 실행하는 선수가 전술대로 정확히 움직이지 못하면 그 전술이 실패할 수 있다. 하지만 그것은 그 선수의 실패이지 그 전술의 실패가 아니다. 결과론으로 모든 것을 판단하는 것은 이 둘 사이의 차이를 이해하지 못하는 것이다. 이렇게 현상적인 판단을 한다면 민주주의는 수많은 나라의 통치이념으로 사리 잡았는데, 실제로 더 좋은 나라와 세상을 만들고 있다고 할 수 있을까? 프랑스 혁명에서 주장했던 자유, 평등, 박애의 세상이 민주주의를 통해 완성되었을까? 그렇지 않다면 민주주의는 폐기되어야 할까? 자본주의는 어떠한가? 자본주의가 세상을 운영하는 방식이 된 것이 이미 오래다. 지난 백 년간 세계를 장악한 유일한 가치관은 자본주의이다. 그런데 자본주의는 세상을 더 좋은 곳으로 만들었는가? 그렇지 못했으니 자본주의는 폐기되어야 하는가? 이런 식의 비판은 편협하고 공격적이다. 완벽이라는 기준을 제시하고 거기에 도달하지 못한 것

진리를 찾아가는 구도자, 명상종교

을 잘못되었다고 공격한다면, 자본주의, 민주주의, 학교, 결혼제도, 연금제도, 사법 시스템, 모든 것이 공격의 대상이 될 수 있다. 이런 결과론은 제도 개선을 위한 비판이라기보다 비판을 위한 비판이다.

또 명상종교는 결과가 없다는 이들의 주장 자체에도 동의하지 않는다. 미숙함에서 성숙함으로 많은 진전이 이루어졌고, 이루어지고 있다. 명상종교는 깊은 깨달음에 도달한 사람에게 레벨을 부여하고 세상에 홍보하지 않는다. 어떤 분들은 자비의 마음으로 세상에 보살행菩薩行을 행하여 그 이름이 알려지기도 하지만 많은 분은 고요히 자신이 서 있는 곳에서 평화와 자비의 삶을 살아간다. 그렇기 때문에 세상은 그 명상종교에서 얼마만큼의 성취와 변화가 있었는지 그 결과치를 확인할 수가 없다. 그것은 계량화될 수 없는 결과물이다. 그런데도 결과주의는 자기들의 방식으로 계량화할 수 있는 결과치가 없다고 해서 명상종교가 수천 년 동안 실패했다고 규정한다. 명상종교는 이런 평가와 비판이 공정하지 않다고 반박한다.

명상종교는 인간 이해에 대한 비판에도 반박한다. 명상종교가 인간을 단지 이성적인 존재로 인식하고 정서와 욕망을 무시하여 결과적으로 당위와 욕망의 분열 상태에 진입하게 한다는 비판은 명상종교가 주장하는 바를 제대로 이해하지 못하기 때문에 하는 비판이라 말한다. 깨달음은 인간이 선함을 이해하는 것을 의미하지 않고, 선함을 원하는 것을 의미한다. 명상종교는 당위와 욕망이 하나 될 수 있는가에 대한 대답으로서의 깨달음을 이야기하고 있다. 이 주제에

대해서 깊은 문제의식을 느끼고 여기에 대한 대안으로서 깨달음을
제시하는 것이 명상종교이다. 그런데 명상종교는 인간을 이성적인
존재로 규정하고 당위와 욕망의 분리를 조장한다고 하는 것은 명상
종교가 주장하는 핵심 가치도 제대로 이해하지 못하는 상태에서 비
판하는 것으로, 비판에 필요한 가장 기본적인 사실관계에 대한 확인
도 이루어지지 않았다고 할 수 있다.

불교

____ 득도

불교는 대표적인 명상종교이다. 불교는 깨달음을 통해 욕망에서 벗
어나 진리를 추구하는 삶을 지향한다. 다차원적인 세계 속에서 죽음
이후에도 인간이 존재한다고 믿는다. 명상을 깨달음을 얻는 방법으
로 채택하고 있다. 불교는 명상종교의 전형과도 같은 종교이다.

불교는 득도를 추구한다. 득도는 미혹의 세계에서 깨달음을 통해
피안의 세계로 넘어가는 것이다. 우리는 욕망으로 인해 번뇌에 빠지
고, 번뇌로 인해 고해의 삶을 살게 된다. 욕망은 우리를 행복의 길로
인도하는 지도가 아니라 고통의 길로 인도하는 유혹이다. 욕망은 항
상 행복의 얼굴로 우리를 찾아오지만, 실제로는 우리를 번뇌에 밀어
넣어 고해의 삶을 살아가게 한다. 우리가 진리를 깨달을 때 이것으

로부터 벗어나게 된다. 깨달음은 진리가 완전히 이해되고 체화되는 것을 의미한다. 우리는 이것을 통해 욕망과 번뇌에서 벗어나 고해의 삶을 멈출 수 있다. 이것을 득도라고 한다. 불교는 진리를 깨닫는 득도를 통해 욕망으로 무너진 삶을 회복시키고자 한다.

_____ 다차원적인 세계

불교는 다차원적인 세계를 믿는다. 수미산은 우주의 중심에 있는 진리의 산이다. 인간계는 수미산의 가장 낮은 곳에 있다. 인간계와 수미산 정상 사이에는 수많은 하늘이 존재한다. 인간은 깨달음의 과정을 반복하면서 그 수미산까지 이른다. 사찰은 이런 세계관을 모형으로 보여주는 곳이다. 사찰 입구에 세워진 일주문은 깨달음을 향한 마음을 갖는 단계, 사천왕문은 여러 가지 가치와 의미를 깨달은 단계, 대웅전은 완전한 깨달음에 이른 수미산의 단계를 의미한다.

인간이 깨달음을 얻지 못하면 육도를 윤회한다. 육도는 지옥도, 아귀도, 축생도, 아수라도, 인간도, 천상도이다. 인간은 쌓은 선업과 악업에 따라 가장 낮은 단계인 지옥도에서부터 가장 높은 단계인 천상도까지 나누어 들어가게 된다. 천상도는 포기와 자비의 삶을 살아간 사람이 가는 아름다운 곳이다. 인간도는 인간다움을 지키며 살아간 사람이 다시 사람으로 태어나는 것이다. 아수라도는 바르지만 냉정하게 살아간 사람들이 살아가는 끝없는 분쟁의 세상이다. 축생도는 짐승처럼 산 사람들이 짐승으로 태어나는 것이다. 아귀도는 짐승만도 못하게 과도한 욕심에 빠져 살았던 사람들이 가는 곳으로 학대와 굶주림의 세상이다. 지옥도는 악하고 무정하게 살아 타인을 고통스럽게 했던 사람들이 그 고통을 이제 자신이 경험하게 되는 곳이다. 인간은 깨달음에 이르기 전까지 육도를 반복적으로 윤회한다.

수미산과 육도는 올림푸스 신전이나 레테의 강에 대한 이야기처럼 들린다. 그리스 로마 신화와 같은 신화의 이야기로 들린다. 하지만 그것은 불교가 형성된 것이 너무나 오래되어서, 형성되었던 시기의 언어를 사용하기 때문에 느껴지는 낯섦이지 이 메시지 자체가 갖는 수준 낮음에 대한 것은 아니다. 그 의미는 이미 설명한 가치적 원리에 의해 만들어지는 다차원적인 세계에 대한 설명이며, 각 차원의 세계가 진리의 농도에 따라 다르게 나타나는 것을 표현하는 것이다. 물리적 원리에 의해서 여러 개의 우주가 구현될 수 있는 것처럼, 가치적인 원리에 의해서 여러 차원의 세계가 구현될 수 있다. 어떤 세계는 선의 농도가 지금의 세계보다 높은 것이고, 어떤 세계는 선의 농도가 지금의 세계보다 낮을 것이다. 그리고 내기 이 삶에서 어떤 세계에 걸맞게 살았는가에 따라서 그 세계가 나의 세계가 되리라는 것이 불교가 제시하는 다차원적인 세계관이다.

이 다차원적인 세계관을 개인에게 적용하면 상선벌악의 내세관이 된다. 내가 여기서 동물처럼 살면 동물로 태어날 것이다. 내가 짐승만도 못하게 살면 그런 세계를 얻을 것이고, 인간 이상의 삶을 살면 천상의 세계를 얻을 것이다. 지금 내가 하는 모든 선택이 나의 다음 생애를 결정하는 선택이 되리라 생각한다. 그것은 꼭 처벌이나 포상에 대한 것이기보다 추구와 결과에 대한 것이다. 인간은 동물이

진리를 찾아가는 구도자, 명상종교

고 동물 같은 삶을 살겠다고 한다면, 영원한 원리는 네가 원하는 대로 너의 정신은 가수면 상태에 집어넣고 너를 동물로 태어나게 할 것이라고 이야기한다.

___ **명상**

불교는 명상의 방식을 사용한다. 선은 외부로부터 오는 번뇌와 내가 스스로 만들어내는 망념을 걷어내고, 내가 원래 가지고 있는 청정한 마음을 직관하는 것이다.

불교는 영원한 것과 영원하지 않은 것을 나누어 영원한 것에 집중하려고 한다. 그래서 스님들은 머리카락을 깎는다. 머리카락은 유한한 것을 상징하고, 머리는 영원한 것을 상징한다. 불상을 돌이나 금으로 만드는 것은 영원함을 상징하기 때문이다. 결혼, 육식, 가족관계, 소유, 술을 배제하거나 중요하지 않은 것으로 강조하는 이유는 영원하지 않기 때문이다. 부모가 지어준 이름, 사람들과의 인연, 사회적 위치나 업적, 돈과 물건, 순간의 즐거움을 주는 술을 포함한 쾌락에 관한 것 등 모두 영원하지 않은 것이다. 따라서 영원하지 않은 것에 시간과 마음을 낭비하여 영원한 것을 잊지 않도록 이것들을 덜어내고 영원한 것에 집중하려고 해야 한다.

불교는 양심에 집중하여 바른 삶을 기준으로 삼고, 그것을 지키며 살아가고자 한다. 불교를 믿는 사람들은 착한 사람들이다. 이 사람들은 자기 마음대로 하지 않고 무엇이 맞는지 생각하며 행동한다. 이런 사람들이 세상을 좀 더 좋은 곳으로 만든다. '착하다'는 말에 담긴 나약함이 이들에게는 없다. 이들은 강인하다. 자신의 욕망과 싸우고, 불의한 세상과 싸우며, 더 좋은 사람이 되고, 더 나은 세상을 만들어가기 때문이다.

_____ **논쟁**

불교는 지성 편향이라는 비판을 받는다. 불교에서 이상적인 사람은 오랜 친구가 죽었다는 소식을 들어도 "꽃이 졌구나"라고 말하며 담담하게 받아들일 수 있는 사람이다. 인격적인 관점에서 이상적인 사람은 오랜 친구가 죽었을 때 아쉬움과 안타까움에 오랫동안 눈물 흘릴 수 있는 사람이다. 하지만 불교는 욕망이나 정서에 흔들리지 않은 지성을 강조하는데, 이것은 결과적으로 지성 편향일 수 있다는 비판이다.

불교는 개인과 사회를 억압한다는 비판을 받는다. 개인이 가지고 있는 기본적인 욕망에 대해 부정적인 관점을 갖기 때문이다. 좋은 음식을 먹는 것, 좋은 집에 사는 것, 좋은 옷을 입는 것, 사랑하는 사람들과 즐겁게 지내는 것, 사회적인 성공을 추구하는 것, 누리는 모든 것에 대해 헛되다고 말한다. 또 과학기술이 진보하는 것이나 정치 사회제도가 발전하는 것에 대해 큰 의미를 부여하기보다 경계심을 드러낼 때가 많다.

불교는 세속주의적인 성실을 무력화시키는 경향이 있다. 주어진 일을 성실하게 감당하는 것을 지향하지만, 더 나은 환경을 위해 노력하는 것에는 부정적이다. 이것은 개인이 자기 환경을 개선하기보다 수용하게 하고, 사회 발전을 위해 역량을 집중하는 것에 대해 무관심하게 만들어 사회 발전을 저해한다는 비판을 받는다.

불교는 상온에서 부패한 조직불교의 모습으로 인해 비판을 받는다. 불교 종단에서 일어나는 권력 투쟁과 종교 지도자들의 도덕적 타락, 교조주의화되고 세속화되어 삶에 대한 영향력이 사라진 가르침 등 부패한 모습으로 인해 비판을 받는다. 이것이 불교의 근본정신은 아니더라도 이러한 일이 반복적이고 구조적으로 나타나는 것은 단순한 개인의 일탈이기보다 근본 정신의 한계를 보여주는 현상이라는 비판이 있다.

불교는 이 모든 비판에 대해 반박한다. 지성 편향에 대해서는 깨달음의 의미를 제대로 이해하지 못한 사람들의 비판이라고 반박한다. 개인을 억압한다는 비판에 대해서는 깨달음은 진정한 원함이기 때문에 억압으로 볼 수 없다고 반박하고, 사회 발전을 저해한다는 비판에 대해서는 진정한 사회적 진보란 물질적 진보가 아니라 가치적 진보이기 때문에 불교는 진정한 진보여야 한다고 반박한다. 또 부패한 불교에 대해 깊은 반성의 마음을 갖지만, 그것은 개인의 일탈일 뿐 불교 자체의 한계가 아니라고 말한다.

힌두교

____ 신화의 종교

힌두교는 신화의 종교이다. 힌두교는 다른 조직종교와 다르게 창시자가 없다. 언제부터 시작됐는지 모르는 신화가 그들의 종교가 되었다. 창조의 신 브라흐마, 유지의 신 비슈누, 파괴의 신 시바라고 하는 삼신, 그리고 이 신들로부터 나타난 수많은 신과 신들의 현현에 대한 신화로부터 힌두교는 시작한다. 지금도 인도를 방문하면 그들의 힌두교는 여전히 고대의 모습을 그대로 유지하고 있다. 마을마다 그 마을이 섬기는 신들의 신상이 있고, 집마다 자신이 섬기는 신들의 신상이 있으며, 절기마다 신화를 재현하는 축제가 열린다. 그 모습을 보면, 마치 고대사회로 날아온 것 같은 착각을 불러일으킨다. 그래서인지 수많은 신을 섬기는 힌두교는 자주 그 신들에게 축복을 구하는 세속주의 종교로 오해받는다. 다른 조직종교와 마찬가지로 힌두교가 많이 세속화된 것은 사실이지만, 힌두교의 교리가 세속주의를 지향하는 것은 아니다. 오히려 그 반대이다.

한 예로, 우리가 본 적이 있는 신 '가네샤'에 대해 살펴보자. 인도 식당에 가면 코끼리 얼굴에 풍채 좋은 사람의 몸을 가진 신의 그림이나 형상을 자주 볼 수 있다. 그 신이 가네샤이다. 풍요의 신이어서 장사를 하는 사람들은 대부분 가네샤를 모시고 있다. 가네샤는 코끼리 얼굴에 산과 같은 배를 하고 네 개의 손을 가지고 있다. 네 개의 손은 각각 밧줄, 도끼, 사탕을 들고 있고 마지막 한 손은 펼쳐져 있다.

진리를 찾아가는 구도자, 명상종교

그리고 이 거대한 신은 작은 쥐들을 타고 다닌다. 이 모습은 각각 상징성을 가진다. 코끼리의 얼굴은 지혜를 상징한다. 산과 같은 배는 풍요를 상징한다. 이것은 지혜가 우리에게 풍요를 준다는 의미이다. 밧줄은 즐거움에 대한 집착에 얽매이는 것을 의미하고, 도끼는 그것을 자르는 것을 의미한다. 이것은 진정한 지혜와 풍요를 얻기 위해서는 생활의 즐거움에 대해 집착하는 것에서부터 벗어나야 한다는 것, 게으름에서 벗어나야 한다는 것을 의미한다. 사탕은 지혜의 즐거움을 의미하고, 펼치고 있는 손은 우리에게 그것을 권하는 것을 의미한다. 마지막으로 쥐는 우리가 갖게 되는 욕심을 상징한다. 무거운 지혜의 코끼리가 작은 욕심들을 누르고 있어야 한다는 뜻이다. 그래서 가네샤는 풍요에 대한 조언을 그림으로 그려 놓은 것이다. 욕심에 끌려가거나 게으름에 안주하는 것을 경계하고, 지혜를 알고자 즐거워하며 추구하는 것이 풍요를 향한 길이라고 권면한다. 그러니 장사를 하는 사람은 가네샤를 보면서 '이 코끼리 얼굴의 신상을 가져다 놨으니 돈이 잘 벌릴 거야'라고 생각하는 것이 아니라 '게으르지 말자. 욕심내지 말자. 무엇이 지혜로운 것인지 생각하자'라고 다짐하는 것이다. 이것이 신화의 언어이다. 신의 형상과 신화의 언어를 사용하지만, 거기에 무엇이 맞는지에 대한 메시지를 담고 있다. 장사를 하는 사람이 가네샤를 섬기면 언뜻 돈을 많이 벌게 해달라는 기복적인 의미를 담고 있는 것 같지만, 사실은 장사의 태도를 바로 갖게 해달라는 바름에 대한 지향을 담고 있다.

신화 속에 가르침을 합쳐보면 힌두교가 다차원의 세계, 명상을 통한 깨달음, 깨달음을 따르는 삶이라는 명상종교의 특징을 그대로 가지고 있는 것을 알 수 있다. 힌두교는 문화적으로 세속주의 종교처럼 보이기도 하고, 언어적으로 수많은 신을 섬기는 다신교 종교로 보이기도 하지만 불교와 같은 세계관을 가지고 있는 명상종교다. 신화라는 언어를 통해 그것을 표현하다 보니 불교보다 경전을 더 중시하는 경향이 있지만, 기본적인 구조는 동일하다. 진리를 깨달아 바르게 살고자 하는 것이 힌두교가 추구하는 바이다.

___ 다움

힌두교의 진리는 '다움'이다. 불교는 세상에서의 인간관계, 장사와 정치 같은 사회적 활동, 술과 성과 같은 즐거움을 배격한다. 이것은 번뇌와 망념을 만드는 불필요한 것으로 생각한다. 하지만 힌두교는 그렇지 않다. 장사를 하는 사람에게 가네샤로 가르침을 주는 것처럼, 모든 것을 그것답게 하면 그것 자체가 수행이고 구도이다. 거기서 깨달음을 얻을 수 있다고 본다. 불교는 세상을 떠나 산으로 가는 것을 이상적으로 본다면, 힌두교는 세상 속에서 어떻게 살아야 할지를 깨닫고 살아가는 것을 이상적으로 본다.

힌두교는 이것을 만물 안에 담겨 있는 신성을 발견하는 것이라고 표현한다. 장사에도 신성이 담겨 있고, 연애에도 신성이 담겨 있으며, 자연에도 신성이 담겨 있다. 모든 사람 안에도 신성을 담고 있다. '나마스테'라는 인사 자체가 '당신 안에 있는 신에게 인사를 드린다'

라는 뜻이다. 우리는 이 신을 발견하고, 이 신을 섬겨야 한다. 장사하면서 가네샤를 발견하고, 가네샤를 섬긴다는 것은 욕심과 게으름에서 벗어나 장사 안에 담긴 지혜를 발견하여 지혜의 사람으로 그 자리에 서는 것이다. 그러니 이것은 우리가 아는 신비주의적인 의미의 섬김이 아니라 그 안에 담겨 있는 의미를 발견하고 그것을 그것답게 하는 것이다. 그리고 그것은 그 자체로 명상이며 깨달음으로, 내가 진정한 나의 모습으로 살아가게 해주는 것이다. 장사를 장사답게 함으로 내가 나답게 되는 것이다. 이것이 힌두교의 핵심인 다움의 요체이다.

힌두교에서 이야기하는 다움과 불교에서 이야기하는 진리는 어떤 의미에서 같은 것이다. 하지만 불교는 좀더 명확한 흑백 논리의 이분법적인 관점에서 접근한다면, 힌두교는 그것의 의미를 의미대로 바라보는 적절성의 관점이 좀 더 강한 편이다.

____ 순례

불교와 힌두교가 같은 명상종교이지만, 선을 찾는 방법과 선의 내용에서는 차이가 있다. 불교의 입장에서 회색이 영원한 색이고, 다른 색은 유한한 색이다. 하지만 힌두교의 입장에서는 그렇지 않다. 모든 색이 바래서 결국 회색이 된다는 것은, 그 천 하나에 집착하기 때문이라고 생각한다. 즉 그들은 회색이 영원한 만큼 빨간색도 영원하고, 파란색도 영원하다고 본다.

힌두교의 관점에서 보면, 불교는 나로부터 영원함을 바라보는 편협함을 가지고 있다. 나라는 기준에서 바라보면, 회색은 영원하고 파란색은 영원하지 않다. 머리는 영원하고, 머리카락은 영원하지 않다. 하지만 그것은 내 입장에서 바라본 것이다. 세계의 입장에서 바라보면 회색의 영원성과 파란색의 영원성은 동일하다. 결혼, 가족관계, 소유, 술 등 영원하지 않다고 말하는 것도 내 입장에서 바라보는 것이다. 하지만 그 모든 것은 인간이 존재하는 동안 항상 존재해 왔던 영원한 것이다.

불교는 좀 더 이분법적이다. 성과 속을 나눈다. 욕망과 진리를 나눈다. 하지만 힌두교는 성과 속을 정확하게 나누지 않는다. 욕망을 진리에 대립적인 것으로 보나 부정적으로 인식하지 않는다. 이런 차이가 발생하는 것은 불교는 내 안에서 영원한 것과 영원하지 않은 것을 분별하려고 하지만 힌두교는 세계 안에서 영원한 것과 영원하지 않은 것을 찾으려고 하기 때문이다.

불교는 '나'라는 작은 원 안에서 진리와 진리가 아닌 것을 발견하려고 한다면, 힌두교는 '세계'라는 큰 원 안에서 진리와 진리가 아닌 것을 발견하려고 하는 것이다. 그래서 불교는 명상의 방식을 사용하고, 힌두교는 순례의 방식을 사용하다. 불교는 내 안에서 신성과 진리를 발견해야 하므로 산에 들어가 눈을 감고 자기 내면에 집중한다. 반면, 힌두교는 만물에 담겨 있는 신성과 진리를 발견해야 하므로 눈을 감기보다 눈을 뜨고 세상을 순례한다.

힌두교는 만물 안에 신성이 담겨 있다고 믿는다. 모든 것 속에 진리가 담겨 있다. 그러니 중요한 것은 그것 자체를 배제하는 것이 아니라 그 속에 담긴 신성을 찾는 것이다. 연애에도 신성이 있다. 장사에도 신성이 있다. 권력에도 신성이 있다. 술에도 신성이 있다. 따라서 무언가를 배제하는 것이 아니라 그 속에 있는 신성을 찾고 그것에 맞게 대하는 것이 필요하다.

____ 예배와 축제

불교는 명상과 선문답을 강조한다면, 힌두교는 순례와 예배를 강조한다. 여기서 예배는 매일 자신이 가지고 있는 신상에 일출이나 일몰의 시각에 떠온 강물을 붓거나 꽃을 드리는 '개인 예배', 신전으로 나아가 자신이 섬기는 신에게 제물을 바치는 '제사 예배', 모든 사람이 함께 모여 신의 뜻과 의미를 기리며 재현하는 '축제 예배'가 있다. 형식은 다르지만 모두 그 신화에 담긴 메시지를 기억하고 자신의 것으로 만들어나가는 명상과 깨달음의 시간이다. 매일 신상을 바라보며 그 의미를 다시 명상하고, 신전에 나아가 그 의미를 다시 명상하며, 축제의 날 그 의미를 다시 명상하는 것이다.

____ 문제

힌두교는 힌두교 자체에 대한 비판보다 오늘날의 힌두교 문제점을 지적하는 부분이 더 크다. 오늘날의 힌두교는 세 가지 문제를 가지고 있다.

첫째는 오래된 문법의 문제이다. 이슬람교는 일천오백 년 전의 언어를 사용하고, 불교는 이천오백 년 전의 언어를 사용한다. 그런데 힌두교는 사천 년 전의 언어를 사용한다. 힌두교는 창시자가 없는 종교이다. 인도가 거기에 있을 때부터 이 종교가 있었다고 할 수 있다. 그러니 이 종교는 인더스 문명의 출발과 함께했다고 볼 수 있다. 그런데 이 언어에 대한 해석이나 새로운 언어로 종교의 메시지를 전하고자 하는 노력이 이루어지지 않았다. 사천 년의 언어 그대로 이 시대에 전해진다. 그러다 보니 힌두교가 원래 가진 의미의 상당 부분은 대중에 잘 전달되지 않는다. 너무 오래된 상자 안에 담겨 있어서 대부분의 사람은 그 상자를 열지 못하고, 힌두교의 진리는 상자 안에 그대로 봉인되어 버렸다.

둘째는 경직된 가르침의 문제이다. 힌두교의 의미가 고대의 언어로 전달되다 보니, 적용 방식도 고대의 적용 방식으로 답습된다. 그러다 보니 인도에는 아직도 카스트 제도가 남아 있다. 어떤 종교도 지지할 수 없는 신분제도가 종교적 가치관의 모습으로 힌두교 안에 남아 있는 것이다. 언어의 문제가 개선되지 않다 보니, 고대의 문화와 가치관이 핵심 메시지의 자리를 차지하고, 마치 그것을 지키는 것이 역사와 전통과 신앙을 지키는 것처럼 오해된다. 그래서 미개하고 폭력적인 사고방식이 종교의 이름으로 사람들에게 유포되고 유지된다. 이것이 힌두교가 가장 비판받는 부분이다. 힌두교 안에 아무리 좋은 가르침이 담겨 있다고 하더라도, 조직종교로서의 힌두교가 배척되어야 하는 이유이다.

셋째는 세속화의 문제이다. 누군가 인도를 방문해서 가게마다, 또 집마다 세워진 신상들을 바라보며 이것이 무슨 의미가 있느냐고 물어보면 대부분의 사람은 그 신이 자신을 보호해주거나 축복해줄 것이기 때문에 거기에 둔 것이라고 말한다. 힌두교의 원래 정신은 현장에서 찾아보기 어렵다. 대부분의 힌두교도는 신비주의적 세속주의라는 교리 속에서 이 종교를 믿고 있다. 어떻게 생각하면 당연한 결과이다. 그 신화에 담겨 있는 메시지가 재해석되지 않은 상태에서 제사와 축제의 방식으로 신화의 내용 자체만을 강조할 때, 사람들은 그 신화를 자신에게 익숙하고 유리한 방식으로 적용하게 된다. 그것이 신비주의적 세속주의다. 그래서 힘이 필요한 사람은 칼리를 섬기고, 돈이 필요한 사람은 가네샤를 섬기며, 사랑이 필요한 사람은 카마를 섬긴다. 그 신을 섬기면 그 신이 능력을 줄 것이라고 믿는 가장 고대적인 형태의 신앙을 갖게 되는 것이다.

철학

____ 철학의 종교적 측면

철학은 '진리가 무엇인가'라는 질문을 던져 삶에 답을 찾는다. 철학은 논리적 사유를 통해 진리를 발견하고, 그것에 따라 살아가는 것을 지향한다. 따라서 철학은 종교가 아니다. 철학은 죽음에 질문을 던져 삶에 답을 얻는 영역에 속해 있지 않다. 철학을 종교의 영역에서 다루는 것 자체가 철학에 대한 무례이다. 하지만 철학은 종교적인 특징을 가지고 있어서 종교의 영역을 다룰 때 철학을 다루지 않을 수 없다.

철학적 인간은 세속주의자도 아니고, 과학주의자도 아니며, 명상종교나 계시종교에 속하지 않은 상태에서 자신이 바르다고 믿는 기준과 신념을 위해서 살아간다. 이들은 종교에 대해 대부분 과학주의적인 견해를 가지고 있지만, 과학주의적 태도로 살아가지는 않는다. 그래서 이들의 삶의 자세를 종교적 관점에서 해석한다면, 세상이 진리의 세상이라고 믿고 진리를 추구하며 바르게 살아가는 것을 지향점으로 삼는다는 점에서 명상종교 안에 둘 수 있다. 또 세계관, 인간관, 인생관에서도 명상종교와 궤를 같이한다.

철학은 인간이 단지 육체냐, 육체 이상의 존재이냐는 논쟁에 참여하지 않는다. 하지만 인간의 정체성을 이성에 둔다. 또 철학은 단지이 세계가 전부냐, 이면의 세계가 존재하느냐 하는 논쟁에도 참여하지 않는다. 하지만 인간이 진리를 따라 살아야 한다고 믿는다. 명상종교의 입장에서 철학은 과정에는 동참하지 않지만, 결론에는 동참하고 있는 셈이다. 그렇다고 하여 철학이 명상종교라는 뜻은 절대아니다. 단지 철학이라는 거대한 영역을 굳이 종교적 관점에서 바라본다면, 명상종교의 특징이 있다고 이야기하는 것뿐이다.

_____ 철학자들

플라톤과 칸트 그리고 니체의 철학적 관점과 공자의 철학적 관점은 현대인이 삶을 살아가는 하나의 세계관으로 자리 잡고 있다. 따라서 종교적 입장에서는 한 가지 태도로 이해할 수 있다.

플라톤은 이데아의 세계를 믿었다. 이데아의 세계는 비물질적이고, 영원한 참의 세계다. 인간의 정신은 이데아의 세계에 있었던 것으로, 죽음 이후에도 인간의 정신은 여전히 살아 있다. 따라서 그는 오늘을 살아가는 인간은 이데아를 상기하는 것을 통해 진정한 인식을 얻을 수 있다고 믿었다. 그는 세계관, 인간관, 인생의 방향에서 명상종교와 유사한 결론을 내리고 있다.

칸트는 신과 영혼은 경험을 통해 알 수 없기에 학문의 주제나 철학이 될 수 없다고 한다. 그러니 신을 배제해야 한다는 것이다. 신의 가르침에 따라 맹목적인 삶을 살기보다는 경험을 바탕으로 능동적인 지성 활동을 통해 스스로 생각하고 결정하는 주체적인 존재가 되어야 한다고 주장한다. 하지만 그는 가언명령과 정언명령에 대해 고찰하며 또 다른 측면을 설명한다. 가언명령은 자신이 원하는 무언가를 얻기 위한 수단으로서의 명령이고, 정언명령은 그것 자체가 목적이 되는 객관적으로 그러해야 한다고 믿는 윤리적 명령이다.

인간은 경험을 바탕으로 이성적 판단을 하는 존재이지만, 자신의 유익이나 도덕적 추구를 선택에 반영할 것을 요구받는 존재다. 그래서 칸트는 우리가 맞음과 원함의 일치로서의 최고선이 성취되는 신의 나라를 상정하고, 그것을 추구해 나가는 선택을 해야 한다고 가르친다. 칸트의 철학은 신을 배제하는 것에서 시작하여 다시 신을 요청하는 것으로 마무리된다. 신의 배제가 인간의 주체성을 억압하는 문화적 종교의 배제를 위한 것이라면, 신의 요청은 우리가 최고의 선을 추구해 나가는데 필요한 신 존재 요청인 것이다. 그러면서 칸트는 우리에게 세 가지를 가르친다.

첫째, 상황에 매몰된 인간에서 벗어나 스스로 생각하는 주체적인 인간이 되어야 한다. 둘째, 주체적인 상태에서 맞음과 원함의 이중적인 요구 앞에 서 있다는 것을 직면해야 한다. 셋째, 맞음과 원함이 일치되는 최고선을 가정하고 그것을 추구해 나가야 한다.

니체는 '신이 죽었다'는 말을 통해 반종교적인 사람으로 인식되지만, 명상종교의 입장에서는 가장 탁월한 종교인이라고 할 수 있다. 그의 핵심은 초인 사상이다. 인간은 초인이 되어야 할 존재라는 것이다. 이것은 인간의 이중성에 대한 규정이다. 인간은 놀라운 존재가 될 가능성을 가진 초라한 존재라는 것이다. 그러니 이 초라함을 넘어 원래의 위대함으로 돌아가야 한다고 주장한다. 그런데 대중은 현재 이대로 있을 수밖에 없는 인간, 최후의 인간으로 남아 있기를 바란다. 그래서 그는 이것이 인간의 문제라고 말한다.

니체는 인간이 여기서부터 벗어나 현재의 존재 방식을 뛰어넘어 자기대로 있어야 할 방식, 진정한 자기 자신으로 존재하는 것을 추구해야 한다고 주장한다. 그의 가르침은 깨달음을 통해 진정한 나 자신을 찾아 부처가 되는 가르침과 유사한 구조를 가진다.

진리를 찾아가는 구도자, 명상종교

공자는 '효'를 핵심 진리로 삼는다. 효는 내가 모든 것을 받은 존재라는 것을 깨닫는 것이다. 인간은 모든 것을 부여받은 존재이다. 부모로부터, 혹은 하늘로부터 모든 것을 부여받았다. 생명과 육체, 어떤 것 하나 받지 않은 것이 없다. 그러니 내가 거저 받은 모든 것이 감사하여 베푸는 마음을 갖는 것이 바로 효이다. 나에게 많은 것을 준 부모와 자연과 하늘과 세상에 감사함으로 보답하는 마음을 갖는 것이다. 그리고 내가 거저 받은 것이 많으니, 나보다 모자라게 받은 사람이 있다면 내가 가진 지혜와 마음과 물질과 기회를 나누는 마음을 가져야 한다고 말한다.

효를 깨달아 갖게 된 것에 감사하고 베푸는 마음을 '인', 어진 마음이라고 한다. 어진 마음은 무엇이 바른 것인지 깨달은 마음이고, 그 깨달음을 따뜻하게 나누고자 하는 마음이다. 내가 깨달은 진리를 그도 깨닫기를 바라는 마음으로 내가 할 수 있는 것을 하고자 하는 마음이다. 이것은 불교의 자비와 닮았다. 이것을 삶의 기준으로 세우는 것을 '의'라고 하고, 이런 태도로 살아가는 것을 '예'라고 하며, 이것을 모든 상황 속에서 어떻게 적용할지 답을 찾는 것을 '지'라고 한다. 그래서 공자는 우리가 '인, 의, 예, 지'를 기준으로 삼아 살아가야 한다고 가르친다. 이것은 불교적인 관점에서 본다면, 효를 명상함으로 인을 깨달아 그것으로 삶의 기준을 세운 것이라 할 수 있다.

_____ **철학의 종교성**

철학자마다 관점과 강조점에 차이는 있지만, 철학적 견해는 큰 틀에서 명상종교와 공통점을 가진다. 철학은 인간이 현재의 미숙함을 넘어 진정한 나로 성장해야 한다고 믿는다. 또 인간이 가진 맞음과 원함의 모습에서 원함을 중심에 두기보다는 맞음을 중심으로 원함을 통합시켜나가야 한다고 주장한다. 무엇보다 논리적 사유를 통한 객관적인 깨달음이 우리를 이렇게 변화시킬 수 있다고 생각한다.

철학은 명상종교와 상당 부분의 교집합을 가진다. 인간의 이성을 인간의 본질로 본다. 또 객관적인 진리를 추구한다. 그 진리를 통해서 지금의 내가 진정한 나로 변화되는 것을 지향한다. 플라톤의 이데아, 칸트의 가언명령과 정언명령, 덕과 행복이 일치되는 최고선, 요청되는 신, 니체의 최후의 인간과 초인, 공자의 인의예지 등 철학자들의 핵심 정신은 명상종교와 같은 구조다. 어떤 면에서는 조직종교 안에서 이루어진 그 어떤 성찰보다 깊은 깨달음을 담고 있다. 명상종교가 지향해야 하는 핵심 가치는 불교와 힌두교의 경전보다 칸트와 공자에 의해 더 정확히 설명되고 있다고 할 수 있다.

철학을 믿는 사람들도 건강한 불자나 힌두교도들과 닮았다. 원하는 대로 살기보다 맞는 대로 살려고 한다. 진리를 삶의 기준으로 세우고, 그 기준에 맞게 살아가는 것을 통해 자부심을 느낀다. 환경이나 욕망에 의해 살아가는 것은 삶이 흔들리는 것으로 생각하고, 진리를 따라 살아갈 때 내가 더 나은 사람이 되고 있다고 느끼며 그것을 추구한다. 이 시대에 특정한 조직종교에 가입되지는 않았지만, 그들은 자기만의 철학을 가지고 양심의 소리에 따라 바르게 살아가려고 한다. 또 자주 변질하고 부패하는 종교에 가입하여 잘못된 교육과 억압적인 생활을 강요받기보다는 이렇게 살아가는 것이 더 바르고 성숙하게 살아가는 것으로 생각한다.

_____ 도전

철학은 현대 사회에서 두 가지 도전을 맞이하고 있다.

첫째는 권위의 도전이다. 전통적인 철학은 논리적 사유를 통해 맞음을 발견하고, 그것을 추구하는 것을 당위로 받아들였다. 하지만 이제는 이 전제가 당위로 존중받지 못한다. 과학주의 시대는 객관적인 진리가 있다는 것을 인정하지 않고, 증거 없는 논리를 존중하지 않으며, 진리를 따라가야 한다는 것에 동의하지 않는다. 이성을 육체의 현상이라고 생각하는 시대에, 더이상 이성은 존중의 대상이 아니다. 철학자들의 자리는 이미 과학자들이 가져갔다. 진리를 논하는 것은 과학의 역할이지 철학의 역할이 아니라고 한다. 과학주의 시대에 전통 철학은 객관적인 권위를 갖지 못하고, 개인적 신념이나 취향의 자리로 내려앉게 되었다. 육체를 인간의 본질로 삼고 욕망을 신뢰하는 시대가 되니, 철학은 그 출발점을 잃어버렸다.

둘째는 교조주의의 도전이다. 권위를 잃어버린 철학은 패션이 되었다. 조직종교의 교조주의자들은 교리를 가르치지만, 그것을 자신을 해석하는 도구로 사용하지는 않는다. 단지 그 가르침이라는 권위를 이익의 재료로 사용하여 조직종교 내에서 더 우월한 지위를 가지려고 한다. 그래서 심오한 정보를 알고 있고 가르치고 있지만, 그중에 어떤 것도 깨닫지 못한 사람들이다. 철학에서도 이런 교조주의자들이 등장한다. 철학의 교조주의자들은 철학자들의 주장을 이해하고 인용하며 가르치지만, 그것으로 자신을 해석하지는 않는다. 그들에게 철학은 자신을 지성적인 사람으로 보이게 하는 화장법이며, 그로 인해 사회적 존경을 쟁취하고 좀 더 우월한 지위에 서게 만들어주는 디딤돌이다. 조직종교가 교조주의화 될 때 그 종교가 생명력을 잃고 황폐해지는 것처럼, 철학이 교조주의화 될 때 그 철학은 생명력을 잃고 황폐해진다.

여러 도전에도 철학은 현대인들에게 매력적이다. 세속성의 허무감에서 벗어나게 해주면서, 전통적인 종교의 경직성에서도 벗어나게 해주기 때문이다. 그래서 많은 사람이 과학주의자인 동시에 철학적 인간이며, 세속주의자로서 자기 삶의 균형을 형성하고 있다.

명상종교를 믿을 때 생각해봐야 하는 것

___ 성숙한 구도자

불교나 힌두교를 믿는 사람이 아니라고 해도, 칸트와 공자의 철학을 모른다고 하더라도, 사람이 선하게 살아야 한다고 믿고 양심을 따라 바르게 살아가고 있다면 이 사람은 구도자이다. 구도자가 된다는 것은 어떤 역사, 전통, 조직에 가입하는 것이 아니라 자기 안에 담긴 선이 자신의 정체성이라고 믿어 그것을 따라 살아가는 것이다. 그래서 때로 존경받는 종교 지도자보다 작은 섬에서 살아가는 평범한 어부가 더 깊은 깨달음 속에서 살아가는 구도자일 수 있다.

그러니 내가 구도자라면, 성숙한 구도자가 되길 꿈꿔야 한다. 막연하게 바르게 살아가야 한다고 생각하고 있지만, 그 생각을 자기 자신에게 적용하지 못하고 누군가를 비판할 때만 사용하는 미숙한 단계에 머물러서는 안 된다. 무엇이 맞다는 것을 머리로는 알지만, 가슴으로는 알지 못해 의무감에 그것을 지키지만, 사실은 그것에 억압받고 있는 상태에 머무르지 않아야 한다. 나 자신으로서의 선함을 발견하고, 진심으로 그 선을 따라가는 사람이 되어야 한다. 이 선함을 통해 무언가 보상을 바라는 것이 아니라 그것이 나이기에 그렇게 살아가는 상태에 도달해야 한다. 그때 우리는 구도자로서의 행복을 충분히 느낄 수 있다.

"Just do the next right thing." 한 영화에서 나온 가르침이다. 희망이 보이지 않을 때, 무엇을 어떻게 해야 할지 알 수 없을 때 우리가 해야 하는 것은 지금 내가 할 수 있는 옳은 일을 하는 것이라는 말이다. 명상종교는 우리에게 이런 사람이 되라고 가르쳐 준다. 아니, 사실 우리가 이미 이런 사람이었다고 가르쳐준다. 환경에 따라 살아가기보다는, 내가 원하는 것을 위해 살아가기보다는 지금 내가 할 수 있는 옳은 일을 하면서 살아가는 것이 가장 나다운 모습이라고 명상종교는 말한다. 이런 이야기를 우리에게 전해주는 명상종교는 참 소중하다. 우리는 이 이야기에 귀를 기울이며, 우리 안에 선함이 있다는 것을 기억해야 한다. 그리고 그 선함을 따라 살아야 한다. 그때 비로소 우리는 평화와 자비 안에서 진정한 나로 살아가게 될 것이다.

우리 안에 선함을 발견하고 진정한 나로 살아가는 것은 소중하다. 하지만 이것이 우리의 유일한 모습은 아니다. 우리에게 정신이 있다고 해도, 그 정신은 육체 안에 담겨 있다. 그러니 육체의 원함을 무시하며 살아가는 것은 나의 일부를 외면하는 것이다. 우리 안의 선함을 깨달았다고 해도 우리는 여전히 환경 속에서 살아간다. 그러니 환경을 아무 상관 없는 것처럼 생각하는 것 역시 자만한 것이다. 따라서 명상종교가 우리에게 중요한 부분을 해석해 준다는 것을 인정하더라도, 그것이 전부라는 착각에는 빠지지 않아야 한다. 우리의 일부는 여전히 세속주의자여야 하고, 과학주의자여야 한다. 우리는 여전히 환경 속에서 육체를 가지고 살아가는 인간이기 때문이다.

지속해서 문제가 제기되는 선함과 원함을 일치시키는 데 깨달음이 충분한 답인지에 대해서도 고민해볼 필요가 있다. 깨달음을 대안으로 제시하지만, 그것은 대중적이지 못하나. 소수의 수행자에게 주어지는 것처럼 되어 있는 현실에서 보편적인 대안이 될 수는 없다. 그래서 계시종교는 깨달음도 중요하지만, 그보다 더 명확하게 이것을 일치시키는 방법이 있다고 주장한다. 우리는 이런 계시 종교의 주장에 대해서도 귀를 기울여볼 필요가 있다. 아무리 명상종교가 옳다고 믿더라도, 부족할 수 있음을 생각해야 한다. 명상종교가 삶에 주는 답은 중요하지만, 유일하지 않을 수 있다.

04

영혼으로 살아가는 인격자, 계시종교

신앙인

'너무한다'고 생각했다. 친구가 떠났다는 이야기를 듣고 이렇게 생각했다. '너무한다. 좋은 사람이었는데...' 내 친구인 것을 떠나, 그는 참 좋은 사람이었다. 이런 좋은 사람에게 이렇게 안 좋은 일이 생겼다는 것이 받아들여지지 않았다. 세상에 불의한 일을 많이 봤지만, 이건 정말 아니라는 생각이 들었다. 개인적으로도 감당하기가 쉽지 않았다. 살면서 참 많이 의지하던 친구였다. 그만큼이나 깊이 있는 이야기를 나누고, 마음을 나눴던 친구는 없었다. 그래서 우리는 평생 서로를 의지하며 살아가리라 생각했다. 나의 인생을 세우고 있던 기둥 하나가 부러진 기분이다. 눈물이 나지 않았다. 슬프기보다는 분노가 더 느껴졌다.

멍한 기분으로 장례 일정에 참여하고 있었다. 그러다가 예식 중에

"여전히 하늘에서 우리를 지켜보고 있을 것입니다"라고 하는 말을 들었다. 이 말이 마음에 들어왔다. 평소라면 무시했을 것 같은 이 말이 그날만큼은 마음에 담겼다. 정말 그럴 것 같았다. 친구가 이렇게 그냥 사라져버렸을 것이라고는 생각되지 않았다. 사람이 죽으면 그냥 사라져버린다는 말은, 죽음 근처에 가보지 못했던 사람들이 하는 말처럼 느껴졌다. 하늘이라고 부르는 곳이 어디인지는 모르겠지만, 친구가 죽었더라도 더 좋은 곳에서 나를 지켜봐주고 있을 것이라는 생각이 들었다. "이미 좋은 곳에서 우리를 지켜보며, 너무 슬퍼하지 않기를 바라고 있을 것입니다. 잠시 헤어지는 것은 슬프지만, 다시 만날 날을 소망하길 바랄 것입니다." 이 말에 눈물이 흐르기 시작했다. 한번 눈물이 흐르기 시작하니 멈출 수가 없었다. 그렇게 한참을 오열했다.

나는 그다음 주부터 교회에 가기 시작했다. 생전에 친구가 나에게 교회에 오라고 몇 번이나 했던 이야기가 생각나기도 했고, 그냥 마음이 갔다. 예배당에 앉아서 사람들이 함께 부르는 처음 듣는 노래를 듣고, 무슨 말을 하는 것인지 이해할 수 없는 설교를 들었다. 교회는 자기들만의 언어를 가지고 있어서 일반인은 이해하기가 참 어렵다는 생각이 들었다.

그래도 몇 주를 계속 나갔던 이유는 잠이 잘 와서였다. 설교가 귀에 들어오지 않으니 예배 시간에 결국 잠들 수밖에 없었는데, 그 잠이 참 좋았다. 원래 불면증이 있어서 밤에 잠들기 어려웠고, 혹 자다

영혼으로 살아가는 인격자, 계시종교

라도 깊이 잠들지 못해 아침에 그냥 누워 있다가 일어난 것 같은 기분일 때가 많았다. 꿈속에서도 일하는 기분이고, 잠자는 중에도 생각을 하는 기분이었다. 그런데 교회에서 잠깐 잘 때는 그런 기분이 없었다. 정말 꿈도 꾸지 않는 깊은 잠이었다. 그렇게 자는 것이 학습 효과나 유도 작용이 되는지, 교회를 다녀온 저녁에는 더 편안히 잠들 수 있었다. 잘 자서인지 교회가 집처럼 편안한 곳으로 느껴졌다. 가끔 여행지에 가서도 편안하게 있다 보면 마치 집처럼 느껴지듯, 아는 사람도 없고 주차장을 나서면서 항상 다시 안 와야겠다고 생각하던 교회가 편안하게 느껴졌다.

그렇게 꾸준히 교회에 다니다 보니 목사와 이야기할 기회가 생겼다. 내가 교회에 문제라고 생각하는 것이나 이해되지 않는 주장에 대해 여러 가지 질문을 했다. 사실 그렇게 궁금해서 물었던 것은 아니다. 그런 문제에 대해 깊이 생각해본 적도 없고, 그런 부분 때문에 교회를 안 다녔던 것도 아니니까. 어색하기도 하고, 그냥 이런 자리에서는 왠지 그런 질문을 해야 할 것 같아서 물었다. 그리고 내가 교회에 오게 된 계기도 이야기했다. 목사도 알고 있는 친구 이야기, 장례식 이야기, 몇 주 동안 교회에 나와본 소감을 말했다.

목사는 내게 죄와 구원에 관해 이야기했다. 내가 이해한 언어로 하면, 하나님이 만드신 좋은 나의 모습이 내 안에 잠들어 있는데 우리는 그것을 모르고 환경과 욕망에 따라 생겨난 모습이 나인 줄 알고 살아간다. 그렇게 진짜 나를 모르고 가짜 나로 살아가는 것을 죄라고 하고, 진정한 나의 모습이 깨어나는 것을 구원이라고 한다. 그렇게 되길 위해서는 하나님의 사랑을 믿고, 그 사랑을 받아야 한다고 한다. 아이가 좋은 영혼을 가지고 있어도 부모의 사랑을 받지 못하면 상처로 왜곡된 인격이 자신인 줄 알고 살아갈 수 있는 것처럼, 사람이 좋은 영혼을 가지고 있는데 하나님의 사랑을 받지 못해 왜곡된 모습으로 나타나는 것이라고 했다. 그래서 사랑을 받는 것이 영혼을 회복하는 길이라고 했다. 이 사랑을 하나님께서 예수님의 십자가 죽음으로 표현하셨기에, 예수님의 십자가로 구원받는다는 것을 믿어야 한다고 했다.

나는 사람이 죽고 한 줌 재가 되는 것은 아닌 것 같다는 마음이 생겼을 뿐이지 하나님이 믿어지는 것은 아니라고 했다. 하나님이 있다는 것도 모르겠는데, 그다음 이야기를 하시니 잘 와닿지 않는다고 말했다. 하나님이 있다는 것을 전제로 하고 다음 이야기를 하는 것은 전제에 동의가 안 된 사람의 입장에서는 들리지 않는 이야기라고 했다. 하나님을 믿을 만한 어떤 설명을 먼저 해줘야 할 것 같다고 했다. 이에 목사가 대답했다.

"제가 앞으로 궁금해하시는 부분에 대해 차근차근 설명해보려고 해요. 그런데 사실 우리는 꼭 다 알고 나서 믿지 않아요. 다른 사람의 맛있다는 말만 믿고 어떤 식당을 찾아가기도 하고요. 몇 가지 사실만 알고 좋은 회사라고 믿고 취업을 하기도 하죠. 6개월 정도 사귀어 보고는 영원히 함께해도 좋을 사람이라고 믿고 결혼을 하기도 해요.

영혼으로 살아가는 인격자, 계시종교

이렇게 하는 이유는 우리가 시작해보기 전에는 알 수 없는 것들이 있다는 것을 알고 있기 때문이에요. 하나님을 믿는 것은 가치관을 믿는 것과는 달라요. 하나님을 믿는 것은 관계를 만들어가는 믿음에 더 가까워요. 그러니까 하나님께 손을 내밀어 관계가 생겨난다면 논리적으로 이해가 안 되도 믿음이 시작될 수 있어요. 제가 하나님이 있다는 것을 논리적으로 충분히 설명해 그것이 납득이 된다고 해도, 그런 관계가 경험되지 않으면 믿을 수가 없고요. 성경은 이것을 가리켜 '어른들에게 감춰지고 어린아이에게 알려졌다'고 말해요."

그리고 목사는 나에게 부탁이라는 이름으로 한 가지 숙제를 내줬다. 기도해보라고 말이다. 내가 가끔 마음 정돈용으로 했던 명상과는 다르게, 나를 사랑하는 선하고 인격적인 존재가 있다고 생각하고 그 대상에게 말한다고 생각하며 기도를 해보라고 했다. 내용은 무엇이든 상관없는데, 나를 사랑하고 선한 존재와 이야기한다는 예의를 유지하라고 했다. 나를 사랑한다고 생각하면 정직한 것이 예의라고 했고, 선하다고 생각하면 겸손함이 예의라고 했다. 그렇게 기도를 해보라고 했다.

이보다 훨씬 더 많은 대화를 나누었다. 그런데 다른 것은 별로 기억나지 않는다. 나에게 인상 깊었던 이야기는 아이에게 좋은 인격이 담겨 있어도 부모의 사랑을 받지 못하면 그것이 드러나지 않고 상처와 상황으로 만들어진 다른 모습이 나의 모습인 줄 알고 살아간다는 이야기였다. 그리고 하나님을 믿는다는 것은 어떤 가치관을 믿는 것과는 좀 다르고, 관계를 만들어가는 믿음에 가깝다는 설명이었다. 이 두 가지 이야기가 나의 마음에 남았다. 그래서 기도를 한번 해봐야겠다는 생각이 들었다. 물론 생각만 했지, 막상 기도하지는 않았다. 고등학교 때도 숙제를 내준다고 숙제를 하는 사람은 아니었다. 갑자기 기도라니 어색하고 낯선 일이었다.

계기는 우연히 찾아왔다. 원래 삶이 복잡하게 느껴지면 명상을 했었다. 먼저 책상에 앉아 일기를 쓰면서 생각을 정리하고, 정리된 생각이 마음에 자리 잡도록 호흡에 집중해 천천히 되뇌었다. 뭔가 복잡하고 삶에 떠밀려가는 것처럼 느껴질 때, 생각을 정리하고 스트레스를 줄이는 좋은 방법이었다. 그런데 그날은 명상 끝에 왠지 기도가 하고 싶어졌다. 눈은 감고 있었으니, 자세만 좀 고쳐잡았다. 손을 허벅지에 올리고 편안하게 앉아 있다가 두 손을 모으고 고개를 조금 숙였다. 어디선가 본 것 같기도 하고 왠지 그렇게 해야 할 것 같았다. 그리고 천천히 기도했다. 내 안을 들여다본다는 태도가 아니라 내 앞에 선하고 사랑하는 존재가 있다고 생각하고 이야기를 해보았다. 특별한 것은 없었다. 하지만 좀 달랐고 좋았다. 그래서 명상을 할 때 끝에 기도하기 시작했다. 기도 시간이 좋았다. 깊이 잠들 수 있었던 예배처럼 말이다. 특별할 것 없었지만 편안했다. 명상은 혼자 하는 여행 같았고, 기도는 함께하는 여행 같았다.

그렇다고 하나님을 믿게 된 것은 아니었다. 명상처럼 하나의 심리적인 방식이 아닐까 하는 생각이 더 많이 들었다. 심리 치료를 할 때

영혼으로 살아가는 인격자, 계시종교

도 의자에 나를 상처 줬던 누군가가 앉아 있다고 상상하고 몰입해서 말하면, 실제 그 사람에게 표현하는 것과 같은 효과가 있었다. 그래서 내가 선하고 따뜻한 대상이었다고 상정하고 이야기를 하는 것 자체가 심리적인 효과를 발휘하는 것일 수 있다는 생각이 들었다. 때론 나의 감정을 정직하게 이야기하고, 눈물을 흘리기도 하며, 뜻밖의 좋은 생각이 떠올라 도움을 받기도 하고, 마음에 안정감을 얻어 평안함을 얻기도 했다. 하지만 이것이 대상을 설정해 이야기하는 심리적인 효과인지, 정말 하나님이 있는 것인지 확신이 서지 않았다.

그런 날들이 쌓여가는 어느 날 하나님이 있다고 받아들여졌다. 심리적인 효과라면 내가 어떤 대상을 상정한 것이기에 그 상정된 대상은 나의 한계를 벗어날 수 없는데, 지금 내가 경험하고 있는 것은 그 한계를 벗어나고 있었다. 기도를 통해서 내가 경험하는 생각이나 정서의 변화는 그 한계를 넘어 실제 어떤 상대와 교제할 때 경험하는 것과 가깝다고 느껴졌다. 사실 이것은 나 자신을 설명하려고 하는 것이고, 그냥 어느 날 연애하는 사람과 결혼에 대한 확신이 드는 것처럼 그렇게 훅 찾아왔다. 하나님이 받아들여졌다.

그 순간, 지금까지보다 더 진지한 태도로 기도를 했다. 무릎을 꿇었다. 그리고 목사가 사용했던 언어로 기도를 했다. "환경과 욕망으로 만들어진 나로 살아가고 싶지 않습니다. 거기에 진정한 나의 모습이 있다면, 그 모습으로 살아가고 싶습니다. 나의 죄를 사하시고, 나를 구원하여 주소서. 십자가 사랑이 나를 구원하심을 믿습니다."

기도가 끝나고 좀 실망스럽기도 했다. 뭔가 그 순간은 그렇게 기도하면 천사라도 나타날 것과 같은 막연한 기대 같은 것이 있었는데, 그런 일은 일어나지 않았다. 하지만 그때부터 자주 그렇게 기도했다. 그리고 다른 사람이 느낄 만큼은 아니지만, 나 자신이 느낄 수 있을 정도의 변화가 일어났다. 내 안에 어떤 마음이 사라지기 시작했고, 어떤 마음이 자라나기 시작했다. 나라는 사람이, 내 중심이 전과는 달라지고 있었다. 나의 존재가 안정적으로 느껴졌다. 전에는 사회에서 인정받지 못하거나 관계에서 문제가 생기면 내 존재가 흔들리는 기분이었다. 그런데 그런 것이 없어졌다. 사회의 평가나 다른 사람의 시선에 상관없이 내가 느껴졌다. 나라는 좋은 사람이 편안하게 느껴졌다. 전보다 더 바르고 따뜻하며 성실하고 여유 있으며 겸손하고 즐거운 내가 편안하게 느껴졌다. 이것이 정말 진짜 나라고 느껴졌다.

아무것도 달라진 것은 없었다. 그런데 모든 것이 달라진 것과 같기도 했다. 나는 여전히 더 좋은 환경을 위해 노력하고, 내가 하고 싶은 것을 하며 행복을 느끼고, 명상을 통해 삶의 중심을 잡았다. 그런데 전에는 그렇게 살아가는 내가 전부라고 느껴지고, 그 삶이 곧 나라고 느껴졌는데 지금은 그렇지 않다. 그것은 나의 삶이고, 그 삶은 내 안에 담겨 있다고 느껴졌다. 그전에는 삶 속에 내가 있었다면, 지금은 내 안에 삶이 있다. 지금은 영혼이라는 것이 조금씩 이해가 되고, 영혼으로 살아가고 있다고 느껴진다.

영혼으로 살아가는 인격자, 계시종교

계시종교의 교리

종교는 '죽음에 질문을 던져 삶에 답을 얻는 것'이다. 계시종교는 죽음에 대한 질문에 대해 인간은 죽어도 여전히 존재한다고 대답한다. 왜냐면 인간은 단지 육체가 아니기 때문이다. 죽음은 인간의 육체적인 측면의 소멸이다. 그렇다면 육체로 인해 형성된 것이 아닌 부분은 죽음 이후에도 여전히 존재한다. 인간이 죽음 이후에도 존재한다면, 그때도 여전히 존재하는 모습이 인간의 정체성에 해당할 것이다. 따라서 우리는 환경이나 육체에 의해 형성된 지금의 모습이 나의 모습이라고 착각하기보다 죽음 이후에도 변하지 않은 진정한 나를 찾아 그 모습으로 살아가야 한다. 그것이 진정한 나 자신으로 살아가는 것이다. 그러면 진정한 나의 모습은 어떤 모습일까?

우리가 사람을 볼 때, 무엇을 그 사람이라고 생각할까? 우리는 그 사람의 얼굴이나 가치관, 환경을 그 사람이라고 생각하기도 하지만 그보다 그 사람의 인격을 그 사람이라고 생각한다. 그러면 인격이 무엇일까? 인격을 설명하는 것은 어렵다. 인간의 생각, 감정, 의지, 그리고 자유의지가 어떻게 조합되는가에 따라 그의 인격이 형성된다고 할 수 있다. 설명은 어렵지만, 인지는 쉽다. 우리는 일상적으로 누군가의 인격을 인지하면서 살아간다. 인격은 요리에 비유할 수 있다. 몇 가지 기본 재료, 맛을 내주는 소스, 이것을 조합하는 조리법이 합쳐져서 하나의 요리가 완성된다. 인격도 이와 같다. '지성, 정서, 욕망'이라는 기본 재료, '자유의지'라는 소스, '상호 작용'이라는 조리법으로 하나의 통합된 인격이 형성된다. 우리는 이 인격을 그 사람이라고 생각한다. 인격을 정체성이라고 생각하는 것이다.

내가 나를 볼 때 무엇을 나라고 생각할까? 나의 환경, 외모, 가치관, 욕망을 나라고 생각하기도 하지만, 그보다 나의 마음을 나라고 생각한다. 그러면 마음은 무엇일까? 마음은 내가 인지하는 나의 '순간의 인격'이다. 마음은 지금, 이 순간 내 생각과 감정과 욕망 그리고 자유의지가 어떻게 조합되는가에 따라 형성된다. 사람들은 이 마음을 자기 자신이라고 생각한다.

순간의 인격, 마음은 순간순간 다양한 색깔로 나타난다. "어떤 생각이 있지만, 자유의지가 그보다 감정을 선택하기로 했는데 여전히 생각이 다르기 때문에 죄책감이 있다." "이 환경과 사람들이 마음에 들어서 지금 행복한 감정이 충만하다." "생각, 감정, 욕망이 서로 모순되는데 그 강도가 비슷해서 어느 것도 주도권을 잡지 못하고 있어서 복잡하다." "나는 아무것도 생각하고 싶지 않고 단지 우울할 뿐이다." 지성, 감성, 욕망, 자유의지가 어떻게 조합되는가에 따라서 다양한 순간의 인격이 만들어지고 우리는 그 마음을 나 자신이라고 인식한다.

'때때로 가장 단순한 답이 해답이다'는 말을 생각해보자. 인간의 정체성이 무엇인가라는 질문이 있다면, 우리는 그것을 인간에게 물어볼 수 있을 것이다. 인간은 무엇을 인간의 정체성으로 받아들이

영혼으로 살아가는 인격자, 계시종교

고 있는지 물어보는 것이다. 아무래도 인간이 가장 잘 알지 않겠나? 인간은 인간의 정체성을 몰라서 의문에 빠져 있지 않다. 자연스럽게 인간의 어떤 부분을 정체성으로 받아들이고 있다. 그것은 인간의 '인격'이다. 인간은 그 사람의 인격을 그 사람의 정체성이라고 생각하고, 나의 마음을 나의 정체성이라고 생각한다. 이 가장 단순한 답이 정답은 아닐까?

인격은 육체로부터 형성되지 않았다. 이미 인격의 일부인 자유의지, 도덕성, 사랑, 자의식이 육체에 속하지 않는다는 것에 대해 설명했었다. 이 네 가지뿐만 아니라 인격을 구성하는 인격의 모든 재료, 소스, 조리 방법 모두 단지 육체로 설명할 수 없는 것이다. 그래서 계시종교는 인격을 육체 속에 담긴 무엇이라고 생각해야 한다고 믿는다. 이것이 죽음 이후에도 여전히 남아 있을 우리의 정체성이라고 말한다.

____ 계시종교의 인간관 2

그런데 우리의 마음은 유동적이다. 인간의 인격은 유동적이다. 나의 마음이 나의 정체성인데 이것이 계속 변화한다. 이것은 모순이다. 정체성이라는 말은 그 자체가 변하지 않는 고유한 실재를 의미하는 것이다. 정체성이 계속 변한다는 것은 정체성이 존재하지 않는다는 것과 같다. 정체성인데 유동적이라는 말은, 존재하는데 존재하지 않는다는 말과 같이 모순적이다. 이 모순적인 실재가 우리의 모습이다. 그래서 인간은 '불안'하다. 인간은 끝없이 자신의 존재와 부재를 동시에 경험한다. 지금 나의 마음이 나로 느껴지기 때문에 내가 있다고 느낀다. 하지만 그 마음이 계속 변화하기 때문에 그것을 나라고 할 수 없다. 거기에 나 자신이라고 할 만한 내가 존재하지 않는다. 지금의 나는 이런 마음을 가지고 말하고 행동하지만, 내일의 나는 다른 마음을 가지고 지금의 나를 부끄러워하고 비난할 수 있다. 그러니 지금의 내가 나라고 느껴지지만, 그것이 진짜 나라고 할 수 없다. 이런 모순에서 개인은 지속적인 불안을 경험한다.

계시종교는 이 상황이 '우리의 진정한 자아가 인격적인 형태인 것은 맞지만, 지속해서 변화하는 지금 나의 마음은 진정한 자아일 수 없다'는 것을 가르쳐준다고 생각한다. 그래서 인격적인 형태의 진정한 자아가 우리 안에 내재하여 있으리라 생각한다. 인간은 현상적인 자아와 진정한 자아를 가지고 있다. 우리가 이제까지 설명한 유동적인 마음은 현상적인 자아이다. 지금 내가 나로 느끼고 있는, 그러나 진정한 나라고 할 수 없는 자아이다. 하지만 인간은 이것만 가지고 있지 않다. 인간은 진정한 자아를 가지고 있다는 것이 계시종교의 주장이다.

우리는 환경과 교육, 욕망이 우리의 생각에 영향을 끼쳐서 시시각각 변하는 여러 가지 생각을 하고 있다. 하지만 우리는 변하지 않는 진정한 생각을 우리 안에 가지고 있다. 그것은 양심으로 경험되기도 하는 진리의 생각이다. 바르고 따뜻하고 진실한 것을 추구하는 생각을 우리는 가지고 있다.

영혼으로 살아가는 인격자, 계시종교

우리는 환경과 경험, 관계에 따라 여러 가지 감정을 갖게 된다. 부당함에 분노하고, 거절당함에 우울해하며, 좋은 일에 즐거움을 느끼고, 성공에 만족해하는 등 경험의 결과물과 같은 감정이 우리 안에 가득 쌓여 있다. 이것은 외부적인 요인에 따라 유동적으로 변한다. 하지만 우리는 변하지 않는 진정한 감정을 우리 안에 가지고 있다. 그것은 '사랑'이다. 우리는 사랑을 대상에 대한 것으로 생각하지만 그렇지 않다. 우리 안에 사랑이라는 감정이 먼저 존재하고 사랑할 만한 대상을 찾는 것이다. 사랑은 우리 안에 내재한 진정한 감정이다.

우리는 본능과 환경, 자극에 따라 여러 가지 욕망을 갖게 된다. 욕망은 그 순간 너무나 우리의 진심처럼 느껴지지만 성취한 이후에 허무하고, 다른 무엇을 또 구하는 반복 속에서 믿을 수 없이 시시각각 변하는 것임을 증명하고 있다. 하지만 우리는 변하지 않는 진정한 욕망을 우리 안에 가지고 있다. 그것은 의와 사랑에 대한 욕망이다. 우리는 내가 진심으로 생각하는 것에 따라 행동하고, 진심으로 사랑하는 것을 위해 살아가기를 무엇보다 욕망한다. 진정한 생각과 감정을 추구하는 것이 우리의 진정한 욕망이다.

우리는 교육, 환경, 욕망에 따라 시시각각 변하는 자유의지를 가지고 있다. 무엇을 기준으로 선택해야 할지 알지 못하고 계속 기준을 수정하면서 내 인생의 방향을 혼란스럽게 만든다. 지성, 감정, 욕망이 번갈아가면서 나의 선택 기준이 되고, 그 세 가지 자체도 자주 변화하기 때문에 나의 선택이라고 하는 것은 기준이나 일관성을 갖지 못하고 시시각각 변하는 것이 된다. 하지만 우리는 변하지 않는 진정한 자유의지를 가지고 있다. 진정한 나를 나 자신으로 받아들이고, 나 자신을 깨우고 나 자신으로서 살아가고자 하는 변함없는 방향성을 가지고 있다. 이것이 우리가 가진 진정한 추구이다.

계시 종교는 지금 우리가 경험하고 있는 마음과 인격을 '현상적인 자아'라고 생각한다. 이것은 나이지만, 내가 아니다. 내일의 내가 오늘의 나를 부정할 것이기에 지금의 나를 진정한 나라고 할 수 없다. 그래서 계시종교는 우리 안에 담겨 있는 변함없는 마음과 인격을 '진정한 자아'라고 생각한다. 한결같은 생각과 감정, 욕망과 자유의지를 가지고 있는데 이 네 가지가 통일되어 하나로 어우러져 있는 진정한 내가 내 안에 내재하여 있고, 그것이 죽음 이후에 존재할 나의 모습이며, 내가 기억해야 할 나의 정체성이다. 우리는 이 정체성을 '영혼'이라고 부른다.

이것이 계시종교의 인간관이다. 계시종교는 인간이 영혼을 가지고 있다고 믿는다. 영혼은 우리가 정체성으로 삼을 변함없는 나의 모습이며, 죽음 이후에도 존재할 진정한 자아라고 믿는다. 영혼은 우리 안에 내재하여 있는 진정한 나의 인격이다. 마음은 지금 나 자신인 것처럼 느껴지는 순간의 인격이다. 그래서 우리는 잠들어 있는 영혼을 깨워 나의 영혼이 나의 마음이 되길 꿈꾼다. 그것이 진정한 나 자신으로서 살아가는 것이기 때문이다.

____ 계시종교의 내세관

계시종교는 죽음 이후에 우리의 영혼이 존재한다고 믿는다. 죽음 이후에 우리가 존재한다고 믿는 것은 사후 세계가 존재한다고 믿는 것으로 연결된다. 그러므로 죽음 이후에 우리의 영혼이 존재한다고 믿는 것은, 거기에 인격적인 세상이 존재한다고 믿는 것이다. 그곳은 수많은 영혼이 함께 살아가는 곳이다. 그들은 육체의 형태가 아닌 다른 형태로 존재하며, 여전히 생각하고 사랑하며 욕망하고 선택하며 함께 살아가고 있을 것이다. 그러니 계시종교가 인간에게 영혼이 있다고 믿고, 죽음 이후에도 영혼이 존재한다고 믿는 것은 곧 죽음 이후에 인격적인 세상이 있다는 믿음이다.

____ 계시종교의 신관

인간이 육체라는 믿음은 인간이 물리적인 원리에 의해 만들어졌다는 믿음과 연결된다. 인간이 정신이라는 믿음은 인간이 도덕적 원리에 의해서 만들어졌다는 믿음과 연결된다. 그러면 인간이 인격적인 존재라는 것은 인간이 어떻게 만들어졌다는 믿음과 연결될까?

인격은 물리적인 원리로 만들어지지 않는다. 인격은 도덕적인 원리로 만들어지지 않는다. 인격은 인격을 통해서 만들어진다. 이것은 인간의 성장 과정을 보더라도 알 수 있다. 모든 아이는 인격성을 내재하고 태어난다. 하지만 부모의 인격적인 돌봄을 받지 못하면 아이는 인격적인 존재로 성장하지 못한다. 인간 아이가 야생에서 자라나 인격적인 돌봄을 받지 못하면, 그 아이는 인격적인 존재로 성장하지 못한다. 인격적인 돌봄의 핵심은 '사랑'이다. 부모가 아이를 사랑으로 양육할 때 아이는 인격적인 존재로 성장한다. 우리에게 이미 내재하여 있는 인격이 발현하는 과정도 이와 같다. 그래서 계시종교는 인격이 만들어지는 과정도 이와 같을 것이라고 믿는다. 원리는 인격을 만들지 못한다. 인격이 인격을 만든다. 그렇다면 우리가 인격적인 존재라는 것 자체가 우리를 만든 인격체가 존재한다는 증거가 된다. 계시종교는 최초의 인격, 즉 모든 인격을 만든 아버지를 '하나님'이라고 부른다.

계시종교는 우리의 진정한 자아가 하나님을 닮았을 것이라고 믿는다. 하나님이라는 인격체가 우리의 진정한 인격을 만들었다면 그는 우리를 자신과 닮은 모습으로 만들었을 것이다. 그래서 계시종교는 가장 선하고 사랑이며, 여기에 대한 끝없는 열정을 가진 하나님이 존재한다고 믿는다. 인간의 영혼이 이 신 존재를 상정하게 하는 증거라고 믿는다.

____ 계시종교의 구원관

나의 진정한 자아는 잠들어 있다. 나는 현상적인 자아를 나 자신으로 느끼며 살아가고 있다. 그로 인해 우리는 불안의 삶을 살게 된다. 이것이 사실이라면 우리에게 요청되는 다음 주제는 이렇게 잠들어 있는 진정한 자아를 깨울 것인가이다.

계시종교는 인간의 인격이 최초의 인격인 하나님으로부터 만들어졌다고 믿는다. 인간의 성장 과정에서는 아이에게 내재되어 있던

영혼으로 살아가는 인격자, 계시종교

인격이 부모의 사랑에 의해서 발현된다는 점에 집중한다. 그래서 우리 안에 잠들어 있는 인격, 곧 영혼이 깨어나는 것도 같은 방식으로 이루어질 것이라고 생각한다. 하나님과의 인격적인 교제가 잠들어 있는 나의 영혼을 깨울 것이라고 믿는다.

인간의 인격은 지, 정, 의로 나누어 생각할 수 있다. 우리가 가지고 있는 생각, 감정, 욕망의 조합에 따라 현재 나의 인격이 형성되어 있다고 할 수 있다. 그러면 이것은 하나님과의 교제를 통해 어떤 변화가 일어날 수 있을까?

___ **계시종교의 구원관 1. 감정의 구원**

감정은 내가 내면의 나와 나누는 대화이다. 나는 무엇인가 잘못되었다고 느끼면 분노한다. 나약하다고 느끼면 두려워한다. 소중한 것을 잃어버렸다고 느끼면 슬퍼한다. 상대에게 거절을 당하면 우울해한다. 사랑받고 있다고 느끼면 행복해한다. 상대보다 내가 더 강하다고 느끼면 당당하다. 모든 일이 잘되고 있다고 느끼면 즐겁다. 이처럼 감정은 내가 지금의 삶을 어떻게 받아들이고 있는가에 대해서 나에게 이야기해준다. 그래서 우리는 이 감정에 귀를 기울여야 한다. 그것을 통해 나는 나와 좋은 대화를 이어갈 수 있다.

어떤 사람들은 감정에 귀를 기울이지 않는다. 부정적인 감정이 찾아오면 외면한다. 두려움이나 우울, 분노 같은 감정을 불편하게 여기고 그 감정을 외면해 버린다. 하지만 감정은 상황에 대한 나의 반응이기 때문에 외면한다고 해서 사라지지 않는다. 오히려 스스로에게 거절당한 거절감이 더해질 뿐이다. 이렇게 외면당한 감정은 사라지지 않는다. 때로 우리는 10년 전에 느꼈던 분노나 슬픔의 감정을 그대로 다시 느끼는 경험을 한다. 감정이 시간을 넘어 그때, 그 순간으로 나를 다시 데리고 간다. 보통 과거의 감정이 수용되지 않고, 그대로 남아 있다가 지금에서야 수용될 때 이런 경험을 하게 된다. 이처럼 수용되지 않은 감정은 우리 안에 남는다. 오히려 쌓여 있는 감정은 더 깊이 느껴진다. 분노가 쌓여 있는 사람은 작은 일에도 크게 화를 낸다. 누적된 분노가 그 일을 계기로 표출되기 때문이다. 이쯤 되면 감정을 외면하는 것이 쉽지 않게 된다.

그러나 이 시점에도 사람들은 자기 감정을 직면하지 않고, 그 감정을 희석시키려고 한다. 긍정적인 감정을 통해 부정적인 감정을 느끼지 않으려고 행동한다. 우울할수록 신나는 음악을 듣는다. 화가 날 때면 재미있는 일을 하려고 한다. 우리는 이것을 스트레스를 푸는 것이라고 생각하고, 이러한 행동을 통해 감정의 문제가 해결되길 기대한다. 하지만 실상은 그렇지 않다. 그 순간의 감정을 외면하는 것일 뿐 여전히 수용되지 않은 감정은 내면에 그대로 쌓여 있다. 계속 감정의 창고에 나쁜 감정을 쌓아 놓다 보면 어느 순간 그것이 넘쳐 흘러서 온 마음이 감정의 홍수에 떠내려가는 일이 벌어지기도 한다. 오랜 시간에 걸친 분노, 우울, 불안이 한꺼번에 터져나와서 전 인격이 잠겨 버리는 것이다. 우울증, 분노조절장애, 긴장과 강박 등의 부정적인 감정이 나의 인격처럼 되어 버린다. 이렇게 되기 전에 내가 나의 감정에 귀를 기울여야 한다. 부정적인 감정이 찾아올 때, 잠시 멈춰 서서 그 감정을 오롯이 느끼고 현재 자신이 느끼는 감정의 이유를 돌아봐야 한다. 감정을 통해서 내가 나와 대화를 시작할 때 문제를 해결할 실마리를 찾을 수 있다.

　나와 좋은 대화를 나누는 것은 중요하다. 하지만 이것은 문제를 악화시키는 것을 막을 뿐이지, 문제의 근본을 해결하지 못한다. 감정의 인정은 내가 현재의 삶을 어떻게 받아들일지 나에게 이야기하는 것이다. 그렇기 때문에 부정적 감정을 느끼게 하는 주된 상황이 개선되지 않는다면 감정의 개선은 제한적일 수밖에 없다. 상황이 해결되었는데 감정이 남아 있다면, 묵은 감정을 다시 느끼는 것만으로도 문제가 해결될 수 있다. 하지만 상황이 해결되지 않은 상태에서 계속 그 감정을 느끼는 것은 오히려 자신을 지치게 만들 수 있다. 예를 들어, 어린 시절 부모의 온전한 돌봄을 받지 못해 우울했거나 혹은 부모로부터 부당한 대우에 받아 분노했다면, 지금 그 감정을 다시 느끼는 것만으로도 상당 부분이 해결될 수 있다. 하지만 현재의 내가 사회에서 자리를 잡지 못해 우울하고 직장에서 부당한 대우를 받아 분노한다면, 그 감정을 느끼는 것만으로는 해결할 수 없다. 이를 위해서는 환경을 개선해야 한다. 안정적인 직장을 얻어야 한다. 직장에서 합당한 대우를 받아야 한다. 이러한 환경적인 변화가 있을 때 그 우울과 분노로부터 걸어 나올 수 있다. 이 지점에서 우리는 이것이 쉽지 않다는 것을 느낀다. 어쩌면 여기서부터 문제가 시작되었을 것이다. 밀려오는 부정적인 감정의 원인인 상황을 바꾸지 못하자 감정의 고통을 경감하기 위해 외면과 희석의 방식을 사용한 것이 문

2부 네 개의 종교

제의 출발이다. 하지만 우리는 이미 이 방법이 장기적으로 우리 내면에 해롭다는 것을 알았다. 그렇다면 어떻게 해야 할까?

　환경이 개선되지 않더라도 감정의 문제를 어느 정도 해결할 수 있는 방법이 있다. 바로 '교감'을 통해서다. 즉, 다른 사람으로부터 정서적 지지를 얻는 것이다. 우울은 소외로부터 온다. 초대받은 모임에서 아무도 나에게 인사를 건네지 않는다면 우울할 것이다. 하지만 그 순간 친구들에게 모임에 대해 문자로 하소연해서 그들로부터 감정의 동의와 지지를 얻는다면 나의 우울은 사라질 수 있다. 분노는 부당할 때 온다. 내가 상사에게 부당한 대우를 받고 제대로 저항하지 못한다면 마음에 큰 분노가 쌓인다. 하지만 퇴근 이후에 동료들이 찾아와서 내가 잘못한 것이 아니라고 나를 지지해 주고, 같이 상사를 욕하면서 우리가 겪는 이 부당한 상황을 어떻게든지 해결해보자는 모의를 할 수 있다면 분노는 상당 부분 가라앉는다. 두려움은 나약함을 느낄 때 온다. 내가 상대해야 하는 세상에 비해 내 힘이 너무 모자란 것을 깨달을 때 두려움을 느낀다. 하지만 그때 주변 사람들이 나에게 힘을 보태주고 그 힘이 쌓여 이 정도면 해 볼 만하다라는 생각이 들 때, 누군가 내 힘이 내가 가진 숙제에 비해 결코 부족하지 않다는 것을 깨닫게 해줄 때, 우리는 두려움에서 벗어나 열정을 갖게 된다. 슬픔은 잃어버림에서 온다. 소중한 것을 잃어버리고, 다른 어떤 것으로도 대체할 수 없다면 우리는 위로받을 수 없다. 그럼에도 나 홀로 슬픔 가운데 있지 않고 누군가 그 슬픔의 자리에 함께 해준다면, 그 위로는 슬픔으로부터 올라올 수 있는 계기가 된다. 나를 힘들게 하는 환경이 없으면 좋겠지만 그것은 쉽지 않은 일이다. 하지만 그때 누군가와 함께 있어 나를 소중히 여겨주고 지지해주며 도와주고 함께 울어준다면, 그 부정적인 감정으로부터 벗어나는데 큰 도움이 될 것이다. 이것이 감정의 구원이다.

이제 본질적인 감정의 구원에 대해 이야기하려고 한다. 진정한 모습인 영혼은 내면 깊이 잠들어 있고, 환경에 의해 형성된 마음이 마치 진짜 나인 것처럼 내 안을 채우고 있다. 우리는 하나님을 통해서 진정한 모습인 영혼을 깨울 수 있다. 마찬가지로 우리의 진정한 감정은 우리 안에 잠들어 있다. 그 감정을 느끼지 못하고 환경에 의해 형성된 감정만을 진짜 나의 감정으로 느끼며 살아가고 있다. 우리는 하나님을 통해서 진정한 감정을 깨워야 한다. 어떻게 이런 일이 일어날 수 있을까? 하나님과의 정서적 교감을 통해서 일어날 수 있다.

하나님은 나를 사랑하신다. 그래서 나와 함께하며 소중히 여기고 지지하며 돕고 함께 우신다. 내가 세상에서 거절당해 우울할 때 하나님은 나의 진정한 가치를 알아보지 못하는 그 사람들은 무시하라고 말씀해주시고, 하나님이 나를 얼마나 사랑하고 소중히 여기는지 알려주신다. 내가 부당한 세상에서 분노할 때 나의 옳음을 지지해주시고 이 부당한 세상을 정당하게 만들도록 같이 싸워보자고 이야기하신다. 내가 두려워할 때 나와 함께하며 힘을 더해 주시고, 사실 내가 이 정도 문제는 해결해 나갈 수 있는 역량을 갖춘 사람이라고 응원하신다. 내가 슬플 때 나와 함께 눈물을 흘려 주신다. 내가 잃은 것을 다시 찾아주지 않으실 수도 있다. 그럼에도 나의 슬픔에 같이 슬퍼하시며 함께 울어 주신다. 우리가 나를 사랑하시는 하나님을 정서적으로 믿고 경험할 때, 나의 감정의 구원이 이루어진다.

여기까지가 구원의 절반이다. 우리가 부정적인 감정에서부터 걸어 나오는 것, 환경이 주는 감정에서부터 자유를 얻는 것은 진정한 구원을 향하는 길목의 방해물을 치우는 작업에 불과하다. 이 작업의 목적은 본래 있어야 할 것을 제자리에 있게 하기 위함이다. 이렇게 현상적인 감정으로부터 벗어날 때, 우리의 원감정을 만날 수 있다. 이때 원감정은 곧 내가 나에 대해서, 삶에 대해서, 세상에 대해서, 하나님에 대해서 원래 어떻게 받아들이고 있는가이다. 그 감정은 '사랑'이다.

나의 영혼은 나를 사랑한다. 다른 사람을 사랑한다. 세상을 사랑한다. 하나님을 사랑한다. 하나님 사랑을 통해서 나의 원감정으로서의 사랑을 느끼게 된다. 이것을 느끼는 것은 마법의 상자가 개방되는 것처럼 신비로운 변화를 가져온다. 내 감정의 패턴이 변화된다. 이제까지 나의 감정이 상대와 세상이 나에게 어떠한가로부터 발생하는 수동적 결과였다면, 이제부터는 상대와 세상이 어떻다는 것과 상관없이 사랑이라는 감정에 의해 움직이는 능동적 태도가 된다. 이제까지 내 안에 부족한 사랑으로 인해 사랑받고 인정받고 싶어하다 좌절되어 상처받고, 이 사랑 없음의 빈 공간을 다른 무엇인가로 채우려고 하다가 균형을 잃고 과도한 삶을 살았던 모든 문제가 한순간

영혼으로 살아가는 인격자, 계시종교

에 해결된다. 이미 나의 내면은 사랑으로 가득하다. 이제 가득한 사랑을 나누고 실천하는 것이 내 삶의 태도가 된다. 이것이 하나님 사랑으로 말미암아 내면에 이미 존재하던 사랑의 감정, 사랑의 영혼을 깨운 사람이 경험하는 구원이다.

____ 계시종교의 구원관 2. 욕망의 구원

사람은 욕망을 가지고 있다. 감정에는 이유가 있지만 욕망에는 이유가 없다. 사람은 무엇인가를 원한다. 모든 사람은 세 가지 욕망을 가지고 있다. 생존의 욕망, 가족의 욕망, 성취의 욕망이다.

생존의 욕망은 살아남는 것을 걱정하지 않아도 될 정도의 안정적 삶을 살아가고자 하는 욕망이다. 거기서 한걸음 더 나아가면 세상을 소비하고 누리고자 한다. 수면욕, 식욕, 성욕, 소유욕, 소비욕과 같은 생존과 소비의 욕망이 여기에 속한다. 안정된 직장, 안정된 노후, 새로운 제품을 갖고 싶은 것, 먹고 싶은 것, 자고 싶은 것, 쉬고 싶은 것, 월요일에 출근하기 싫은 것 등 내가 원하는 것 중에 생존, 쉼, 안정, 소비에 대한 욕망이 모두 여기에 속한다.

가족의 욕망은 사랑하고 사랑받는 관계에 진입하고 싶은 욕망이다. 사람은 모두 이 관계의 욕망을 가지고 있다. 내가 누군가를 소중히 여기길 원하고, 그 상대도 나를 소중히 여기길 바란다. 우정, 연애, 결혼, 가족에 대한 욕망이 가족의 욕망에 속한다.

성취의 욕망은 명예와 권력의 욕망이다. 선망받는 위치에서 영향력을 행하고 싶은 욕망이다. 사랑하는 사람들과 함께 여유로운 삶을 살고 있는 사람도 일을 한다. 자신의 역량을 발휘해 영향력을 미치고, 그것으로 말미암아 인정받고 싶어한다. 자신이 생각하는 성공의 자리에 도달하고자 하는 욕망이다.

모든 사람이 이 세 가지 욕망을 가지고 있다. 하지만 대부분의 사람이 이 세 가지 욕망을 만족스럽게 성취하지 못한다. 성취되지 못한 욕망은 사라지기보다 형태를 변화시킨다.

첫 번째는 '몰입'이다. 셋 중에 하나가 성취되지 않을 때 그것만 원하는 것처럼 몰입한다. 생존의 욕망이 성취되지 않으면 성공이나 사랑은 관심이 없고 안정되기만을 간절히 원한다. 가족의 욕망이 성취되지 않으면 연인을 위해서 목숨을 던질 수 있을 것 같은 간절함을 느낀다. 성공에 대한 욕망이 좌절되면 돈이 많고 사랑하는 가족이 있는 것도 아무런 의미가 없는 것처럼 느껴진다. 셋 중에 하나가 되시 못하면 그것이 우선순위가 되어서 그 욕망을 더 강력하게 느끼고 집중한다. 하지만 이것은 착각이다. 막상 그것이 성취되면 인간은 자연스럽게 다른 욕망을 다시 느끼기 때문이다. 몰입은 욕망에 대해서 실제보다 과도한 의미를 부여하기 때문에 그것이 없으면 완전한 좌절감을 느낀다. 하지만 과도한 의미를 부여했기 때문에 욕망이 성취되더라도 기대와 같지 않은 실망감을 느낀다.

두 번째는 '대체'이다. 내가 성취할 수 없는 욕망이라고 받아들이면, 그것을 대신할 수 있는 욕망을 과도하게 성취한다. 애인과 헤어지고 난 후 폭식을 하는 것처럼, 하나의 욕망이 완전히 좌절될 때 다른 욕망을 과도하게 성취하려고 한다. 이것은 소금물을 마시는 것과 같다. 나는 그 사람을 다시 만나고 싶은 것이지 음식을 많이 먹고 싶은 것이 아니기 때문에 이 욕망을 성취하더라도 만족감이 크지 않다. 하지만 좌절된 욕망의 허기가 있기 때문에 만족이 없더라도 계속 그것을 원하는 상태에 도달한다. 욕망에 좌절한 사람들이 무엇인가에 중독되는 것이 이 패턴에 의한 것이다.

세 번째는 '조작'이다. 성취하고 싶었으나 성취할 수 없었던 욕망과 비슷한 것을 마치 그것인 것처럼 생각하는 자기기만의 방법이다. 생존의 욕망이 성취되지 못했는데 고가의 물건을 구입함으로 자신이 쾌락의 지점에 도달한 것처럼 자기기만을 하는 것이다. 사랑의 욕망이 성취되지 못하고 있는데 유사관계를 맺거나 성 산업에 구매자로 참여함으로서 자기를 기만하는 것이다. 성취의 욕망이 충족되지 못할 때 팬덤에 가입하거나, 팀을 응원하거나, 정치 세력의 지지자가 되어 자신이 동일시한 대상의 성공을 자기 성공으로 받아들인다. 실재 그 욕망이 성취되지 않았는데도 그와 유사한 욕망을 성취함으로 마치 그 욕망이 성취된 것처럼 느끼는 것이다.

어떤 사람은 자연스러운 욕망도 아닌 몰입, 대체, 조작된 욕망을 자신이 진심으로 원하는 것이라고 생각하며 추구한다. 하지만 그것은 스스로를 속이는 행위다. 이러한 욕망을 성취시키는 방법은 바닷물을 마시는 것이다. 성취되더라도 만족없이 또 다른 욕망이 끝없이 찾아오다가 어느 지점에서는 욕망조차 없는 무기력에 빠지게 된다.

몰입, 대체, 조작의 속임수에 빠지지 말고 우리가 진정으로 원하는 것이 무엇인지 기억해야 한다. 내가 가지고 있는 욕망을 직면하고 그것을 충족시키는 데 집중해야 한다. 욕망을 기만하여 왜곡하는 것은 지혜로운 방법이 아니다. 내 욕망에 집중하고 그것을 성취하고자 해야 한다. 하지만 여기에 문제가 있다. 욕망을 성취할 수 있는 환경이 조성되는 것은 쉬운 일이 아니다. 세 가지 욕망을 모두 자연스럽게 성취하려면 돈과 매력과 역량과 운을 가지고 있어야 한다. 하지만 현대 사회에서 이 네 가지를 모두 풍족하게 가지고 있는 것은 쉬운 일이 아니다. 그래서 이 욕망을 성취시킬 수 없기 때문에 대체와 조작을 사용하는 것이다. 많은 사람이 이 고민의 지점에 서 있다. 수많은 자기계발서들이 여기에 대한 나름의 해답을 제시한다. 어떤 것은 분명히 유용하지만 모든 사람에게 대답이 될 만한 것을 찾는 일은 쉽지 않다.

　욕망의 구원에 대해서 이야기해보자. 우리의 진정한 욕망은 우리 안에 잠들어 있다. 그 욕망을 느끼지 못하고 내가 가진 얕은 수준의 욕망만을 느끼며 그것을 나라고 생각하고 성취하려고 한다. 진정한 욕망은 생존, 가족, 성취의 욕망이 아니다. 그런데 우리는 그것이 진정한 욕망이라고 착각하고 성취하는 것이 내가 진정으로 원하는 일이라고 생각한다. 그렇지 않다. 우리 안에 더 깊은 욕망이 잠들어 있다. 하나님을 통해서 이 진정한 욕망이 깨어나고 내가 이것을 나의 욕구로 경험하게 될 때 욕망의 구원을 얻게 된다. 세속주의는 자신

영혼으로 살아가는 인격자, 계시종교

의 욕망에 의문을 제시하기보다 욕망이 성취되길 바란다. 반면, 계시종교는 그렇지 않다. 하나님이 지금의 욕망으로부터 나를 구원하여 진정한 욕망에 도달하게 해주시길 바란다.

사람들은 세 가지 기본 욕망보다 더 깊은 세 가지 진정한 욕망을 가지고 있다. 우리는 생존의 욕망보다 깊이 '존재의 욕망'을 가지고 있다. 내가 살아남는 것보다 중요한 것은 내가 어떤 사람인가 하는 것이다. 우리는 단지 살아남는 것을 원하지 않는다. 진정한 나 자신으로 살아가길 원한다. 이것이 존재의 욕망이다. 나 자신이 어떤 사람이라는 것을 분명히 느낀 사람은 정체성을 훼손하면서까지 생존을 추구하지 않는다. 더 나은 환경을 얻고자 스스로를 배신하지 않는다. 생존의 욕망보다 존재의 욕망이 더 크기 때문이다.

우리는 가족의 욕망보다 깊은 '사랑의 욕망'을 가지고 있다. 사랑을 나의 기본 감정으로 삼아 모든 사람과 사랑하고 사랑받는 관계 속에 진입하기를 원한다. 단지 몇몇 사람이 아니라 보편적인 관계가 사랑의 관계이길 원한다. 감정의 구원을 받아 자신의 원감정으로서의 사랑을 회복한 사람은 이 사랑으로 살아가길 바란다. 사람과 세상을 사랑하며 그 모든 관계가 사랑의 관계가 되길 기대한다.

우리는 성취의 욕망보다 깊은 '가치의 욕망'을 가지고 있다. 누구에게 선망의 대상이 되고 큰 영향력을 미치는 삶을 살기보다 가치 있는 삶을 살기 원한다. 아무리 성공적인 삶이라고 하더라도 가치 있는 삶이 아니라면 그 삶은 낭비된 것이다. 누군가 내 삶을 본다면 부러워하기보다 존경하길 바란다. 내 삶이 가치 있는 삶이길 바란다. 이것이 우리가 가진 진정한 욕망이다.

그러면 우리는 어떻게 잠들어 있는 진정한 욕망을 깨울 수 있을까? 욕망은 당위에 의해 설득되지 않지만 감화에 의해 변화된다. 감화는 타인의 욕망에 의해 나의 욕망이 깨어나는 것을 말한다. 먹방을 생각해보자. 음식을 맛있게 먹는 사람을 보면서 우리는 그 음식을 먹고 싶은 욕망을 느낀다. 그 음식에 대한 욕망이 없었음에도 불구하고 그 사람의 욕망과 성취가 나의 욕망을 자극한 것이다. 이것이 감화이다. 인간은 타인의 악행을 보면서 악의 욕망을 갖기도 하고, 타인의 선행을 보면서 선에 대한 욕망을 갖기도 한다. 그래서 주변 사람이 진정한 욕망에 따라 살아가는 것을 보고, 그 사람에게 도전받을 때 내재되어 있던 진정한 욕망이 깨어날 수 있다. 욕망은 곧 감화에 의해서 깨어난다.

우리는 하나님의 욕망에 감화됨으로 우리 안에 잠들어 있던 진정한 욕망을 깨울 수 있다. 하나님이 얼마나 내가 진정한 내 모습을 회복하길 바라시는지에 감화될 때, 진정한 모습으로 살아가고자 하는 욕망, 실존의 욕망을 강력하게 느낀다. 더 좋은 세상을 이루어가기 위한 하나님의 열정을 느낄 때 나도 그 일에 동참하여 가치 있는 삶을 살고자 하는 욕망이 회복된다. 하나님이 나를 사랑하시고 세상을 사랑하시며 사랑의 관계를 만들고자 하신다는 것을 느낄 때, 이미 받은 감정의 구원을 바탕으로 모든 관계를 사랑의 관계로 만들어가는 것을 원하게 된다. 하나님의 욕망에 감화되는 것을 통해서 욕망의 구원이 이루어지는 것이다.

영혼으로 살아가는 인격자, 계시종교

많은 사람들은 나의 왜곡된 욕망을 진짜 욕망이라고 착각하고 그것이 성취되는 것이 가장 좋은 일이며, 하나님이 해주셔야 한다고 생각한다. 소금물을 마시는 것 같은 성취는 나에게 어떤 본질적 변화도 만들지 못한다는 것을 반복적으로 경험했음에도 불구하고 지금 그것을 원하는 마음이 너무 선명하기 때문에 여전히 그것이 맞다고 착각한다. 우리에게 필요한 것은 이 욕망의 성취가 아니라 이 욕망이 변화되는 구원이다. 하나님의 진정한 욕망을 경험하는 것을 통해 우리는 욕망의 구원을 경험할 수 있다. 욕망의 구원을 경험한 사람은 원함과 맞음의 통합을 경험한다. 보통의 평범한 사람은 원함과 맞음의 충돌로 괴로워한다. 내가 원하는 것은 맞지 않고, 맞는 것은 내가 원하지 않는다. 그래서 원하는 대로 할 때는 죄책감을 느끼고, 맞는 대로 할 때는 답답함을 느낀다. 욕망의 구원은 우리를 이 갈등에서 구원해준다. 맞는 것을 원하게 된다. 그것이 어떤 면에서 우리가 진정으로 경험하게 되는 자유다.

____ 계시종교의 구원관 3. 생각의 구원

우리의 생각은 어떻게 만들어질까? 우리의 생각이 어떻게 만들어지는지 이해해야만 생각의 구원에 대해 알 수 있다.

첫 번째 단계는 생각을 만들기 위한 기본 재료를 활용하는 것이다. 생각이 만들어지는 기본 재료는 세 가지로 인지, 경험, 학습이다.

사람은 '인지'를 통해서 생각의 재료를 얻는다. 쓰레기통이 아니어도 다른 사람이 쓰레기를 버려둔 곳을 보면 사람들은 그곳이 쓰레기를 버려도 되는 곳이라고 생각한다. 이것이 인지다. 곧 내가 본 대로 생각하는 것이다. 부정과 비리가 만연한 조직에서 일하는 사람은 세상을 악한 곳이라고 생각하고, 공의와 성실이 작동하는 조직에서 일하는 사람은 세상이 좋은 곳이라고 생각한다. 사람은 자신이 본대로 생각하기 마련이다.

또 다른 재료는 '경험'이다. 사람은 경험을 중심으로 생각한다. 나의 경험이라고 하는 하나의 샘플은 보편적인 원칙을 세우기에 부족한 증거라는 것을 알면서도, 자신의 경험을 곧 보편적인 기준인 것처럼 생각한다. 부정적인 경험을 많이 한 사람은 부정적으로 생각하고 긍정적인 경험을 많이 한 사람은 낙관적으로 생각한다. 배신을 경험한 사람은 사람을 믿을 게 못 된다고 생각하고, 자비를 경험한 사람은 사람을 아름답다고 생각한다. 사람은 자신의 경험을 생각의 재료로 삼는다.

마지막 재료는 '학습'이다. 사람은 교육에 기반하여 생각한다. 자본주의 교육을 받으면 자본주의가 맞다고 생각하고, 공산주의 교육을 받으면 그것이 맞다고 생각한다. 자신이 받은 교육, 읽은 책, 훈련받은 사고 방법에 따라 생각한다.

생각이 만들어지는 두번째 단계는 '주관화'이다. 인지, 경험, 학습을 통해 얻은 수많은 정보 중에 어떤 것을 내 생각의 근간으로 사용할 것인지 선택하는 것이 주관화이다.

사람들은 자신에게 수집된 세 가지 생각의 재료 중에 생각의 기둥

영혼으로 살아가는 인격자, 계시종교

을 선택한다. 어떤 생각을 전제로 사용하기로 결정하는 것이다. 이 때 선택에는 명확한 이유가 없다. 직관적인 선택일 수도 있고, 우연의 선택일 수도 있다. 선택한 생각을 전제로 다른 생각을 정리한다. 그래서 사람의 배경, 경험, 교육이 같아도 다른 생각을 할 수 있다. 사람마다 생각의 기둥으로 선택하는 정보가 다르기 때문이다.

어떤 사람은 인지를 생각의 기둥으로 사용하고, 다른 사람은 책을 생각의 기둥으로 사용한다. 어떤 사람은 경험의 정보는 무시하거나 하위 정보로 사용하기로 결정하고, 다른 사람은 교육을 무시하거나 하위 정보로 사용하기로 결정한다. 이 선택에 따라 그 사람이 가진 생각의 틀이 달라진다.

세 번째 단계는 '확장'이다. 확장은 내가 세운 생각의 기둥을 전제로 각 생각의 영역에 적용해 보는 것이다.

돈이 최고라는 전제를 세웠다면, 이 기준으로 내 생활과 관계와 사고방식을 다시 재설정하는 것이다. 사람은 믿을 게 못 된다는 전제를 세웠다면, 그것을 내 모든 인간 관계에 확대해서 적용한다. 이렇게 주관화를 통해 내가 선택한 생각을 다른 영역에 적용하는 것이 확장이다.

네 번째 단계는 '체계화'이다. 확장의 과정에서 생각이 충돌하는 지점이 나타난다. 내가 세운 여러 가지 생각의 기준이 때로는 서로 충돌하기 때문이다.

만약 안정된 삶이라는 기준을 세우고 로맨티스트라는 관계적 기준을 세웠다고 해보자. 어느 날 사랑하지만 환경이 좋지 않은 이성을 만난다면 내가 가진 두 가지 기준이 서로 충돌할 것이다. 안정된 삶의 추구라는 기준에서는 관계를 끝내야 하고, 로맨티스트라는 기준에서는 관계를 이어나가야 한다. 이 충돌의 지점에서 우리는 어떤 것을 더 상위 가치로 삼아야 할지 결정해야 한다. 둘 중 무엇 하나는 상위 기준이 되고, 다른 것은 하위 기준이 된다.

이때 안정이 상위 기준이면, 여전히 로맨티스트이지만 이 사람과는 헤어질 것이다. 반대로 로맨스가 상위 기준이면, 이 사람과 함께하지만 상황의 안정화를 위해 노력할 것이다. 이렇게 상위 기준과 하위 기준을 나누다 보면, 내가 가장 우선시하는 최상위 기준, 그 아래를 구성하는 기준들이 생기고, 이것으로 이루어지는 판단 체계가 만들어지게 되는데 이것을 체계화라고 한다.

생각은 이 네 단계를 통해서 만들어진다. 사람마다 완성도의 차이는 있다. 재료를 적게 가지고 있는 사람은 편협한 생각을 갖게 되고, 주관화에 익숙하지 않은 사람은 정보를 나열하지만 소신은 없게 된다. 확장이 잘 이루어지지 않는 사람은 말하는 기준을 잘 적용하지 못하기 때문에 이중적인 사람이 되고, 체계화가 안 되는 사람은 어떤 생각이 승자가 되지 못한 상태에서 계속 충돌하기 때문에 혼란스러운 사람이 된다. 그래서 일반적인 조언은 생각의 완성도를 높이는 것이다. 재료를 더 많이 모으고, 그중 무엇인가를 반드시 선택하고,

영혼으로 살아가는 인격자, 계시종교

선택한 생각을 중심으로 확장과 체계화를 이루라고 하는 것이 일반적인 조언이다.

생각의 다른 측면을 살펴보자. 사람들은 주관화에 의해 각각 다른 생각을 가지고 있다. 하지만 넓게 보면 꼭 그렇지만은 않다. 사람은 모두 인지, 경험, 학습을 생각의 기본 재료로 삼기 때문에 이 재료를 뛰어넘는 생각을 할 수 없다. 그런 점에서 모든 사람의 생각은 다르지만 같다고도 할 수 있다. 사람들의 생각이 그 시대를 뛰어넘기 어렵다는 것이다.

'인지, 경험, 학습'이라는 재료가 모두 시대의 결과물인 이상 그것을 어떻게 선택하고 조합해도 여전히 그 재료의 한계 속에서 생각할 뿐이다. 고기, 야채, 소스를 기본 재료로 제공하면 그것을 구울 수도 있고, 삶을 수도 있고, 샤브샤브를 할 수도 있고, 소스로 새로운 요리를 만들 수도 있다. 하지만 그 조리 방법이 달라질 뿐 생선 요리 같은 다른 재료의 요리가 나올 수는 없다. 이처럼 아무리 주관화로 개인이 선택한다고 하더라도 기본 재료의 한계를 넘어설 수 없기 때문에 대부분의 사람은 자신이 속한 시대의 생각을 반영할 수밖에 없다. 스스로 생각한다고 느끼겠지만, 일정하게 제한된 재료를 가진 생각은 진정한 내 생각이라고 할 수 없다.

그러면 우리는 어떻게 생각의 구원을 얻을 수 있는가? 우리의 진정한 모습인 영혼은 우리 안에 잠들어 있고, 환경에 의해 형성된 마음이 마치 나인 것처럼 내 안을 채우고 있다. 우리는 하나님을 통해서 우리의 진정한 모습인 영혼을 일깨워야 한다. 우리의 진정한 생각은 우리 안에 잠들어 있다. 우리는 그 생각을 자각하지 못하고 환경에 의해 형성된 생각을 나의 생각이라고 인식하며 살아간다. 우리는 하나님을 통해 진정한 생각을 깨울 수 있다. 이렇게 우리의 지성이 깨어나는 것을 깨달음이라고 한다.

주어진 생각이 아니라 우리 안에 내재되어 있는 생각을 깨달아 주관화하고 생각의 기둥으로 세울 수 있다면, 이 사람은 시대 정신으로부터 자유로워진다. 이런 사람은 세상의 생각을 자신의 생각인 것처럼 착각하지 않고 변하지 않는 삶의 기준을 세워 생각하면서 스스로의 힘으로 삶을 선택할 수 있다. 이것은 도덕주의적인 학습을 이야기하는 것이 아니다. 이것은 내 안에 담겨 있는 선함을 발견하는 것에 대한 이야기다. 이때 우리는 생각의 구원을 얻을 수 있다.

이것을 가장 쉽게 경험하는 것은 '양심'이다. 양심은 우리 안에 내재된 진정한 생각이다. 때로 우리는 양심에 찔리는 경험을 할 때가 있다. 여기서 찔린다는 의미는 양심을 기준으로 옳고 그름을 판단할 때 잘못했다고 생각하는 것이다. 이것은 양심이 우리 안에 내재된 진정한 생각이라는 것을 보여 준다. 많은 사람이 이 양심을 소극적으로 사용한다. 평소에는 신경 쓰지 않다가 정도가 과하다고 느낄 때만 사용한다. 우리는 이것을 좀 더 적극적으로 활용할 수 있다. 주관화의 과정에서 양심을 생각의 기둥으로 선택하여 다른 내 생각을 세워 나갈 수 있다. 그러면 시대에 의해 생각하지 않고 양심에 의해 생각하는 사람이 될 수 있다.

보통 양심의 기준은 '선, 사랑, 정직, 성실' 이 네 가지다. 사람은 수오지심羞惡之心을 가지고 있다. 악을 틀렸다고 생각하고 선이 맞다고 생각한다. 측은지심惻隱之心도 가지고 있다. 다른 사람을 안쓰럽게 여기고 사랑하는 마음이다. 우리는 거짓될 때 양심에 찔린다. 양심은 정직의 기준을 가졌다. 우리는 게으를 때 스스로를 한심하게 여긴다. 양심은 성실을 기준으로 삼는다. 이러한 것을 생각의 기준으로 삼아야 한다. 여기서부터 생각의 구원을 경험할 수 있다.

명상을 통한 깨달음도 생각의 좋은 재료가 된다. 나를 포함한 모든 세상은 진리를 내포하고 있다. 그 세상을 깊이 들여다보는 순례와 나와 삶을 깊이 들여다보는 명상을 통해서 그 속에 잠긴 진리를 깨달을 수 있다. 이것 역시 우리를 시대의 생각으로부터 구원하는 생각의 좋은 재료가 된다.

계시를 통한 깨달음도 생각의 좋은 재료가 된다. 하나님이 우리에게 가르쳐주시는 것을 깨달아야 한다. 명상도 너무 중요한 방법이지만 그것은 스스로 공부하는 것과 같다. 하나님께 귀 기울이는 것은 훌륭한 스승에게 배우는 것과 같다. 양심과 명상과 계시는 깨달음을 위한 좋은 재료이며 모두 필요하다. 하지만 우리가 살펴보고 있는 계시종교에서는 계시를 더 중요하게 여겨 강조한다. 좋은 선생 없이 혼자 공부하다 보면 그릇된 생각에 빠질 수도 있다. 그러나 우리는 하나님으로부터 깨달음을 얻을 수 있다. 이때 깨달은 생각들을 기둥으로 삼지 않고 방치한다면 그것은 단지 하나의 정보에 불과하다.

하나님이 주신 깨달음을 생각의 기둥으로 선택해야 한다. 그 생각을 기준으로 생각을 주관화하고, 확장하여 바른 생각의 체계가 완성될 수 있도록 해야 한다. 이것을 통해 생각의 구원을 얻을 수 있다.

____ 영혼의 구원을 믿는 종교

계시종교의 핵심 교리는 영혼 구원이다. 이 말은 자주 '계시종교에 가입하면 죽음 이후에 좋은 환경에서 살 수 있다'는 말처럼 해석된다. 하지만 그렇지 않다. 이는 영혼이나 구원이라는 계시종교의 언어를 잘 이해하지 못했기 때문에 생겨난 오해다.

'계시종교의 핵심 교리는 영혼 구원이다'는 문장을 이해하기 위해서는 먼저 '영혼'과 '구원'이라는 말을 이해해야 한다.

영혼이라는 말에는 세 가지 의미가 담겨 있다. 하나는 인간의 정체성이 인격에 있다는 것이다. 두 번째는 현재 우리가 경험하는 인격마음은 나라고 느껴지지만 진정한 나라고 할 수 없다. 왜냐하면 시시각각 변하기 때문이다. 세 번째는 우리 안에 변함없는 나의 인격진심이 내재되어 있다. 이것이 나의 정체성이다. 그래서 내 안에 담겨 있는 진정한 나를 영혼이라고 부르는 것이다.

구원이라는 말은 두 가지 의미를 담고 있다. 하나는 방향성이다. 현상적인 나를 나 자신이라고 생각하며 사는 삶에서 벗어나, 진정한 나를 나 자신으로 경험할 수 있는 삶으로 변화되어야 한다는 것이다. 구원은 이런 변화가 우리에게 필요하다고 주장한다. 다른 하나

영혼으로 살아가는 인격자, 계시종교

는 방법론이다. 스스로의 힘으로는 이런 변화를 이루어낼 수 없다. 인격이 인격에 의해서 만들어지는 것처럼, 우리 안에 잠들어 있는 인격이 깨어나는 것도 스스로의 결단이나 명상에 의해서가 아니라 하나님이라는 인격체와의 교제를 통해서만 깨어날 수 있다는 것이다. 하나님 사랑의 정서를 통해 나의 진정한 사랑의 감정이 깨어나고, 하나님의 선한 생각을 통해 나의 잠들어 있던 선한 생각이 깨어나며, 하나님의 선과 사랑을 향한 열정을 통해 나의 잠들어 있던 욕망이 깨어난다는 것이 구원에 담겨 있는 의미다. 그래서 영혼 구원을 믿는 것은 내 안에 잠들어 있는 '진정한 나'를 하나님을 통해서 깨어나게 하는 일이며 내가 진정한 내가 되어 살아가는 길이라고 믿는 것이다.

물론 계시종교는 인격적인 세상이라는 내세관이 존재하며, 구원이 그 좋은 세상에서 살아간다는 의미를 포함한다. 하지만 좋은 세상이라는 의미는 진정한 나를 회복한 사람들이 함께 살아가는 세상을 의미하는 것이지 환경적인 것을 의미하는 바가 아니다. 그리고 구원은 죽음 이후에 대한 이야기를 하는 것이 아니라 지금 이 순간 내 안에서 죽어 있던 영혼이 다시 살아나는 것, 내가 현상적인 나로부터 벗어나 진정한 나로 회복되는 것을 의미한다.

계시종교의 실천

____ **경전**

하나님은 인격적인 교제를 통해 잠들어 있는 우리 영혼을 깨우신다. 하나님은 이미 역사 속에서 자신의 뜻을 전하셨고, 이런 일들을 시도하셨다. 그것을 듣고 경험한 사람들은 기록한 것을 '계시'라고 부른다. 계시는 곧 인간에게 전해진 신의 메시지다. 그리고 이 계시가 기록된 책이 경전이다.

경전은 역사 속에 전해진 구원의 메시지, 구원을 시도하신 하나님의 성공과 실패의 기록, 하나님이 앞으로 어떻게 구원을 이루실 것인가에 대한 계획을 담고 있다. 우리는 이 경전을 통해서 하나님이 어떤 분이시며, 어떻게 구원을 이루어가시며, 우리는 어떻게 해야 하는가에 대한 정보를 얻을 수 있다.

명상종교에서는 진리를 찾아가는 통로로 명상이 중요하듯이, 계시종교에서는 계시가 중요하다. 이처럼 무엇을 진리의 통로라고 생각하는가는 그 종교의 정체성이 된다. 그래서 우리는 여러 조직종교를 명상종교와 계시종교로 분류했다.

어떤 사람은 계시종교의 경전을 보며 실망한다. 경전이 삶과 진리에 대한 깨달음의 문장으로 가득하길 바랐는데, 관심 없는 다른 민족의 역사, 동의할 수 없는 삶의 규칙, 과학적 관점에서 수용할 수 없는 기적의 이야기로 채워져 있기 때문이다. 이런 실망을 느낀 사람은 계시종교의 경전이 명상종교의 경전과 같기를 기대했을 것이다.

명상종교는 자신이 명상하며 깨달은 것을 기록하였기 때문에 깨달음의 문장으로 가득하다. 하지만 계시종교의 경전은 수천 년 전의 사람들에게 그들의 언어로 전달한 구원 메시지를 기록한 것이고, 그 시대에 하나님이 시도하셨던 구원 역사를 기록한 것이기 때문에 현시대를 사는 우리에게 너무나 낯선 제사와 규칙, 역사의 기록으로 가득하다. 그러다 보니 그냥 읽어서는 무슨 내용인지 제대로 이해할 수가 없다.

계시종교의 경전을 읽을 때는 다른 문화권의 언어로 쓰여진 글을 번역해서 읽는다는 생각을 가져야 한다. 경전은 수천 년 전의 사람들을 향해 쓰여졌다. 하지만 그 속에는 모든 사람을 향한 구원의 메시지가 담겨 있기에 우리를 위한 기록이기도 하다. 그러니 새로운 언어를 번역해 이해한다는 태도를 가져야 한다. 경전이 기록될 당시의 진리 언어는 제사, 신화, 율법의 언어이다. 우리 시대의 진리 언어는 사실, 논리, 예술의 언어이다. 우리는 그 시대의 언어를 공부함으로써 그 속에 담긴 구원의 메시지를 이해하고 그것을 우리 시대의 언어로 번역하여 기억해야 한다. 이 과정을 통해 경전에 담긴 구원 메시지에 도달할 수 있다.

하나님은 인격적인 교제를 통해 인간의 잠들어 있는 영혼을 일깨우려고 하셨다. 구원의 뜻과 계획을 전하고 구원을 지속적으로 시도하셨다. 어떤 사람은 그 하나님의 뜻에 동참하여 구원을 경험하였고 어떤 사람은 그렇지 못했다. 그 메시지와 구원 역사는 기록되었고 경전이 되었다. 우리 손에 들린 이 경전은 하나님이 설명하는 하나님에 대한 이야기를 담고 있다. 이것은 '계시'라는 단어의 정의다.

계시는 '하나님이 가르쳐주시는 하나님'이라는 뜻이다. 우리는 이 계시를 통해 하나님을 알아갈 수 있다. 과거에 전해진 계시이기 때문에 번역이라는 걸림돌이 존재하지만 이것만 잘 넘어갈 수 있다면 경전을 통해 하나님을 알아갈 수 있다. 그래서 계시종교는 경전을 가장 중요하게 생각한다.

____ 기도

경전은 보물지도와 같다. 보물지도가 보물의 위치와 찾기까지 경로를 알려준다면, 경전은 하나님이 어떤 분이시며 우리가 어떻게 하나님께 도달해 구원을 이룰 수 있는지에 대한 경로를 알려준다. 보물지도를 가지고 있더라도 그 지도가 가르쳐주는 대로 보물을 찾아 떠나지 않으면 아무런 의미가 없는 것처럼 경전을 가지고 있더라도 그 경전이 가르쳐주는 대로 하나님과 구원을 찾아 떠나지 않으면 아무런 의미가 없다.

이때 기도는 보물을 찾아 떠나는 과정과 같이 하나님과 구원을 찾아 떠나는 여정이다. 우리는 경전을 통해 이해한 것을 기도로 적용할 수 있다. 그러니 성경을 이해하지 못한 상태에서의 기도는 계시종교의 관점에서 기도라고 하기 어렵다. 하나님께 소원을 빌거나, 하나님께 자기 생각을 주장하거나, 하나님과 상관없이 혼자 마음 정돈의 시간을 갖는 것은 계시종교에서 이야기하는 기도가 아니다. 기독교의 기도는 구원의 은혜를 믿음으로 영혼의 회복을 경험하는 것이고, 이슬람교의 기도는 위대한 알라 앞에 압도됨으로 신을 따르는 사람이 되는 것이다. 경전에 기록된 구원이 실재화되는 공간이 기도인 것이다.

계시종교의 기도는 세 가지 기본 자세를 요구한다.

첫 번째는 '믿음'이다. 경전에서 이야기하는 하나님이 실재한다는 믿음이 필요하다. 어떤 사람은 하나님을 경험해야 하나님의 존재를 믿을 수 있다고 말한다. 내가 기도의 자리에 앉으면 하나님께서 내가 수용할 수 있는 방법으로 자신을 입증하셔야만 하나님을 믿을 수 있다는 입장이다. 과학적 정보에 대한 것이라면 이 사람의 생각이 맞다. 우리는 이론이 실험으로 입증되기 전에 그 이론을 믿을 수 없다. 그 이론을 믿길 바란다면 명확한 증거를 제시해야 한다. 하지만 기도에서 이야기하는 믿음은 과학적인 믿음이 아니라 관계적인 믿음이다.

우리는 관계를 맺을 때, 그 사람이 좋은 사람이라고 단정할 수 없다. 그 사람이 좋은 사람이라는 것은 관계를 맺어봐야 알 수 있기 때문이다. 영화를 볼 때도 그 영화의 재미여부를 알 수 없다. 남들과 상관없이 내가 그 영화에서 재미를 느끼는지는 영화를 끝까지 봐야 알 수 있다. 관계에서 우리는 더 작은 수준의 믿음을 사용한다. 5분의 예고편과 몇 사람의 추천으로 영화가 재미있을 것이라고 믿고 영화를 본다. 주변 사람의 추천과 첫인상으로 좋은 사람일 것이라는 기대를 가지고 관계를 시작한다. 관계는 믿음에서 믿음에 이르는 여정이다. 처음은 잘 알지 못하는 상태에서 경전의 설명을 믿어보는 기대의 믿음이고, 다음 믿음은 이제 내가 경전에서 이야기한 하나님을 경험으로 확실히 알게 되는 믿음이다. 모든 관계가 그런 것처럼 첫 번째 믿음이 있을 때, 두 번째 믿음에 도달할 수 있다. 기도를 위해서는 경전에서 설명한 하나님이 있다고 믿는 기대의 믿음이 필요하다.

두 번째는 '예의'다. 기도는 대화이고 신앙은 관계이다. 대화와 관계에서 가장 중요한 것은 상대에 대한 예의를 갖추는 것이다. 경전이 이야기하는 하나님이 존재한다면 그분은 선하고 따뜻하며 위대하고 우리를 구원하는 존재다. 우리가 이것을 믿는다면 거기에 맞는 예의를 갖추어야 한다.

하나님이 나를 사랑하시는 것을 믿는다면 정직이 예의다. 진심을 나누지 않는 것은 사랑의 관계에서 가장 큰 무례이다. 그러니 정직하게 기도해야 한다. 선하다는 것을 믿는다면 경청이 예의다. 나의 뜻을 주장하기보다 그분의 뜻을 듣고 배우고자 해야 한다. 위대하다는 것을 믿는다면 순종이 예의다. 내가 주도권을 가지고 끌고 가는 것이 아니라 그분의 주도권을 인정하고 따라가려는 것이 필요하다. 내가 진심없이 말하고, 내 뜻을 주장하며 설득하려고 하고, 내가 주도권을 가지고 하나님을 끌고 가려는 태도로는 계시종교가 말하는 구원의 결과에 도달할 수 없다.

영혼으로 살아가는 인격자, 계시종교

하나님이 어떤 존재라는 것을 믿고 거기에 걸맞는 예의를 갖출 때 바른 기도가 시작될 수 있고, 이 기도를 통해 구원에 이르게 된다.

세 번째는 '영혼의 경청'이다. 기도는 대화이다. 내가 말을 했으면 이제 하나님께서 나에게 하시는 이야기에 귀를 기울여야 한다. 이 경청의 자세가 기도에 필요한 세 번째 자세다. 어떤 사람들은 응답을 기대하다가 성급하게 실망한다. 하나님께 기도했지만 응답이 들리지 않아서 허공에 이야기를 한 것 같고, 그러다 보니 하나님이 계시지 않거나 나에게 찾아오지 않으신 것 같다고 생각한다. 이 사람에게는 기대와 인내가 필요하다. 내가 좋은 사람을 만나더라도 그와 대화 방식이 다르면 긴 시간 동안 대화가 이루어지지 않는 것을 경험할 때가 있다. 그 순간 내가 하는 말에 대한 제대로 된 응답이 돌아오지 않는다고 생각된다. 대화의 방식이 다르기 때문에 나타나는 문제이다. 이때 대화를 포기하면 더 이상 관계의 진전을 이룰 수 없다. 하지만 계속 대화를 시도하다 보면 어느 시점에 서로에게 적합한 대화법을 찾게 된다. 그러니 응답이 오지 않는다고 성급하게 싫어하지 말고 지속적으로 귀를 기울이는 경청을 연습해야 한다.

이때 경청은 영혼의 경청이어야 한다. 어떤 사람이 항상 더 좋은 환경이나 생활을 위한 지혜를 구하는 기도에 머물러 있다면 그래서 당장 자신이 원하는 것에 도움이 되는 어떤 응답만을 바라고 있다면 그 사람은 아마 응답을 받지 못하고 실망하게 될 것이다. 우리의 경청은 삶을 위해 필요한 것을 귀로 듣는 경청이라기보다는 구원을 위해 필요한 것을 영혼으로 듣는 경청이다. 기도의 응답은 귀와 머리로 들으려고 하기보다 영혼으로 들으려고 해야 한다. 이 기도를 통해 나의 영혼이 얼마나 살아나고 있는가에 집중해야 한다. 나의 감정과 욕망과 생각이 기도를 통해 어떻게 변화되고 있는지에 집중한다면 우리가 드리는 대부분의 기도는 응답될 것이다. 기도를 통해 영혼이 다시 살아나고 있음을 알 수 있다.

경전은 보물지도와 같고 기도는 그 지도로 보물을 찾아가는 과정이다. 경전은 하나님과 구원에 대해서 알려주는 것이고, 기도는 그 하나님과 구원을 경험하는 일이다. 우리가 믿음과 예의, 영혼의 경청이라는 세 가지 기본 자세를 가지고 경전에 따라 기도할 때 이 구원을 경험하게 된다.

____ 미숙에서 성숙으로

우리는 한순간 성숙의 지점에 도달할 수 없다. 미숙의 과정을 지나 어느 시점에 성숙에 도달하는 것이다. 하지만 과정으로서의 미숙함이 아니라 어느 지점에 정체되어 있는 미숙함이라면 그 틀을 깨고 거기서부터 걸어 나오려는 결정이 필요하다.

아주 많이 미숙한 사람은 계시종교적 관점을 이해하지 못한 상태에서 하나님이 있다라는 정보만 받아들인다. 이렇게 되면 자신이 기존에 가지고 있었던 생각과 삶에 하나님이라는 콘텐츠를 추가하는

영혼으로 살아가는 인격자, 계시종교

태도를 갖게 된다. 그 사람은 하나님을 내 존재와 삶을 변화시키는 분이라고 생각하지 않는다. 단지 기존의 내 존재와 삶에서 추구하는 바를 이루어주는 존재로 여긴다.

더 좋은 환경을 원하는 사람은 하나님께 그 환경을 달라고 한다. 보람 있게 살고 싶은 사람은 재능 계발과 재능에 맞는 기회를 달라고 한다. 세상에 분노하고 있는 사람은 세상을 바꿔 달라고 하고, 이타심이 많은 사람은 어려운 사람을 도와달라고 한다. 외로운 사람은 좋은 인연을 달라고 하고, 만족스러운 삶을 사는 사람은 지금 모든 것이 잘되고 있으니 필요한 것이 생기면 연락하겠다고 한다. 하나님을 자기 삶을 위한 자판기 정도로 생각하는 사람은 소원이 이루어지지 않으면 하나님이 없다고 생각하거나, 하나님이 자신에게 관심을 두지 않는다는 결론에 도달한다.

이것은 가장 낮은 수준의 계시종교적 관점으로, 신앙을 통해 어떤 근본적인 변화도 일어나지 않는 수준이다. 이 수준을 빨리 지나갈 필요가 있다. 하나님이 존재한다면 그분은 내가 시키는 대로 이런 저런 것을 하는 존재가 아니다. 다른 접근이 필요하다는 것을 깨달아야 한다.

또 많이 미숙한 사람은 계시종교를 철학적으로 이해한다. 계시종교의 경전을 명상종교의 관점으로 해석한다. 이 경전이 어떤 세계관을 담고 있고 제시하는 삶의 기준을 이해하고 그 관점과 기준에 따라 살아가는 것이 신앙생활이라고 생각한다.

메시지를 기준으로 자신의 삶을 해석하고 그것에 따라 살아가고자 한다는 점에서 하나님을 자기 기준으로 활용하는 수준보다 성숙했다고 할 수 있다. 하지만 살아 있는 하나님을 통한 자기 변화가 없다는 점에서 여전히 미숙하다고 할 수 있다. 이 사람에게는 자문이 필요하다. 내가 설명하는 일들이 실재 나의 내면에서도 벌어지고 있는지, 아니면 이론을 이해하고 지켜야 할 규칙을 실천하고 있는지 말이다. 이러한 질문에 제대로 대답할 수 없다면 하나님의 임재를 통한 영혼의 회복이 실제 내 안에서 일어나길 추구해야 한다.

미숙한 사람은 하나님 사랑을 통한 영혼의 회복을 경험하고 그것을 진정한 자아로 인식했다. 하지만 그 회복의 경험이 삶에 반복적으로 일어나면서, 영혼이 완전한 정체성의 자리를 차지하지 못한다. 현상적인 자아와 진정한 자아가 동시적으로 자기 자신이라고 인식되기 때문에 때로는 현상적인 자아로 살아가고, 때로는 진정한 자아로 살아간다. 그러다 보니 내면이 혼란스러울 때가 많고, 삶에 있어 일관성이 깨어질 때가 많다.

이것은 자연스러운 성장의 과정이나, 간혹 어떤 사람은 여기에 너무 길게 머무른다. 이 혼란의 상태가 일상적인 상태인 것처럼 여겨지는 것이다. 하지만 그 혼란을 빨리 지나가야 한다. 좋은 과도기가 될 것이다. 진정한 자아가 잠들지 않도록 지키는 연습에 집중한다면 이 과정을 무사히 지날 것이다. 하나님과 교감하는 시간을 늘리고, 진정한 자아가 선택하는 대로 행동하는 영역이 늘어날 때 진정한 자

영혼으로 살아가는 인격자, 계시종교

아가 일상적인 나로 자리 잡는 시점이 찾아올 것이다.

누구나 미숙의 과정을 지나 성숙에 도달한다. 만약 내가 현재 미숙하다면, 자신의 위치를 깨닫고 성숙에 이르기를 연습해야 한다.

_____ 영혼으로 살아가는 인격자

현 시대에 명상종교가 무관심의 대상이라면 계시종교는 조롱의 대상이다. 하나님을 믿는다고 하면 동화를 현실로 믿는 유아적인 사람으로 치부한다. 기독교와 이슬람교는 자주 배타적인 태도로 인류에 해를 끼치는 종교라고 평가된다. 이런 종교를 믿는 사람은 세상에 해를 끼치는 어리석은 사람이라고 생각한다. 그래서 많은 사람들이 조롱의 마음으로 계시종교를 바라본다. 이런 분위기 속에서 계시종교를 믿는 것은 위축되는 일이다. 만약 계시종교를 믿는다면 이런 평가에 흔들리지 않기 위해 스스로의 믿음을 깊이 이해하고 자부심을 갖을 필요가 있다.

계시종교는 모든 인간에게는 영혼이 있으며, 현재 영혼이 잠들어 있다고 믿는다. 그래서 진정한 모습인 영혼을 자신으로 경험하지 못하고 시시각각 변하는 마음을 자신으로 경험하게 되는데, 이것이 존재의 불안과 변질의 근원이라고 생각한다. 계시종교는 이 문제를 해결할 수 있는 분이 전적으로 하나님 한 분이라고 믿는다. 인격이 인격을 만드는 것처럼 하나님이 그분의 영이 잠들어 있는 우리의 영혼을 깨우고 자기 자신의 영혼을 경험하게 할 수 있다고 믿는다. 그로 인해 마음을 정체성으로 삼아 환경에 떠밀려가며 존재의 가벼움으로 인해 불안을 느끼던 것을 멈추고, 영혼을 정체성으로 삼아 무엇에도 흔들리지 않는 진정한 나 자신을 찾게 되는 자유를 경험하게 될 것이다.

계시종교는 영혼의 본 모습을 진리와 사랑이라고 말한다. 우리 영혼은 선을 추구하고 세상을 사랑한다. 진리를 사랑하고, 나를 사랑하고, 사람을 사랑하고, 하나님을 사랑하는 것이 영혼의 모습이다. 그래서 영혼으로 살아가는 사람은 바르다. 따뜻하다. 당위에 억압받지 않기 때문에 자유롭다. 선을 사랑하기에 자발적인 진심으로 선을 행한다. 관계에 매이지 않으며 타인에게 인정받고 사랑받는 것에 자기 존재를 의탁하는 나약함에서 벗어나 있다. 환경에 흔들리지 않으나 환경에 마음을 쓰는 이유는 그것으로부터 만족을 얻기 위함이다. 그런데 사랑으로 가득한 내면을 가진 사람은 이미 만족의 상태이다. 이런 사람들이 많아지면 그 사람들을 통해 자연스럽게 세상은 더 좋은 곳이 된다.

계시종교는 '영혼으로 살아가는 인격자'가 되는 것을 추구한다. 그러니 신앙인은 계시종교를 무지하고 해로운 것이라고 생각하는 시선에 위축되기보다 이 추구에 대한 자부심을 가지고 자기 변화의 길을 가야 한다.

계시종교에 대한 비판과 반박

____ 억압하는 권력이라는 비판

시민의 권리와 개인의 자유라는 측면에서 본다면 계시종교는 왕정과 함께 사라졌어야 하는 종교이다. 계시종교는 적극적으로 권력자의 편에 서서 그의 권력을 정당화시키는 프로파간다였다. 기독교는 왕권 신수설을 통해서 왕의 권력이 하나님으로부터 온 것이라고 가르쳤다. 왕에게 신적 권위를 부여하고 왕에게 저항하는 것은 신에게 저항하는 일이라고 가르쳤다. 이는 왕에게 너무나 매력적인 가르침이었다. 계시종교는 자주 이렇게 권력을 합리화시키는 프로파간다로 전락했다.

한걸음 더 나아가 계시종교 스스로 권력이 되기도 했다. 중세의 유럽이나 현대 이슬람 사회에서는 종교가 권력을 쟁취했다. 종교 자체가 권력을 쟁취하면, 그 종교 집단에 의한 통치가 곧 신의 통치인 것처럼 합리화됐다. 이 통치 권력에 저항하는 것은 곧 신에게 저항하는 일이다. 이 통치 권력의 문제를 지적하는 것은 신에게 문제를 지적하는 것이다. 이 권력은 무한대의 정당성을 갖고, 모든 결정은 신의 결정처럼 옳은 것이 된다. 이는 권력이 타락할 수 있는 완벽한 조건이다. 종교가 누구로부터도 견제받을 수 없는 권력이 되는 순간이다. 이것은 개인의 자유와 시민의 권리 측면에서 본다면 비극이 아닐 수 없다. 어떤 시민 권리도 인정될 수 없고, 단지 지배자에게 복종해야 하는 의무만 존재한다. 여기에 저항하는 것은 신에 대한 반역이기 때문에 권력자는 이런 세력을 폭력적인 방식으로 처단하더라도 거기에 대한 비판을 받지 않는다.

계시종교는 반복적으로 이렇게 권력을 강화하거나, 스스로 권력이 되어 대중을 억압하는 위치에 서 있었다. 이것은 비단 과거만의 문제가 아닌, 현재도 반복적으로 일어나고 있는 문제다. 이슬람 사회가 종교에 의해서 권력이 장악당한 사회라는 것을 기억해야 한다. 미국에서도 기독교 세력이 공공연히 정치에 영향력을 미치며 자신들이 믿는 신념을 통해 정치력을 구현하고자 시도한다. 꽤 자주 그것이 성공하고 있다는 점을 유념해야 한다. 이때 계시종교는 권력을 통해 개인을 억압함으로 자신의 뜻을 관철시키고자 하는 폭력적 정치 집단이 된다.

그들은 자신들이 신의 뜻을 가지고 있고, 그것을 세상에 관철시킴으로 세상을 신의 나라로 만들어야 한다는 신념에 사로잡혀 있다. 또 신의 나라를 사람들에게 빼앗겼다고 생각하고, 그 나라를 다시 빼앗아 신에게 돌려줘야 한다고 주장한다. 그래서 세속 사회에 무관심한 명상종교와 달리 사회에 깊은 관심이 있고, 사회를 종교 사회로 개조하고자 하는 야망을 가지고 있다. 자주 권력을 장악함으로 자신이 옳다고 믿는 신의 가치관을 권력을 통해 사회에 구현하려고 한다. 그것이 신의 뜻이라고 확신하기 때문에 그 반대편에 있는 사람들을 악으로 규정하며 폭력과 억압의 방식으로 그들을 대한다. 반대편에 있는 사람들을 자신의 뜻과 다르지만 존중해야 하는 사회의 일원으로 생각하기보다, 선을 방해하는 악이라 여겨 처단하거나 개

영혼으로 살아가는 인격자, 계시종교

조해야 하는 열등한 인간이라고 규정한다. 그러니 이런 정치 세력으로서의 계시종교는 인종 차별이나 계급 사회처럼 인류의 진보를 방해하며 완전히 해체되어 역사 속으로 사라져야 한다.

____ 동화적 상상력이라는 비판

계시종교는 수많은 기적에 대해서 이야기한다. 하나님이 7일 동안 세상을 창조했다. 사람을 진흙으로 직접 빚어서 만들었다. 하나님이 하늘에서 곡식과 고기를 비처럼 내려서 수백만 명의 사람들이 40년 동안 먹었다. 하나님께서는 바다를 가르고, 성을 무너트리고, 죽은 사람을 살리고, 구름을 타고 하늘로 올라가는 기적을 일으키셨다. 하지만 그 수많은 기적 중에 어떤 것도 오늘날 다시 일어나지 않는다. 하지만 이 책에 그런 기적이 적혀 있으니 내가 직접 그 기적을 본 사람처럼 기적이 증거하는 바를 믿으면 된다. 이것이 계시종교가 주장하는 바이다. 어떤 문제가 있는지 설명하는 것이 민망할 정도로 이 주장은 보잘 것없다. 계시종교가 이야기하는 내용을 구체적으로 보면 당황스러울 정도로 허무맹랑하다.

그러면서 이 허무맹랑한 이야기를 근거로 과학적 사실을 비판한다. 다윈이 틀렸다고 하고, 스티븐 호킹이 틀렸다고 한다. 같은 방식으로 갈릴레오 갈릴레이를 법정에 세우고 성경에 나와 있으니 천동설이 맞다고 주장하다가 그것이 틀렸다는 것이 들키자 슬그머니 꼬리를 내렸으면서 여전히 당당하게 성경을 보면 다윈과 호킹이 틀렸다는 것을 알 수 있다고 주장한다. 그중 어떤 극단적인 사람들은 지금도 지구가 평평하고 무한한 우주는 존재하지 않는다고 주장한다. 왜냐하면 성경에 그렇게 적혀 있기 때문이라고 말한다. 계시종교는 하나님이라고 하는 절대적인 권위자를 상정하기 때문에 자신들의 경전에 적혀 있는 이야기가 절대적으로 맞다고 믿는다. 그래서 그 경전의 오류를 받아들이지 못한다. 사실과 경전이 충돌할 때조차 사실을 외면하고 경전이 맞다고 주장한다. 우리는 이 장면을 통해 계시종교가 사람들을 얼마나 무지하게 만드는지를 본다. 계시종교가 어떻게 인류에게 해를 끼치며 왜 사라져야 하는지 알 수 있다.

____ 결과론적 비판

계시종교는 자신이 주장하는 바를 이천 년 동안 현실로 구현하지 못했다. 계시종교의 이론에 따르면 예배의 고백을 가진 사람들은 하나님과 교제함으로 지속적인 자기 변화 속에 머물러야 한다. 현상적인 자아로 살아가는 사람은 불안에서 벗어나 영혼의 만족 속에 살아가야 한다. 이 사람들이 진정한 자아를 회복하여 의와 사랑의 세상을 만들어야 한다. 이들의 이론은 그렇지만 실제가 되지 못했다. 이들에게 기회가 없었던 것이 아니다.

이슬람은 완벽에 가까운 개종과 사회 권력의 장악으로 이슬람 사회를 만들었다. 하지만 그곳은 개인이 성숙하고, 신의 뜻이 구현되는 이상적인 나라가 아니다. 특정한 종교 예식에 참여하고, 굳이 필요한지조차 이해할 수 없는 도덕적 기준을 실천하는 사람들이 있을 뿐이다.

영혼으로 살아가는 인격자, 계시종교

기독교도 개인의 삶과 지역 사회에 완전한 주도권을 가지고 일정한 공동체를 구현했다. 하지만 그 사회가 진리와 사랑이 살아 숨쉬는 하나님의 나라가 되지는 않았다. 일천 년이 넘는 기회를 가지고도 그들이 주장하는 이상적인 결과를 만들지 못했다. 아니 거의 이루어졌다고 볼 만큼의 의미 있는 성과도 없었다. 그들이 역사에 새겨 놓은 기록은 대량 학살과 의미 없는 전쟁, 폭력적인 통치다. 그들이 이야기하는 만큼 이상적인 종교였다면 역사 속에 이보다는 의미 있는 기록이 새겨져야 하지 않을까? 성경에 '열매로 알리라'는 말씀이 있다. 사과가 맺히면 사과나무다. 아무런 열매도 맺히지 않고, 푸르른 잎새도 싹트지 않는다면 죽은 나무에 불과하다. 계시종교는 자신들의 열매 없음으로 자신이 죽은 나무라는 것을 스스로 입증했다.

계시종교를 보면 벌거벗은 임금님이라는 동화를 보는 것 같다. 모두가 그 옷이 보인다고 이야기하고, 그 옷에 대해서 이야기하지만 사실 누구의 눈에도 옷은 보이지 않는다. 애초에 거기에 옷이 없었기 때문이다. 하지만 모두가 옷에 대해서 이야기하고 있으니 옷이 있다고 생각했다. 계시종교가 이와 같다. 모두가 하나님을 만난 것처럼 이야기하고 하나님에 대해서 이야기하지만 사실 누구도 하나님을 만나지 못한 것이 확실하다. 그들의 변화 없음이 이를 증명한다. 하지만 그들의 잘못이 아니다. 애초에 거기에 하나님이 없었기 때문이다. 단지 모두가 하나님에 대해서 이야기하니 하나님이 있다고 생각했을 뿐이다.

_____ **계시종교의 반박**

계시종교는 억압하는 권력이라는 비판에 대해 영역 오류라고 반박한다. 종교가 가진 종교의 의미를 이해하지 않고 이 종교가 당시 정치 권력에 의해서 사용되고, 혹은 정치 지도자가 된 종교 지도자들이 얼마나 잘못된 권력을 행사했는가로 종교 자체를 비판할 수 없다고 반박한다. 민주주의 세계에서도 악한 지도자들이 등장하여 잘못된 권력을 행사할 때가 있다. 하지만 누구도 이것으로 민주주의 자체를 비판하지 않는다.

어떤 과학자들은 지나치게 강력한 무기를 개발하여 지구가 멸망할 수 있는 가능성을 만들었다. 하지만 누구도 이것으로 과학 발전 자체를 비판하지 않는다. 같은 기준으로 어떤 왕이나 종교 지도자가 잘못된 방식으로 종교를 활용하여 자신의 권력을 강화하거나 권력에 활용했다는 것으로 계시종교 자체를 비판할 수 없다. 이것은 특정한 외부 관점에서 전체를 규정하는 영역 오류임을 기억하고 이런 시도를 멈춰야 한다.

계시종교는 허무맹랑한 이야기를 믿는 종교라는 비판에 반박한다. 계시는 우리를 위해 쓰여졌지만 우리를 향해 쓰여진 것이 아니다. 계시의 메시지는 고대인들에게 전달되었기 때문에 당연히 그 시대의 언어 속에 갇혀 있다. 우리는 그 시대의 언어 속에 담긴 있는 메시지를 듣는 것이지 그 시대의 언어를 그대로 수용하는 것이 아니다. 수천 년 전 사람들에게 계시가 신화의 언어와 제사의 언어로 전

영혼으로 살아가는 인격자, 계시종교

달되었지만 우리가 그것을 동일한 언어로 받아들이지는 않는다. 그런데 그 언어가 현대적 기준에 맞지 않는다고 해서 그 내용이 허무맹랑하다고 주장하는 것은 대상을 제대로 파악하지 못한 상태에서 발생한 오해이다.

만약 이런 언어적인 문제를 이해했음에도 비판하는 것이라면 이것은 일종의 문화 우월주의에서 나오는 발상이다. 이 비판의 핵심은 사실과 논리의 언어는 세련되고 올바른 진리 언어이고, 제사와 신화의 언어는 낡고 쓸모 없는 언어라는 우월감에서 나오는 것이다. 하지만 정말 그럴까? 인격적인 진리가 있다면 그것을 담아내는데 제사와 신화의 언어가 더 적절할까, 아니면 사실과 논리의 언어가 더 적절할까? 사실과 논리의 언어는 인격을 담는 적절한 언어가 아니다. 그럼에도 불구하고 인격적 진리가 사실과 논리의 언어로 표현되지 않았기 때문에 그 언어에 익숙한 자신이 읽으면서 무슨 내용인지 제대로 이해할 수 없다는 이유로 이것이 의미 없고 수준 낮은 내용이라고 치부하는 것은 문화 우월주의에 지나지 않는다. 이것이 19세기에 유럽인들이 동양인을 보면서 가졌던 태도와 무엇이 다른가? 현대인의 언어가 고대인의 언어보다 발전되고 우월한 언어라는 것은 착각이다.

계시종교는 결과론의 비판에 반박한다. 아무리 완벽한 전술이라고 해도 운동장에서 그것을 실행하는 선수가 전술대로 정확히 움직이지 못하면 실패할 수 있다. 하지만 그것은 그 선수의 실패이지 그

전술의 실패가 아니다. 결과론으로 모든 것을 판단하는 것은 이 둘 사이의 차이를 이해하지 못하는 것이다. 이렇게 현상적으로 판단하려면 자유, 평등, 박애를 제대로 구현해본 적이 없는 민주주의도 폐기되어야 한다.

또한 계시종교가 결과를 내지 못했다는 주장 자체에도 동의하지 않는다. 미숙과 성숙 사이에 많은 진보들이 이루어졌다. 지금도 많은 사람들이 이 종교 안에서 영혼의 회복을 경험하고 이전과 다른 삶을 살고 있다. 역사적으로도 많은 사람들이 이 종교 안에서 진정한 자아를 찾아 존경스러운 삶을 살아갔다. 이곳에 하나님 나라를 세웠다고 자축할 만한 변화는 아니지만, 열매가 없으니 우리가 믿는 것이 틀렸다고 할 만큼 초라한 결과는 아니다. 아무런 결과도 없다고 주장하는 근거가 무엇인지 묻고 싶다. 어떤 사실, 자료, 근거를 가지고 그런 주장을 펼치는 것인가? 근거를 알아보기 위해 시도는 했는가? 이런 기본적인 사실 관계를 파악하는 과정도 없이 누군가를 비판하는 것은 그 자체로 악한 것이다.

____ 신 존재에 대한 증명

계시종교에 대해 신에 대한 증거를 내놓지 못한다는 비판이 있다. 하나님이 있다는 것을 하나님 스스로 증명하면 모든 사람들이 하나님을 받아들일 것이다. 모든 사람이 하나님을 받아들이길 바라면서 스스로 증명하는 방법이 아니라 믿음이라는 방법을 선택한다는 것 자체가 납득되지 않는다. 하나님이 있다라는 증거가 제시되지 않는 것이 신이 없다는 증거이다. 이것이 신 존재 증명이 이루어지지 않았기 때문에 계시종교가 틀렸다는 비판이다. 여기에 대한 계시종교의 반박을 살펴보자.

인격은 물리적인 원리나 도덕적인 원리로 만들어지지 않기 때문에 인격체를 만든 최초의 인격이 존재한다는 것이 신 존재 증명의 핵심이다. 그러나 어떤 사람은 별도의 신 존재 증명이 필요하다고 생각한다. 그들은 합리적 주장이나 기적적인 사건이나 신비 체험 같은 증거로 신 존재가 증명되어야 한다고 말한다. 그런 주장이나 증거가 미약하기 때문에 신 존재를 받아들일 수 없다고 주장한다. 이 사람은 신 존재 증명의 핵심을 이해하지 못하고 있는 것이다. 계시종교는 신이라는 개념을 상정하고 거기에 대한 증거를 찾아다니는 것이 아니라 인격이라는 사실을 신이 존재하는 증거로 규정하면서 시작된 것이다. 인격을 인간의 정체성이라고 정의할 때, 어떻게 인격이 형성되었을까에 대한 대답을 찾는 과정에서 가장 합리적인 대안으로 신 존재를 추론하게 된 것이다. 그러니 신 존재 증명을 요청하는 사람은 어떤 논의가 이루어지고 있는지 흐름을 파악하지 못하고 있는 것이다.

신 존재의 가장 큰 증거는 인격이다. 계시종교는 인격이라는 증거에 대해서 고찰하는 과정에서 신 존재를 요청하게 된 것이지, 신 존재라는 가설을 세워 놓고 증거를 찾지 않았다. 신 존재는 인간의 정체성을 인격으로 이해할 때 자연스럽게 도달하게 되는 논리적 결과이다. 많은 사람이 인간의 정체성을 인격으로 이해하고, 영혼의 존재를 믿으면서 신 존재에 대해 부정하는 것은 의아한 일이다.

또한 그들이 증거라고 생각하는 것이 증거가 될 수 없다는 것을 스스로 인식할 필요가 있다. 하나님이 존재한다면 그는 '현상적으로 존재하지 않는 실체'이다. 현상적으로 존재하지 않는 실체가 현상적인 방식으로 자기 존재를 입증할 수 없다. 그러므로 어떤 현상적인 방식도 현상적으로 존재하지 않는 실체에 대한 증거가 될 수 없다. 우리는 악마가 천사의 모습으로 나타난다고 해도 그것을 분별할 수 없다. 그것은 그의 본체가 아니기 때문에 어떤 객관적인 증거도 확보할 수 없다. 내가 어떤 기적이나, 신비한 체험을 한다고 하더라도 그것이 하나님의 존재를 증명하지 않는다.

하나님을 보면 하나님의 존재가 확실해지는 것인가? 그렇지 않다. 감각으로 대상을 파악하려면 대상이 '고정되고 제한된 물리적 실체'를 가지고 있어야 한다. 내가 파란색 카멜레온을 봤다. 카멜레온의 색은 고정된 실체가 아니다. 그러니 내가 봤다고 해도 카멜레온은 파란색이라고 말할 수 없다. 대상이 고정된 실체가 아니기 때문이다. 하나님은 물리적 실체가 없는 존재이다. 감각할 수 있는 대상이 아니다. 감각한다고 해도 그것은 본체가 아니다.

하나님이 보였다고 해도 그것은 가상의 이미지이지 하나님의 실체가 아니다. 그래서 그것으로 어떤 정보도 얻을 수 없다. 내가 무엇을 보고 듣고 느낀다고 하더라도 그것은 내 감각을 조작할 수 있는 영적 실체가 존재한다는 증거가 될 수는 있겠지만 선하고 사랑하며 인격적인 하나님이 존재한다는 증거는 될 수 없다. 그런 증거를 통해 하나님이 증명되어야 한다는 주장은 합리적이지도 논리적이지도 않다. 누군가 하나님이 있다고 하는 논리적 주장을 펼친다고 하더라도 그 역시 하나님이 존재한다는 증거가 될 수 없다. 하나님은 증명되기보다 발견되어야 하는 대상이다.

현상적으로 존재하지 않는 실체가 현상적인 증거로 증명되어야 한다는 비논리적인 발상이 등장한 이유는 인식론의 한계 때문이다. 어떤 영화에서 해적이 산적에게 고래에 대해서 설명하는 장면이 나온다. 고래의 눈은 열 사람이 둘러앉은 것보다 더 크고, 물속에서 숨을 쉬지 못해서 물 밖으로 숨을 쉬러 나오고, 등에 코가 있어서 엄청난 물줄기를 하늘로 뿜어내고, 수염으로 먹이를 먹고, 큰 고래는 30미터가 넘는다고 설명한다. 하지만 산적들은 아무도 그 말을 믿지 않는다. 그 설명이 그들의 개념과 상상을 뛰어넘기 때문이다. 영혼이 잠들어 있는 인간에게 하나님을 설명하는 것은 산적에게 고래를 설명하는 것보다 더 어렵다. 기존 인식의 한계를 넘어서는 대상이기 때문이다.

사람은 자신의 경험을 기반으로 상상할 수 있는 한계를 지녔다. 사람은 그 한계선을 넘는 정보를 잘 수용하지 못한다. 인식론의 한계를 넘어서는 정보를 받아들일 때 이해되지 않는다. 이해되지 않는 것을 이해하려고 하다 보면 대상을 단순화하게 된다. 단순화하면 대상은 왜곡된다. 왜곡된 대상을 바라보면 그것이 잘못되었다고 판단된다. 이것이 인식론의 한계에서 벌어지는 일이다.

'실체가 없는 존재'는 인식론의 한계를 넘어선다. 그러니 이것을 자신이 받아들일 수 있는 대상으로 단순화하려고 한다. 실체가 없는 대상을 실체화하여 인식하려고 한다. 그래야 자신이 인식할 수 있기 때문이다. 영혼은 반투명의 사람으로, 하나님은 하얀 수염의 할아버지로, 천국은 황금색 인테리어의 도시로 실체화한다. 실체가 없는 존재를 실체화하니, 존재하지 않는 실체가 된다. 이 두 가지는 전혀 다른 것이다. 실체가 없는 존재는 3차원 세계에 속하지 않지만 존재하는 것을 의미하고, 존재가 없는 실체는 존재하지 않은 것을 상상한 것을 의미한다. 단순화로 인해 대상의 본질이 왜곡되었다. 하지만 이 사람은 자신이 대상을 왜곡시켰다는 것은 생각하지 않고, 그런 유치한 것을 나보고 믿으라는 것이냐며 비웃는다. 마치 하나님을 믿는 것이 산타클로스를 믿는 것처럼 유치한 일이라고 받아들인다. 하지만 그것을 그렇게 유치하게 만든 것은 자기 자신이다. 그 사람의 인식론의 한계, 자기 한계를 인식하지 못하고 단순화를 실행히면서 실체 없는 존재를 존재하지 않는 실체로 만드는 어이없는 비약을 한 것은 자신이다. 이렇게 나의 인식론 안에서 하나님을 이해하려는 시도를 포기해야 한다. 내 인식론의 영역을 넓혀야 한다.

　단순화는 대상을 실체화하는 방향으로만 이루어지지 않는다. 또 다른 단순화는 대상을 개념화함으로 이루어진다. 하나님은 인격적인 존재이다. 하나의 개념이나 가치관이 아니다. 하지만 우리는 사물에 실체가 있고, 개념에 실체가 없다는 이분법에 익숙하다. 그래서 '실체가 없는 존재'에 대해서 이야기하면서 실체화를 비판하고

259
영혼으로 살아가는 인격자, 계시종교

반대로 개념화한다. 하나님을 하나의 개념이나 가치관으로 단순화시켜서 받아들인다. 그렇게 되면 이 가치관은 핵심 원리가 빠진 가치관이 된다. 변화는 하나님과의 인격적인 만남을 통해서 이루어져야 하고 그것을 구원이라고 하는데, 하나님을 비인격화시키고 개념의 언어로 단순화시켰기 때문에 핵심 원리가 빠진 막연한 도덕적 가치관이 되어 버린다. 이 사람은 자신이 기독교를 믿고 있다고 착각하지만 기독교적 철학을 믿고 있는 것뿐이다. 이렇게 나의 인식론 안에서 하나님을 이해하려는 시도를 포기해야 한다. 내 인식론 자체를 넓혀야 한다.

인식론의 영역을 넓혀야 한다. 영혼, 하나님, 천국은 존재하지만 실체가 없다. 3차원적인 존재가 아니기 때문에 3차원적 실체가 없다. 하지만 어떤 개념이나 원리가 아닌 존재이다. 우리는 이 낯선 개념을 받아들이려고 해야 한다. 이것을 사고의 한 영역으로 설정하여 받아들여야 한다. 낯설지만 자연스러운 일이다. 영원한 세계에 대한 개념이 낯선 것은 지극히 자연스러운 일 아닌가? 사고의 영역을 확장해야 한다. 그래야 하나님을 현상적인 방법으로 입증해야 믿을 수 있다고 하는 신 존재 증명에 대한 강박에서 벗어날 수 있다.

기독교

____ 이야기의 언어

기독교는 진리의 언어로 이야기의 언어를 사용한다. 진리가 원리라면 논리의 언어가 진리의 언어로 더 적합하다. 하지만 진리가 인격이라면 이야기의 언어가 진리의 언어로 더 적합하다. 성경은 창조 이후 지금까지 어떤 일들이 벌어져 왔는지 우리에게 이야기해준다. 이 이야기 속에 하나님은 어떤 분이신지, 왜 우리 영혼이 잠들게 되었는지, 어떻게 하면 잠든 영혼이 깨어날 수 있는지, 깨어난 우리는 어떤 삶을 살게 되는지에 대한 메시지가 담겨 있다.

우리는 이러한 방식에 익숙하지 않다. 우리에게 이야기는 듣고 느낀 점을 이야기하면 되는 동화다. 저자의 의도보다 내가 느낀 점이 중요하다. 그래서 우리는 성경 이야기에 이런 방식으로 접근한다. 이야기를 듣고 내가 느낀 점을 이야기한다. 죄 이야기를 듣고 마음에 안 드는 것, 십자가 이야기를 듣고 감동받은 것, 지옥 이야기를 듣고 실망한 것을 이야기한다. 우리가 이야기를 듣는 방식으로 성경 이야기를 다루는 것이다. 하지만 이런 태도로는 성경 이야기에 담긴 메시지에 접근할 수 없다.

성경의 메시지를 듣기 위해서는 우리에게 익숙한 방식이 아닌 수천 년 전 사람들의 방식으로 이야기를 다루어야 한다. 그래야만 그 속에 담긴 구원의 메시지를 발견할 수 있다.

이제부터는 이야기 속에서 메시지를 찾는 번역의 작업을 해보려한다. 이야기에 대한 느낌을 생각하기보다, 그 이야기에 담긴 메시지에 함께 귀를 기울여 보자.

___ 창조

기독교는 하나님이 세상을 창조하셨다는 이야기로 시작한다. 이 이야기는 삼천오백 년 전 이스라엘 사람들을 향해 쓰여졌다. 그렇기 때문에 지금 내 입장에서 창조의 이야기를 들으면 오해할 수밖에 없다. 우리가 그 이스라엘 사람의 입장에서 이것을 들어야 이 이야기에 담긴 메시지를 이해할 수 있다.

창조의 장면을 보면 고대인의 우주관을 존중하면서 쓰여졌다는 것을 알 수 있다. 고대인들은 지구를 평평한 하나의 대륙과 그 주변을 둘러싼 바다, 그 땅과 바다를 반원의 하늘이 덮고 있다고 생각했다. 우주라는 것이 존재하는지 알지 못했고, 해와 달과 별은 그 반원의 하늘에 달려 있는 작은 조명들이라고 생각했다. 그리고 그 하늘 위에 천국이 있다고 생각했으며, 바다 끝에 도달하면 땅 아래의 세상으로 떨어지게 되는데 거기가 지옥이라고 생각했다. 하나님은 이들에게 과학적 정보를 전달하기 위해서가 아니라 계시의 메시지를 전하기 위해 창조를 이야기하신다. 그래서 그들의 제한된 언어 속으로 들어가 그들의 언어를 사용하셨다.

이런 맥락을 이해하고 창조 장면을 생각해야 한다. 하나님은 우주의 시작에 어떤 일이 벌어졌는가 하는 과학적 정보를 전달하기 위해 창조를 기록하신 것이 아니다. 그것이 목적이었다면 우리도 알지 못하는 우주의 시작을 가르치기 이전에, 지구가 둥글다는 것이나, 무한대의 우주 공간과 태양이 지구보다 크다는 것, 지구가 태양 주변을 돌고 있다는 것을 먼저 가르쳐 주셨을 것이다. 우리가 우리의 입장에서 이 장면을 과학적 정보로 생각하면 이 속에 담긴 메시지는 우리에게 전달되지 않고 불필요한 논쟁에 휩쓸리게 될 것이다. 이 이야기를 처음 들은 고대인의 입장으로 돌아가보자. 그들은 태양이 만들어지기 전에 나무가 만들어진 것을 이상하게 생각하지 않았을 것이고, 하나님이 흙으로 사람을 지으셨다는 이야기에 당황하지 않았을 것이다. 그리고 그 이야기에 담긴 메시지에 집중했을 것이다. 그들은 이 창조 이야기에서 무엇을 들었을까? 우리도 거기에 집중해야 한다.

첫째 날과 둘째 날은 빛과 궁창이 창조되었다. 빛은 진리이고 궁창은 공간이다. 이 장면은 세상이 '진리의 공간'이라고 이야기한다. 세상은 진리가 구현되는 공간으로 창조되었다. 그래서 우리는 진리를 찾고 진리를 구현하고자 노력한다. 이것이 창조의 첫 번째 메시지다. 당시 이스라엘 사람들에게 익숙했던 이집트의 세계관은 정반대였다. 이집트인들은 세상이 진리의 공간이 아니라 '다양한 힘이 역동하는 공간'이라고 믿었다. 다양한 신들이 자기 역량을 다해서 싸우고 이 싸움의 결과가 나타나는 곳이 세상이라고 믿었다.

오늘날 많은 사람도 이집트인과 같은 '혼돈의 세계관'을 가지고

영혼으로 살아가는 인격자, 계시종교

있다. 세상은 다양한 힘의 주체들이 있고, 주체들의 경쟁과 역동의 결과 현상이 만들어진다고 믿는다. 그래서 우리에게 중요한 것은 진리를 배우는 것이 아니라 시류를 파악하는 것이라고 말한다. 이런 세상에서는 '트렌드'가 진리의 기준이 된다. 트랜드를 읽고 따라가며 이익을 얻는 것이 좋다고 생각한다. 이렇게 이집트의 세계관은 현 시대에도 그대로 남아 있다. 하지만 창조는 세상이 이집트의 세계관으로 만들어지지 않았다고 이야기한다. 세상은 진리가 구현되는 공간으로 만들어졌다. 그러니 우리는 트렌드를 따라 살아가는 것이 아니라, 진리를 따라 살아가야 한다고 이야기한다.

셋째 날은 씨앗이 창조되었고, 넷째 날은 해와 달과 별이 창조되었다. 씨앗은 생명을 상징한다. 씨앗은 작고 초라한 외형을 가지고 있지만 그 안에 무한한 가능성의 생명이 담겨 있다. 씨앗은 무기력한 존재이지만 돌봄을 통해 아름답게 자라나는 생명체다. 씨앗은 곧 생명을 상징한다. 해와 달과 별의 창조는 가장 많이 오해되는 부분이다. 현대인은 해와 달과 별을 이야기하면 곧장 우주 공간을 떠올리지만 고대인은 우주의 존재를 알지 못했다. 그들에게 해와 달과 별은 시간을 알려주는 작은 조명들에 불과했다. 해는 하루, 달은 한 달, 별은 일 년을 가르쳐주는 조명이었다. 셋째 날과 넷째 날은 세상이 '생명의 시간'으로 만들어졌다는 것을 우리에게 가르쳐준다. 세상은 원리가 기계적으로 작동하는 공간이기도 하지만, 생명이 시간에 따라 자라나는 공간이기도 하다. 그래서 우리는 생명을 시간의 관점으로 바라봐야 한다. 돌봄과 기다림의 태도로 생명을 대하여 그 것이 아름답게 성장하도록 도와야 한다. 이것이 창조의 두 번째 메 시지이다.

당시 이스라엘에게는 생명 사상이 부족했다. 그들은 환경만 보 고 결론을 내리고, 돌봄의 태도보다 평가의 태도로 삶을 대했다. 결 국 이것이 그들 안에 내재되었던 씨앗이 생명으로 자라지 못하게 막 아 그 위대했던 가능성을 단지 가능성으로만 끝나게 만들었다. 그들 이 생명의 시간을 믿지 못했기 때문이다. 오늘날에도 많은 사람들이 생명의 시간을 믿지 않는다. 그래서 자신을 대할 때도 가능성을 보 기보다 현재 모습에 집중하고 평가한다. 돌봄과 인내의 태도로 자신 을 지켜 주기보다 자신을 비난하고 방치한다. 그래서 아름답게 자라 날 수 있었던 자신을 점점 시들어가도록 만든다. 이런 태도로 나와 타인과 세상을 대한다. 이로 인해 세상은 그 생명의 가능성에 비해 초라한 모습으로 나타나게 된다. 우리가 생명의 가능성으로 세상을 대하고, 사랑으로 세상을 대한다면 결과는 달라질 것이다. 왜냐하면 세상은 애초에 생명의 시간으로 만들어졌기 때문이다. 씨앗 안에 담 겨 있는 가능성을 보고 마음과 시간을 들여 돌봐주는 사람들을 통해 서 아름답게 자라나도록 만들어졌기 때문이다. 창조는 우리에게 이 중요한 사실을 이야기해준다.

다섯째 날과 여섯째 날, 바다의 물고기와 공중의 새와 땅의 동물 들이 각기 그 종류대로 창조되었고, 생육하고 번성하고 충만하라는

영혼으로 살아가는 인격자, 계시종교

명령을 받았다. 종류대로 만들었다는 것은 자기만의 다름을 부여받은 존재라는 뜻이고, 번성하라는 명령을 받는 것은 스스로 자기 삶을 개척하는 주체적인 존재라는 뜻이다. 자기만의 개성을 가지고 있고, 스스로 개척해나가는 주체성을 가진 존재를 우리는 자유로운 존재라고 부른다. 자유는 자신이 하고자 하는 것이 무엇인지 알고 그것을 스스로 해나가는 것이다. 그래서 세상은 '자유로운 생명체'로 창조되었다는 것이 창조의 세 번째 의미이다.

이것을 믿지 않은 사람은 모든 사람이 진리라는 이름하에 똑같아야 한다는 생각을 가지고 있다. 그렇지 않다. 하나님은 세상을 그렇게 만들지 않으셨다. 사자의 성숙과 독수리의 성숙이 같을 수 없다. 사자는 성숙한다고 해도 날 수 없고, 독수리는 성숙한다고 해서 사자와 같은 강인함을 갖지 않는다. 사람도 각자의 모양대로 성숙한다. 그리고 이 모든 다름이 어우러져 만들어지는 세상이 아름다운 세상이다. 이것을 믿지 않는 사람은 세상을 하나님이 혼자 다스리신다고 생각한다. 그렇지 않다. 하나님은 세상을 그렇게 만들지 않으셨다. 모든 것이 하나님의 뜻에 따라 운명론적으로 이루어지는 것이 아니다. 하나님의 뜻이 있더라도 우리가 어떻게 하는가에 따라서 그 뜻이 이루어지기도 하고, 이루어지지 않기도 한다. 인생은 하나님과 내가 함께 만들어가는 것이지 어느 한쪽의 손에 달려 있는 것이 아니다. 하나님은 세상을 자유로운 생명체로 창조하셨다. 그러니 나의 개성을 즐거워해야 한다. 내 삶을 주체적으로 만들어가야 한다. 창조는 우리에게 이것을 이야기해준다.

이것이 창조에 담겨 있는 메시지다. 창조는 우리가 현상적으로 경험하는 세상이 아니라 진정한 세상을 우리에게 가르쳐준다. 현상적으로 경험되는 세상은 다양한 힘의 역동으로 인해 혼란스럽고, 평가와 공격이 난무하는 위험한 곳이고, 세상이 요구하는 내가 되어 원하지 않는 삶을 살아야 하는 곳이다. 하지만 하나님은 진정한 세상은 그런 곳이 아니라고 말씀하신다. 창조 때의 세상은 진리가 구현되는 공간이고, 생명이 자라는 시간이며, 자유로운 생명체들이 주체적으로 자기 삶을 만들어가는 곳이다. 그래서 우리는 진리를 추구하고, 생명을 사랑하며, 자유롭게 살아가야 한다고 이야기한다. 이것이 창조가 우리에게 전하는 메시지다.

____ 죄

진정한 세상이 이렇게 아름다운 곳이라면. 왜 그것과 다른 현상적인 세상이 만들어졌을까? 성경은 그 이유를 죄라는 이야기 속에 담고 있다. 죄 이야기는 선악과 이야기다. 그냥 들어서는 너무나 이상하고 납득이 되지 않는 이야기다. 줄거리는 이렇다.

하나님이 세상을 아름답게 창조하시고, 그 가운데 가장 아름다운 에덴동산을 만들어 아담과 하와를 살게 하셨다. 동산 중앙에 '선악을 알게 하는 나무'를 두시고는 동산에 모든 열매는 먹어도 되지만 이 나무 열매는 먹지 말아야 한다고 명령하셨다. 두 사람은 얼마 동안 이 규칙을 잘 지켰다. 하지만 어느 날 하와가 뱀의 설득에 넘어가

영혼으로 살아가는 인격자, 계시종교

이 열매를 먹었고, 아담도 거기에 동참했다. 하나님은 분노하셨고 두 사람을 에덴동산에서 쫓아내시고, 원래 죽지 않는 존재였던 그들에게 죽음을 주셨다. 그래도 분노가 끝나지 않아서 하와의 후손인 모든 인간을 죄인이라고 규정하셨다. 그것이 우리의 원죄이다. 이 사건으로 인해 우리는 그 아름다운 창조 세계에서 멀어져 문제적인 세계에서 살게 되었다.

이 이야기는 좀 이상하다. 하나님의 행동이 부당하게 느껴지기 때문이다. 먹으면 죽는 위험한 음식은 애들이 먹을 수 있는 곳에 둬서는 안 된다. 애들이 그것을 먹고 문제가 생겼다면 그것을 거기에 둔 관리자의 책임이 더 크다. 사람이 그것을 먹을 수도 있는 나약한 존재라는 것을 알면서 그것을 거기에 둔 하나님의 책임이 크다.

먹지 말라고 한 것을 먹어서 화가 나셨다면 한 번 혼내주고 용서해주면 되는 일이다. 그것을 가지고 에덴에서 쫓아내는 것은 과한 처벌이다. 또 무엇보다 하와가 선악과를 따먹었는데 그것으로 모든 인간이 죄인이라는 말은 도무지 납득하기가 어렵다. 그 일에 대한 분노를 지금 나에게 쏟는 것이라면 내가 문제가 아니라 하나님께 문제가 있는 것이다. 정말 이 이야기는 이상하다. 하지만 선악과 이야기가 이렇게 이상한 의미일까?

이 장면에서 가장 중요한 것은 '선악과'이다. 선악과는 먹으면 선악이 무엇인지 알게 되는 마법의 열매인가? 그전에 아담과 하와는 선악이 무엇인지도 모르는 사람이었나? 그렇지 않다. 선악은 정보의 문제가 아니라 기준의 문제임을 기억하자. 그러니 선악과는 마법의 열매가 아니라 기준의 나무이다. 사람들은 그 선악과를 통해 자신이 무엇을 기준으로 삼는지 고백하는 것이다. 선악과를 먹지 않는 것은 내가 선악의 기준을 하나님으로 삼겠다는 고백이다. 반면, 선악과를 먹은 것은 이제부터 선악의 기준을 나 자신으로 삼겠다는 고백이다.

이 선악과와 가장 닮아 있는 것은 국기이다. 미국 대사관 마당에 성조기가 걸려 있다. 그 깃발은 기준을 선언하는 의미를 담고 있다. 이 담 밖의 땅은 한국 법을 기준으로 하지만, 이 담 안의 땅은 미국 법을 기준으로 한다는 선언이다. 국기와 같이 에덴에서는 나무를 기준의 상징으로 사용하였다. 에덴동산 한가운데 선악과가 있는 것은 이곳이 하나님의 나라임을 상징하는 국기를 세워 놓은 것과 같다. 하와는 이 선악과를 먹었다. 그녀가 단지 그 과일을 먹고 싶어서 그랬다면 하나님은 웃으시며 다른 나무를 기준의 나무로 바꾸셨을 것이다. 하지만 그녀는 하나님처럼 되고자 하여 그것을 먹었다. 이제부터는 자신이 선악의 기준이 되겠다는 선언으로 그것을 먹은 것이다. 하나님의 깃발을 뽑고, 자신의 깃발을 거기에 세운 것이다.

이야기의 의미를 이해하니 결과도 자연스럽게 이해가 된다. 아담과 하와는 하나님이라는 선한 기준에 따라 살았고 그 결과는 에덴과 생명이었다. 하지만 이제 이들은 자신이라고 하는 이기적인 기준을 삼아 살아가기로 결정했다. 이 선택의 결과는 에덴일 수 없고 생명일 수 없다. 잘못된 기준으로 삶의 기준을 바꿨으니 선한 기준으로 살아갔을 때의 결과와는 다른 결과가 주어지는 것은 당연하다.

이렇게 되면 하와의 죄가 나의 죄라는 의미도 무엇인지 이해할 수 있다. 선악과는 하와라는 한 사람에 대한 이야기를 하는 것이 아니라 모든 인간에 대한 이야기다. 하나님이 아름다운 세상을 창조하셨다. 우리가 그것을 이해하고 그 기준으로 삼아 살아갔다면 그 아름다운 세상이 나의 세상이 되었을 것이다. 하지만 우리는 그렇게 하지 못했다. 하나님이라는 선한 기준이 아니라 나 자신을 기준으로 삼아 살아가는 이기와 자만의 패턴을 가지고 있기 때문이다. 그래서 우리 삶의 결과가 에덴이 되지 못하고 생명이 되지 못한다. 나에게 하와 같은 문제가 있는 것이다.

창조가 세상이 가지고 있는 위대한 가능성을 말한다면, 선악과는 그 가능성이 왜 현실이 되지 못하고 있는가에 대해서 설명한다. 인간이 바른 기준을 찾기보다 현재의 자신을 기준으로 삼은 것이 문제였다. 진정한 자아를 찾으려고 하지 않고, 현상적인 자아를 자기 자신으로 인식하는 것이 문제였다. 이것을 자기 중심성이라고 한다.

자기 중심성은 자만이다. 내가 옳다고 생각하는 것이다. 아담과 하와가 자만해지기 전, 에덴은 하나의 바른 기준이 통용되는 사회였다. 하나님이라는 바른 기준을 아담과 하와도 사용했다. 하지만 선악과 이후에 기준이 세 개로 갈라진다. 셋 다 악이라고 생각하는 부분이나 선이라고 생각하는 부분에서는 문제가 일어나지 않는다. 하지만 누군가는 선이라고 생각하는데, 다른 사람은 악이라고 생각하는 부분에서 문제가 발생한다. 처음에 충돌한다. 서로가 옳다고 주장하며 상대를 공격한다. 그러다가 한쪽이 더 강하면 강한 쪽의 기준이 약한 쪽을 억압한다. 어느 지점에서는 억압당하던 쪽이 반격하여 상대를 억압한다. 이런 충돌과 억압을 반복하다 보면 피로감이 누적된다. 어느 지점에서 서로의 다름을 인정하기로 한다. 이것은 언뜻 평화로워 보이지만 사실 적막하다. 서로 여전히 기준이 다른 상태에서 충돌하기보다 차라리 단절하기로 결정하는 것이다. 서로가 서로에 의해 소외되는 것이다. 나의 기준을 인정하지 않고 소통을 멈춤으로 충돌만 피하는 것이다. 충돌과 억압의 문제는 해결되지만 단절과 소외의 문제가 일어난다. 모두가 같은 기준을 사용하던 시대의 일체감과 연대감은 사라진다.

자기 중심성은 곧 이기다. 내 이익을 기준으로 삼는다. 나에게도 이익이 되고 상대에게도 이익이 되는 지점은 괜찮다. 나에게 손해가 되고 상대에게도 손해가 되는 부분도 문제가 없다. 문제는 나에게는 이익이 되는데 상대에게는 손해가 되는 영역, 상대에게는 이익이 되는데 나에게 손해가 되는 영역에서 발생한다. 이 영역에서 우리는 서로의 이익을 위해 싸우는 투쟁 상태에 진입하게 된다. 나의 이익을 위해서 상대의 이익을 침해하거나, 자기 이익을 침해하려는 자들로부터 나의 이익을 지키기 위해 지속적으로 투쟁해야 하는 상황이 된다. 이러면 세상은 정글과 유사한 곳이 된다.

이것이 성경이 이야기하는 죄이다. 진정한 세상은 아름다운 곳인데 지금의 세상은 왜 그렇지 않은가에 대한 대답이다. 그것은 예전

영혼으로 살아가는 인격자, 계시종교

에 어떤 일이 벌어졌다고 하는 이야기의 구조로 되어 있다. 하지만 실상은 지금 우리 안에서 벌어지고 있는 이야기다. 내 안에 바르고 따뜻하고 자유로운 진정한 모습이 존재한다. 하지만 나는 지금 나의 생각과 욕망을 나 자신이라고 인식하면서 현상적인 내 모습에 묶여 진정한 나를 잃어버렸다. 이것이 지금 우리에게 벌어지고 있는 일이다. 우리는 이것을 죄라고 생각해야 한다. 이것이 우리의 문제라고 생각해야 한다. 문제 의식을 갖는 것이 변화의 출발이기 때문이다.

____ 십자가

인간은 어떻게 죄의 문제를 해결해야 할까? 성경은 그 해답을 십자가 이야기 속에 담고 있다. '죄의 문제를 해결하려고 하나님께서 아들을 이 땅에 보내셨다. 그 아들은 우리의 죄를 위해 십자가에서 죽고 사흘 만에 부활했다. 우리가 이것을 믿으면 구원을 받는다.' 이것이 십자가의 이야기이다. 이 이야기에 담긴 메시지를 들어보자.

부활은 '구원자'라는 메시지를 담고 있다. 오늘날 어떤 사람이 죽었다가 사흘 만에 살아났다고 하면 그것은 특별한 일이지만 의학적 기적 이상의 의미를 부여받지는 못한다. 하지만 이천 년 전 사람들에게는 그렇지 않았다. 그들은 신화의 언어를 진리 언어로 사용하였다. 신화의 언어라는 것은 어떤 대상이나 행동이 갖는 상징적인 의미를 말한다. 이 언어에서 죽었다가 살아나는 것은 삶과 죽음을 다스린다는 뜻으로 부활한 사람은 사람들을 죽음으로부터 건질 수 있는 구원자라는 의미를 갖는다. 그래서 당시 신화에 등장하는 구원자들은 죽었다가 사흘 만에 다시 살아났다. 이런 시대에 실재 어떤 사람이 죽음에서 사흘 만에 다시 살아났다. 그러면 이 시대 사람들은 자연스럽게 이 사람을 구원자라고 믿게 된다. 하나님께서는 계시하실 때 그 시대의 진리 언어를 사용하신다. 그 시대의 언어 속에 스스로를 제한하신다. 그래서 죽었다가 다시 살아나는 방식으로 하나님이 구원자라는 메시지를 전한 것이다.

죽음은 '대속'이라는 메시지를 담고 있다. 죄가 없는 사람이 누군가의 모함으로 갑자기 사형 선고를 받아 당일에 사형된다면 그것은 억울한 죽음이다. 우리 시대의 언어에서 십자가 죽음은 이 이상의 의미를 갖지 않는다. 하지만 이천 년 전 사람들에게 그렇지 않았다. 그들은 제사의 언어를 진리의 언어로 사용했고 예수는 제사의 언어로 자신의 죽음을 설명하셨다. 자신의 죽음을 인간의 죄를 대신하여 죽는 제물의 죽음, 대속의 죽음이라고 설명하셨다. 우리에게 낯선 설명이지만 제사의 언어를 사용하던 이천 년 전 사람들에게는 쉬운 설명이었다. 제사에서 제물은 제사를 드리러 온 사람을 대신하여 죽는다. 잘못은 사람이 했지만 책임은 제물이 지게 된다. 이 사람은 이 제사를 통해서 다시 한 번 제대로 살아볼 수 있는 기회를 부여받는다. 사람들은 이 제사의 언어에 익숙했다. 예수는 자신의 죽음을 대속의 죽음이라고 이야기했다. 이것은 그들에게 잘못으로 인해 망쳐버린 것에 대한 책임을 하나님이 대신 지셔서 우리에게 새로운 삶의 기회가 있다는 의미로 들려진다. 하나님은 제사의 언어를 통해 인간을 대속하신다는 메시지를 전하신다.

피는 '사랑'의 메시지를 담고 있다. 우리 시대의 언어에서 피는 피다. 고유명사이고 그 이상의 의미를 갖고 있지 않다. 하지만 제사와 신화의 시대에서 피는 생명이다. 흐르는 피는 죽음이다. 다른 누군가를 위해 흘리는 피는 사랑이다. 나의 생명을 포기하면서까지 다른 누군가를 위하는 이타적인 사랑이다. 예수가 우리를 위해 피 흘려 죽었다는 사실은 우리를 위해 생명을 주기까지 우리를 사랑한다는 메시지를 담고 있다.

십자가는 논리의 언어가 아니라 상징의 언어이다. 이 상징 속에 담긴 메시지가 선언되는 것이다. 우리가 십자가를 상징의 언어로 이해하지 않고, 계속 논리의 언어로 이해하려고 할 때 거대한 논리적 비약이 있는 것처럼 느껴지고 납득되지 않을 것이다. 이는 21세기의 언어로 1세기의 언어를 이해하려고 하기 때문에 납득되지 않는 것이다. 1세기 사람들의 자리에 서야 한다. 이것이 그들에게 어떻게 들렸을 것인지 생각하고 그들이 이야기 속에서 어떤 메시지를 들었을지 생각해야 한다. 그리고 그 메시지에 집중해야 한다.

십자가의 메시지는 하나님이 우리를 사랑하셔서, 우리의 죄에 대한 책임을 대신 지고, 우리를 구원하신다는 것이다. 우리는 자만과 이기심으로 영혼이 잠들어 있는 상태에 있지만, 하나님은 이런 우리의 문제를 해결하실 수 있는 구원자로서 해결의 태도로 이 문제에 접근하셨다. 그러면 어떻게 이런 구원이 이루어지는가? 우리가 하나님 사랑을 믿을 때 구원이 이루어진다. 우리가 하나님 사랑을 믿는 것으로 그 사랑을 경험할 때 내 안에 잠들어 있던 영혼이 깨어난다. 내재되어 있던 아이의 인격이 부모의 사랑으로 깨어나듯이, 하나님 사랑을 믿고 누릴 때 잠들어 있던 나의 영혼이 깨어나게 된다. 이것이 십자가에 담겨 있는 구원의 메시지이다.

___ 천국

회복된 사람들은 어떻게 될 것인가? 성경은 회복의 결과를 천국의 이야기 속에 담고 있다.

어떤 사람은 십자가에 담긴 메시지를 이해하지 못한 채, 이것을 마법의 주문처럼 생각한다. '예수님이 나의 죄를 대신해 십자가에 달려 돌아가심으로 나의 죄가 사해짐을 믿습니다'라는 문장을 외우므로 내가 어떤 잘못을 하더라도 처벌받지 않는 면책 특권이 생겼고, 죽음 이후에 황금으로 된 화려한 천국에서 살게 될 것이라고 생각한다. 그리고 이 마법의 문장을 모르는 사람은 아무리 선한 삶을 살았더라도 꺼지지 않는 지옥불에 던져져 영원토록 고통 받는다고 생각한다. 십자가에 담겨 있는 메시지와 천국과 지옥에 담겨 있는 메시지를 제대로 이해하지 못하기 때문에 종종 발생하는 오해이다.

천국의 이야기에 담겨 있는 메시지를 살펴보자. 성경은 천국을 '정금으로 된 길'과 '열두 보석을 기초석으로 세워진 성'이라고 표현한다. 천국에 대해서 쓰여진 계시록은 묵시서로 분류된다. 묵시서는 상징적인 글로 쓰여진 책을 의미한다. 그러니 당연히 이천 년 전

영혼으로 살아가는 인격자, 계시종교

에 이 글을 읽은 크리스천들은 이 황금을 진짜 황금이라고 생각하지 않았고, 보석을 진짜 보석이라고 생각하지 않았다. 황금이 상징하는 의미, 보석이 상징하는 의미로 이 부분을 읽었다. 우리도 그들의 입장에 서서 그들과 같이 이 의미를 읽을 수 있어야 한다.

먼저 '정금으로 된 길'을 이해해보자. 길은 방향을 상징하고, 금은 변함없는 의를 상징한다. 그래서 황금으로 된 길은 변함없이 바른 방향으로 살아가는 사람을 상징한다. 이 세상의 사람들은 자주 바른 방향으로 살지 못했다. 바른 삶의 방향을 한결같이 지키지 못했다. 하지만 천국에서는 바른 삶의 방향을 한결같이 지키는 사람이 될 수 있다는 뜻이다.

'열두 기초석으로 세워진 성'을 이해해보자. 보석은 하나님 앞에서 완전히 성숙한 사람을 상징한다. 보석은 스스로 빛나지 않는다. 빛을 받아들여서 자기만의 색깔과 각도로 표현함으로써 빛난다. 보석 같은 사람은 하나님의 진리의 빛을 완전히 받아들여서 자기에게 주신 성향과 능력에 따라 표현하는 사람을 의미한다. 빛이 평소에는 보이지 않지만 보석을 통해서 빛나는 것처럼, 이 사람의 인격을 통해서 보이지 않는 하나님이 나타남을 의미한다. 열두 보석으로 된 성은 모든 사람이 같은 모습이 아닌, 각자가 받은 성향과 능력이 달라 서로 다른 색깔로 성숙하게 되는데 그것이 서로 보완적인 공동체를 형성한다는 의미이다. 보석의 빛깔과 색깔이 각각 다른 것처럼 사람의 성향과 능력도 각각 다르다. 하지만 어떤 것이 더 좋다고 할 수 없이 모두 각자의 아름다움을 가지고 있다. 그리고 각각의 아름다움은 서로를 보완하여 더불어 살아가는 아름다운 공동체를 만들어낸다. 천국은 하나님으로 성숙해진 사람들이 함께 만들어가는 아름다운 세상이다.

이것이 성경이 이야기하는 천국이다. 천국은 내가 하나님을 통해 완전해지는 공간이다. 나와 같이 완전해진 사람들이 함께 만들어가는 세상이다. 천국은 어떤 환경에서 살아가는가에 대한 것이 아니다. 천국은 어떤 사람이 되어서, 어떤 세상을 만들어가는가에 대한 것이다. 그러니 천국은 꼭 죽음 이후에 대해서 이야기하는 것이 아니다. 내가 십자가를 믿어 지금 영혼이 회복되었다면 내 마음이 천국이 되는 것이다. 우리가 십자가를 믿어 각자가 천국의 내면을 갖게 되었다면 그 사람들이 함께 진리를 추구하고 서로 사랑하며 만들어가는 공동체가 천국이 되는 것이다.

지옥의 이야기에 담긴 메시지를 살펴보사. 지옥은 '불과 유황의 못'과 '무저갱'으로 표현된다. 지옥은 불로 채워진 연못이고, 바닥이 없는 구덩이다. 연못은 구덩이가 물로 채워져 있는 것이고, 무저갱은 바닥이 없는 구덩이다. 채워진 것과 비워진 이미지를 사용하지만 둘 다 구덩이의 이미지를 사용하고 있다. 지옥도 계시록에 언급되어 있으며, 계시록은 상징적인 글로 쓰여진 묵시서이다. 지금까지 살펴본 것과 같이 당시의 이 책을 읽은 사람들은 본문의 불을 진짜 불이라고 생각하지 않고, 구덩이를 진짜 구덩이라고 생각하지 않았다. 불의 의미, 구덩이의 의미로 이 부분을 읽었다. 우리도 그들의 입장

영혼으로 살아가는 인격자, 계시종교

에 서서 그들과 같이 이 의미를 읽을 수 있어야 한다.

지옥은 '구덩이'다. 구덩이는 땅에 뚫린 구멍이다. 땅은 진리를 의미한다. 구덩이는 진리에 기반하기를 거부함으로 하나님의 창조 세계에서 떠나 자기가 만든 어두운 세계로 들어가는 것을 의미한다. 지옥은 '무저갱'이다. 이 구덩이는 바닥이 없는 구덩이다. 이것은 혼돈을 상징한다. 하나님의 기준을 배제하고 스스로 기준이 되고자 했지만 결국 무엇도 스스로 확신할 수 없어서 혼돈에 빠진 인간의 상태를 의미한다. 지옥은 '불의 연못'이다. 이 구덩이는 고통스러운 구덩이다. 불은 당연히 고통을 상징한다. 불 타는 것은 내가 나 아닌 존재로 변화되는 고통이다. 생명의 존재가 재로 변하는 고통이다. 하나님으로부터 떠나 스스로 기준이 되고자 하는 것은 결국 자기 자신과 생명력을 잃어버리는 고통이라는 것을 이야기한다.

이것이 성경이 말하는 지옥이다. 지옥은 진리를 거부하고 자기가 만든 구덩이의 세상으로 들어가는 것이다. 지옥은 그렇게 자만을 선택했지만 무엇이 맞는지 스스로 알 수가 없는 혼란 그 자체다. 지옥은 그 혼란 속에 점점 자신과 삶의 생기를 잃어가는 고통스러운 곳이다. 지옥은 어떤 환경에 대한 것이 아니다. 어떤 사람이 되어서 어떤 삶을 살아가는지에 대한 것이다. 그러니 지옥이 꼭 죽음 이후에 대해서 이야기하는 것이 아닐 수 있다. 내가 자만에 빠져 있다면 내 마음이 지옥일 것이다. 자만하지만 무지해서 혼란이 멈추지 않는다면 지금 지옥에 있는 것이다. 그래서 점점 내가 꺼져가는 촛불처럼 생명력을 잃어가고 있다면 지금 지옥의 삶을 살고 있는 것이다.

천국과 지옥은 우리에게 두 가지 선택이 있다는 것과 그 선택의 결과를 보여주는 것이지, 특정 종교를 갖는 것을 통해 내세에 좋은 환경을 획득하는 것을 이야기하지 않는다. 성경은 내세의 환경에 대한 이야기가 아니다. 우리가 어떤 존재가 되어 어떤 삶을 살아갈 것인가에 대해서만 이야기한다. 그리고 이것은 단지 내세에 대한 것이 아니라 지금 내가 하나님 앞에서 어떤 삶을 선택하는가에 따른 결과를 이야기하는 것이다.

우리가 하나님 사랑으로 깨어난 영혼을 갖게 된다면 우리는 이미 천국에 있는 것이다. 그리고 그렇게 깨어난 영혼을 가진 사람들이 함께 살아간다면 그들은 그 세상을 천국으로 만들 것이다. 우리가 영혼을 깨우지 못하고 살아간다면 존재 불안, 혼란, 공허와 같은 지옥을 경험하면서 살아가게 된다. 그러니 천국과 지옥은 우리에게 선택을 요청한다. 영혼을 깨워 천국을 만드는 삶을 살 것인지, 영혼을 외면하고 지옥을 만드는 삶을 살 것인지를 말이다.

_____ **복음**

성경은 우리에게 하나님이 세상을 창조하셨는데 하와가 선악과를 따먹고 범죄하여 창조의 원래 모습에서 멀어졌다고 이야기한다. 하나님은 죄인 된 우리를 위해 예수님을 보내셔서 십자가에서 죽임을 당하고 부활하게 하셨다. 우리가 그것을 믿으면 구원을 얻는다고 이야기한다. 예수를 믿는 사람은 구원을 받아 천국으로 가고 믿지 않는 사람은 지옥으로 향함을 이야기한다.

많은 사람이 이 이야기를 동화처럼 듣고 느낀 점을 이야기한다. '창조가 유치하다, 하와의 대해서 하나님이 과도하다, 십자가보다 간단한 방법이 있었을 것 같다, 지옥을 만든 하나님은 사랑의 하나님이라고 할 수 없다.' 이렇게 느낀 점을 이야기하는 동안 이야기에 담긴 원래 메시지는 잊혀진다.

이야기에 담긴 메시지에 다시 집중해야 한다. 창조는 진리, 사랑, 자유가 기준 되는 삶이다. 죄는 자만과 이기가 우리 영혼을 잠들게 만든다고 말한다. 십자가는 나를 죽기까지 사랑하신 하나님 사랑을 믿을 때 내 영혼이 다시 살아남을 알려준다. 천국을 선택할 때 우리는 본래 선하고 아름다운 영혼으로 회복될 것이라고 이야기하고, 우리가 지옥을 선택할 때 영혼은 잠들고 혼란스러운 존재로 살아가게 된다고 말한다. 그리고 이제 하나님의 계시, 구원의 메시지를 전한다. 자만과 이기에 따라 살아가는 지금의 모습을 바꾸고자 하는 회개와 나를 사랑하시는 하나님으로 나의 영혼을 깨우고자 하는 믿음을 가질 때, 하나님이 내 영혼을 살리실 것이라는 구원의 메시지이다. 기독교는 이것을 복음이라고 부른다.

이슬람교

____ 세계관

이슬람교는 '알라 외에 다른 신은 없으며 무함마드는 알라의 예언자'라고 믿는다. 이슬람교는 유일한 신인 창조자 하나님을 믿는다. 그 하나님에 대한 완벽한 계시가 무함마드를 통해 우리에게 전달되었다고 믿는다. 그래서 무함마드를 통해 계시된 하나님, 코란에 기록된 하나님을 믿는 것이 이슬람교의 출발이다.

이렇게 이야기하면 많은 사람들이 이슬람교가 기독교와 완전히 다른 별개의 종교라고 생각한다. 하지만 그렇지 않다. 알라를 한국어로 번역하면 하나님이다. 그리고 완전한 최후의 선지자 무함마드는 기독교가 잘못된 계시가 아닌 부족한 계시를 가지고 있다고 가르친다. 무함마드는 성경이 거짓된 책이라고 평가하지 않고 하나님의 계시를 담고 있는 책이라고 평가했다. 그래서 성경의 상당한 내용들이 코란에 포함되었다. 천지창조, 아담과 하와의 타락, 믿음의 조상 아브라함, 모세, 다윗, 예수의 메시지와 십자가 사건이 모두 코란에 기록되어 있다.

계시의 스토리를 공유하는 것은 같은 세계관을 공유하는 것이다. 기독교가 창조, 타락, 구원, 천국의 스토리로 계시를 이해하는 것처럼 이슬람교도 창조, 타락, 구원, 천국의 스토리로 계시를 이해한다. 기독교가 타락한 인간을 어떻게 하나님이 구원하시는가를 계시의 핵심 메시지로 보는 것처럼 이슬람교도 타락한 인간이 어떻게 하나님을 통해 변화될 수 있는가를 계시의 핵심 메시지로 본다. 이 두 종교는 계시의 역사에 대해서 공유하고 있기 때문에 같은 역사관과 세계관의 렌즈로 세상을 바라본다.

영혼으로 살아가는 인격자, 계시종교

하지만 무함마드는 분명히 성경이 부족한 계시라는 점을 지적한다. 이 충분하지 못함이 왜곡과 변질을 가져왔다고 말한다. 16부작으로 구성된 드라마가 있는데 어떤 사람이 이 드라마가 8부작 드라마라고 오해하고 있다. 8회를 보고는 그것이 결론이라고 생각한다. 그러면 이 사람은 드라마 전체 내용을 왜곡하여 이해하게 된다. 내용이 완전히 바뀌는 것이다. 희극을 비극으로 이해할 수도 있고, 비극을 희극으로 이해할 수도 있다. 선한 사람을 악한 사람으로 오해할 수 있고 악한 사람을 선한 사람으로 오해할 수 있다. 이런 일이 기독교에서 벌어진 것이다. 무함마드를 통해 더 중요하고 최종적인 계시가 전해졌는데 예수를 통해 전해진 계시가 최종적이고 완전한 계시라고 생각하기 때문에 계시의 핵심적인 내용이 왜곡되어 버렸다는 것이다. 그래서 무함마드는 성경이 계시의 내용을 담고 있다는 것을 인정하면서도 계시라고 인정하지 않는다. 잘못된 결론으로 왜곡된 해석을 하기 때문이다. 그래서 코란이 유일한 계시가 된다. 계시는 무함마드에 의해서 완성된 관점으로 이해해야 제대로 이해할 수 있다.

무함마드는 기독교에 의해 왜곡된 핵심적인 내용이 구원에 대한 내용이라고 지적한다. 기독교는 예수를 최종적인 계시로 생각하기에 십자가로 표현된 하나님의 사랑을 믿음으로 구원받는다고 생각한다. 하지만 이것은 과정을 결과로 생각한 오해다. 예수의 십자가는 우리가 배워야 하는 하나의 모범이지 우리의 구원과 상관이 없다. 그러면 이슬람교가 제시하는 구원의 핵심 메시지는 무엇일까?

____ 구원관

무함마드는 구원의 핵심 교리로 '알라후 아크라르' اللہ اکبر, Allahu ekber, 알라는 위대하다를 제시한다. 하나님이 위대하다는 것을 깨닫는 것을 구원의 핵심으로 삼았다. 하나님은 우리가 상상할 수 없이 위대한 존재이다. 인간이 이 하나님의 위대함 앞에 서게 되면 한 없는 경외감을 느끼고 그 앞에서 압도되게 된다. 신의 위대함에 압도된 인간은 이제까지 자신이 추구했던 생각과 욕망이 먼지같이 초라하다는 것을 깨닫고 신에게 복종하며 살아가겠다는 마음을 갖게 된다. 이슬람을 믿는 무슬림이 되는 것이다.

'이슬람'이라는 말의 뜻은 절대 복종이라는 뜻이고, '무슬림'이라는 말의 뜻은 절대적으로 복종하는 사람이라는 뜻이다. 이런 순종의 사람, 무슬림에게 하나님의 은총이 임한다. 이들은 그 순종의 삶을 통해서 구원받아 천국에 들어가게 된다. 이것이 이슬람 구원의 핵심 교리이다.

어떤 사람은 이것을 교조주의나 도덕주의로 오해한다. '알라후 아크바르'라는 문장을 암송하거나 코란에 적혀 있는 순종해야 하는 항목들을 지키는 것으로 구원을 받을 수 있다고 생각하는 것이다. 하지만 그렇지 않다. 이슬람교의 핵심은 하나님을 그 위대하심까지 알아 거기에 경외감을 느끼고 압도되었는가이다. 예를 들어보자. 여러 사람이 자신은 에베레스트산을 알고 있다고 이야기한다. 한 사람은 거실에 앉아 에베레스트산에 대한 다큐멘터리를 본 경험으로 에베레스트를 안다고 하고, 한 사람은 지식 검색에서 에베레스트에 대한

영혼으로 살아가는 인격자, 계시종교

정보를 읽고 이 산을 안다고 한다. 한 사람은 트레킹을 하다가 멀리에서 에베레스트를 보고 이 산을 안다고 한다. 그리고 어떤 사람은 에베레스트를 올라본 경험을 가지고 이 산을 안다고 이야기한다. 어떤 사람이 정말 에베레스트를 알고 있는 것인가? 마지막 사람이다. 실제로 그 산을 오르며 깊은 공포감을 느껴본 사람, 그 산에 올라 압도적인 아름다움에 경외감을 느낀 사람, 그 산 앞에서 자신의 존재가 얼마나 먼지처럼 작고 초라한지 깨달은 사람이 정말 이 산을 알고 있는 것이다.

하나님을 아는 것도 이와 같다. 어떤 사람은 다른 사람이 경험한 하나님에 대해서 듣고 하나님을 안다고 생각한다. 어떤 사람은 경전에서 설명한 하나님에 대한 내용을 숙지하고 하나님을 안다고 생각한다. 어떤 사람은 자신이 경험한 작은 종교 체험을 가지고 하나님을 안다고 생각한다. 하지만 이런 것은 진정한 의미에서 하나님을 아는 것이라고 할 수 없다. 그 위대하신 하나님 앞에 서본 사람이 진정으로 하나님을 안다고 할 수 있다.

위대하신 하나님 앞에 압도되고 경외감을 느끼며 내가 그 앞에서 한없이 작은 존재라는 것을 깨달아 하나님께 순종할 수밖에 없다는 결론에 도달한 사람이 진정으로 하나님을 아는 것이다. 누군가 하나님을 안다고 하면서도 순종하지 않는다면 그 사람은 하나님의 위대하심까지 알지 못하는 것이고, 그것은 하나님을 제대로 알지 못하는 것이다. 위대한 하나님을 아는 사람은 하나님 앞에서 압도된다. 압도된 사람은 하나님께 순종한다. 이것은 권력에 의해 강제되는 복종이 아니다. 하나님의 위대함에 압도된 사람들이 자발적으로 갖게 되는 순종이다. 압도로 인해 전인격적인 변화를 경험한 사람의 자연스러운 반응이다. 이것이 이슬람교가 이야기하는 구원이다. 자기의 생각과 욕망을 따라 거짓 자아로 살았던 사람이 위대하신 하나님께 압도되는 것을 통해서 자발적으로 진리를 따르는 순종의 사람으로 변화되는 것이다.

____ 기도와 율법

이슬람교의 핵심 예식은 기도와 율법이다. 기도는 위대하신 하나님 앞에서 자기 변화를 꾀하는 시간이고, 율법은 순종하고자 하는 사람에게 제시되는 삶의 기준이다.

무슬림은 매일 다섯 번씩 기도를 드려야 한다. 새벽, 정오, 해지기 두 시간 전, 해신 직후, 해진 다음 두 시간 뒤, 이렇게 다섯 번 알라에게 기도한다. 기도는 예배에 있어서도 핵심 요소이다. '모스크'라는 말이 꿇어 엎드려 경배하는 곳이라는 뜻이다. 금요일이 되면 무슬림들은 모스크에 모여 함께 꿇어 엎드려 경배한다.

이슬람교의 기도는 소원을 빌거나 내 생각을 주장하는 것이 아니다. 믿음과 예의를 가지고 하나님과 영혼의 대화를 시도하는 것도 아니다. 이유 없이 지켜야 하는 반복적인 행동도 아니다. 이슬람교의 기도는 위대하신 하나님과 그 하나님 앞에 압도되어 순종할 수밖에 없는 나임을 발견하는 고백의 시간이다.

영혼으로 살아가는 인격자, 계시종교

이 기도는 세 가지 동작으로 이루어져 있는데 각 동작은 신앙고백의 의미를 담고 있다. 먼저 메카를 향해 양손을 벌리고 서는 것은 위대하신 하나님을 바라보는 것이다. 허리를 숙이는 행동은 그 하나님 앞에서 자신이 복종할 수밖에 없는 존재라는 것을 인정하는 것이다. 몸을 땅에 대고 절하며 손바닥을 하늘을 향하는 것은 하나님의 위대함 앞에 이제까지 내 모습은 먼지처럼 사라지고 알라에게 순종하는 내 모습만 남는다는 고백이다. 이슬람교의 기도는 구원의 메시지를 반복해 기억하는 행위이다. 위대하신 하나님과 그 앞에서 순종할 수밖에 없는 나를 발견하여 중심의 변화를 이루어가는 것이다.

무슬림은 코란의 가르침을 지켜야 한다. 무함마드는 하나님께 계시를 받아 사람이 지켜야 하는 삶의 기준을 코란에 기록하였다. 기도를 통해 순종의 중심을 갖게 된 사람은 코란을 통해 순종의 방법을 배우고 그것을 실천해야 한다. 이슬람교는 코란을 바탕으로 다섯 가지 행동 지침을 가르친다.

첫 번째, '파르드'는 반드시 지켜야 하는 것이다. 하루 다섯 번 예배를 드리는 것, 수익의 일부를 기부하는 것, 일생에 한 번 성지 순례를 하는 것, 라마단 기간 동안 단식에 동참하는 것 등을 포함한다. 두 번째, '무스타합'은 강제 사항이 아니지만 따르면 좋은 행동이다. 보통은 윤리적이고 도덕적인 일반적인 선행이 여기에 담겨 있다. 세 번째, '무하흐'는 옳고 그름을 판단할 필요가 없는 일반적인 삶의 행동을 의미한다. 네 번째, '마크루흐'는 강제성은 약하지만 인간이 하지 말아야 할 좋지 않은 행동을 의미한다. 다섯 번째, '하람'은 종교, 도덕, 윤리적으로 절대 해서는 안 되는 금기를 의미한다. 나라에서 법으로 금지한 행위, 타인에게 피해를 주는 행위, 음주와 돼지고기 섭취와 같이 종교적 금기를 어기는 것이 여기에 속한다.

이처럼 이슬람교는 무슬림들이 삶의 행동을 다섯 가지로 구별하여서 지키도록 가르친다. 해야 하는 것과 하지 말아야 하는 절대적인 기준을 지키고, 하지 않으면 좋은 것에서 벗어나 하면 좋은 것을 추구하며, 당위와 상관없는 영역에서는 삶을 누리는 관점을 바라보라고 가르친다. 이것이 하나님이 우리에게 원하시는 것이라고 이야기한다. 이슬람교는 하나님께 순종하려는 사람이 '샤리아'신에게 가는 길, 이슬람교의 법체계를 숙지하고 실천함으로 신에게 가까워진다고 한다. 무슬림이라면 당연히 이것을 배우고 지켜야 한다.

____ 이슬람교는 테러리스트의 종교가 아니다

이슬람교는 인간에게 영혼이 있다고 믿는다. 이 영혼이 잠들어서 거짓된 자아를 참된 자아라고 믿고 살아가는 것이 문제라고 생각한다. 그러면 어떻게 이 잠든 영혼이 깨어날 수 있을까? 이슬람교는 하나님의 위대하심 앞에서 압도될 때 잠들어 있는 영혼이 깨어난다고 믿는다. 사람은 자연의 위대함 앞에서도 자기 정화를 경험한다. 자연과 비교할 수 없는 하나님의 위대함 앞에 설 때 인간은 거짓된 자아가 깨지고 참된 자아가 살아나는 자기 정화를 경험하게 된다. 이렇게 깨어난 영혼은 하나님을 추구하고, 선을 추구하고, 사랑을 추구

영혼으로 살아가는 인격자, 계시종교

한다. 코란이 제시하는 삶의 길은 선함과 사랑의 길이다. 이슬람교는 위대하신 하나님을 통해 나의 잠든 영혼을 깨워, 바르고 따뜻한 영혼으로 살아갈 것을 추구하는 종교이다.

이슬람교는 테러리스트의 종교가 아니다. 이슬람교는 테러를 통해 타종교인들을 죽이고, 이방인들을 수준 낮은 인간으로 차별하여 대우해도 된다고 가르치는 종교가 아니다. 이슬람교는 타인에게 해를 가하는 행동을 하람으로 규정하여 절대 하지 말아야 하는 금지 사항에 두고 있다. 이슬람교는 폭력적인 방식으로 타종교인들을 강제 개종시켜야 한다고 주장하는 종교도 아니다. 이 위대한 하나님 앞에 압도된 사람들이 무슬림이 되길 바라는 거이지 폭력의 방법으로 이 행동을 흉내 내도록 하는 종교가 아니다. 이슬람교는 테러를 하다가 죽으면 순교이고 열일곱 명의 처녀가 천국에서 너를 반겨줄 것이라고 주장하는 종교가 아니다. 이를 이슬람인들로 규정한다면 이슬람교를 편협한 관점에서 바라보는 것이다.

코란이 일천육백 년 전의 언어로 쓰여졌다는 것을 이해해야 한다. 21세기의 관점에서는 여성을 상품처럼 묘사한 것으로 느껴져 열일곱 명의 처녀들에게는 그곳이 지옥이겠다라고 생각될 수도 있다. 그러나 일천육백 년 전의 관점에서는 이것이 그렇게 폭력적인 의미로 받아들여지지 않았다. 그러니 이 표현에 집중할 것이 아니라 생명을 포기할 정도로 진리에 헌신한 사람에게 그에 맞는 축복이 주어질 것이라는 메시지에 집중해야 한다.

이슬람교는 서구 사회에서 종교가 전하는 핵심 메시지로 이해되지 못하고, 그저 테러리스트들의 종교, 이 맛있는 돼지고기를 못 먹는 사람들, 여성을 상품화하고 여성의 인권을 침해하는 종교로 이해되어 왔다. 물론 이슬람교가 코란을 절대시하면서 7세기의 언어를 21세기로 가져오는 데 문제가 있었다. 하지만 그것은 이슬람교의 핵심 정신이나 메시지가 아니다. 그러니 이슬람교에 대한 편견과 오해를 넘어 이 종교가 전하는 핵심 메시지로써 이슬람교를 이해하는 것이 우리에게 필요하다.

___ 이슬람교의 숙제

조직종교로서의 이슬람교는 코란 해석의 숙제를 가진다. 이슬람교는 무함마드를 통해 전해지는 계시가 최종적이고 완벽하다고 믿는다. 그래서 7세기의 진리 언어로 기록된 코란을 해석하지 않고, 있는 그대로 받아들이려는 경향이 있다. 하지만 모든 계시는 시대의 언어 속에 갇혔다. 하나님의 메시지와 구속사는 역사 속에서 이루어지기 때문에 그 시대의 진리 언어를 사용하고, 그 언어를 번역하지 않은 상태로 다른 시대에 적용하면 이전 시대의 진리 언어가 마치 하나님의 진리인 것처럼 적용되게 된다.

힌두교에서 아직도 신분 제도를 포기하지 못하는 문제와 같은 현상이 이슬람교에서 나타난다. 7세기의 기준에서는 여성의 인권을 더 보호했던 이슬람교가 7세기의 언어에 묶여 있기 때문에 이제 여성의 인권을 억압하게 된다. 열일곱 처녀를 선물로 준다는 것 같은

7세기의 언어를 적극적으로 21세기의 언어로 번역해야 하는데 그렇지 못함으로 오해를 양산하기도 한다.

이슬람교는 때로 교조주의의 도전을 맞이한다. 이슬람교는 하루에 다섯 번 절을 하고, 코란에 나와 있는 규칙을 지키는 것이 전부인 종교인 것처럼 자주 오해된다. 다섯 번의 예배에 담긴 의미와 규칙에 담겨 있는 목적은 잊혀지고 그 형식을 반복하는 것이 전부인 것처럼 오해될 때가 많다. 이슬람교는 그래서 교조주의화되는 내적 변질과 싸워야 했다.

이슬람교는 때로 철학적 이슬람주의의 도전을 맞이한다. 이슬람교는 기독교만큼 하나님의 임재를 강조하지 않는다. 하나님은 너무나 위대한 분이셔서 인간이 가까이 접근할 수도 없는 존재이다. 하나님은 높고 높은 곳에 계시고 우리는 낮고 낮은 곳에 있다. 그래서 하나님의 가르침에 따라 살아갈 뿐이다. 하지만 그럼에도 불구하고 여전히 이슬람교는 살아 있는 하나님을 믿는 종교이며 분명 위대하신 하나님 앞에서 자신을 발견하는 신전 의식을 담고 있다. 하지만 자주 이슬람교는 어떤 이슬람의 철학과 규칙을 이해하고 실천하는 것처럼 오해된다. 하나의 철학이 되고 세계관이 되는 것이다. 이슬람교는 자주 이 철학화와 싸워야 했다.

이슬람교는 때로 권력화의 도전을 맞이한다. 기독교는 신정 분리를 원칙으로 하지만 이슬람교는 신정 일치를 원칙으로 한다. '샤리아'는 이슬람교의 법체계로 정치, 경제, 사회, 문화의 전반을 담고 있다. 그러니 종교 지도자가 어떤 사법기관보다 더 높은 수준의 사법적 권력을 가졌다. 종교가 그 사회의 최고 권력을 갖게 되는 것이다. 권력을 갖는 것 자체가 문제가 되지는 않지만, 이 종교 권력이 부패하거나 잘못된 판단을 할 때 일반 사회보다 더 큰 문제를 야기할 수 있다. 개인의 자유와 인권이 억압될 수도 있고, 폐쇄 사회가 되어 사회가 쇠퇴할 수도 있고, 테러 집단화가 될 수도 있다. 물론 이것이 이슬람교의 특징은 아니다. 단지 이슬람교는 정치 권력을 획득하는 경향이 있어서, 종교 권력이 무지하거나 부패할 때 사회적 파장이 매우 크다. 그래서 그렇게 되지 않기 위한 스스로의 자정 노력이 항상 큰 숙제가 된다.

계시종교를 믿을 때 생각해봐야 하는 것

____ **성숙한 기독교**

인간에게 영혼이 있다고 믿는다면, 넓은 의미에서 계시종교에 속해 있는 것이다. 그러니 이 믿음에서 한걸음 더 나아가보자.

나에게 영혼이 있다면 마음이 아니라 영혼이 진정한 나일 것이다. 그런데 영혼을 나 자신으로서 자각하지 못하고 마음을 나 자신인 것처럼 느끼며 살아간다면 나의 진짜 모습으로 살지 못하는 것이다. 따라서 나의 영혼을 깨워서 진정한 나로 살아가는 것이 필요하다. 영혼이 있다고 믿는다면 여기까지 생각할 수 있다.

영혼으로 살아가는 인격자, 계시종교

나에게 영혼이 있다면 이 영혼은 원리라는 공장에서 만들어지지 않았을 것이다. 내가 영적 존재라고 생각한다면 이 영혼을 만드는 최초의 영혼으로서의 하나님, 신 존재가 요청된다. 영혼이 있다고 믿는다면 나의 영혼을 증거로 하나님이 존재할 수 있는 가능성을 생각해볼 수 있다.

나의 영혼이 지금 잠들어 있는 상태라면 나의 영혼을 만드신 하나님을 통해 나의 잠든 영혼을 깨울 수 있을 것이다. 우리에게 내재된 인격이 인격적인 부모의 사랑을 통해 깨어나는 것처럼, 우리에게 내재된 영혼이 우리를 창조한 하나님에 의해 깨어날 수 있다. 내가 영혼이 있다고 믿는다면 여기까지 추구해 볼 수 있다.

내가 영혼이 있다고 믿는다면 이렇게 신앙인에 이르길 바란다. 하나님을 통해 나의 잠든 영혼을 깨워서 진정한 나로서 살아가는 삶을 추구하길 바란다. 우리가 이미 역사 속에서 인간을 찾아오셨던 하나님에 대한 기록을 계시로 믿고, 그것을 보물지도로 삼아 하나님과 구원을 찾아간다면 우리는 역사 속에서 많은 사람들이 경험한 것처럼 하나님을 통한 영혼의 회복을 경험할 수 있을 것이다.

이것에 성공한다면 우리는 깨어난 영혼이 주는 자유를 누리게 된다. 우리는 환경에 흔들려 시시각각 변하는 마음 때문에 오는 존재 불안에서 벗어나 어떤 상황에서도 변하지 않는 나로 인해 참된 안정을 누린다. 우리는 누군가의 사랑이나 인정을 바라지만 채워지지 않는 공허에서 벗어나 이미 내 안에 가득한 사랑을 누리는 만족감을 가진다. 인생에 대한 수많은 답 중에 어느 것이 답인지 몰라 어지러운 혼란스러움에서 벗어나, 삶의 답을 가지고 있는 자기 확신에서 생기는 만족감을 누린다. 주변의 어떤 것에도 흔들리지 않고 내가 나 자신으로서 확신하고, 만족하며, 안정되게 살아갈 수 있는 자유를 누릴 수 있다. 우리가 계시종교를 믿는다면 여기까지 이르는 것을 꿈꿔야 한다. 진리이신 하나님이 우리를 자유하게 하시는 것을 꿈꿔야 한다.

___ 영혼만으로 부족하다

계시종교는 영혼이 깨어나는 것이 가장 중요하다고 가르친다. 하지만 동시에 그것이 전부가 아님을 이야기한다. 영혼이 깨어나더라도 인간은 여전히 환경 속에서 육체를 입고 살아간다. 그러니 환경과 육체를 무시하고 사는 것이 계시종교의 대답이 될 수 없다. 계시종교는 더 좋은 환경을 위해서 노력하는 것이나 육체의 만족을 추구하는 것을 적대시하지 않는다. 그것을 우선시하는 것에 대해서 경계할 뿐이지, 그것을 배제하라고 가르치지 않는다.

하지만 계시종교는 때로 이것을 적대시하거나 배제하려는 함정에 빠진다. 혹시 지금 계시종교 안에 있다면 영혼에 대한 과도한 강조로 다른 것을 놓치고 있지 않은지 생각해봐야 한다.

영혼으로 살아가는 인격자, 계시종교

3부
——

종교로의 초대

Some men are born posthumously.

- Friedrich Nietzsche -

01

⌘

Dear my friends

그후

모든 것이 익숙해질 만큼 시간이 흘렀다. 우리는 여전히 친구로 남아 있다. 떠난 친구를 자주 기억하지는 않지만, 그즈음에 만나는 것이 습관이 되었다. 그 계절이 찾아오면 누군가는 "한번 만나야지!" 하며 말을 꺼낸다.

서로 많이 달라져서 이전과 같을 수는 없지만, 이런 친구들을 다른 곳에서는 만날 수 없다는 것을 서로 잘 알고 있다. 시간을 내고 마음을 쓰면 관계는 결국 그 나름의 모습으로 자라는 것 같다.

위기라면 위기가 있었다. 몇 번 정도의 만남은 서로 조심하며 겉도는 이야기만 나누다 헤어졌다. 자주 만나는 것도 아닌데 겉도는 이야기만 하니 관계는 점점 서걱거리게 변하는 것 같았다. 다행히

리코타가 그 친구가 가끔 '리코타 팬케이크에 메이플 시럽을 뿌리는 순간'이라고 주문을 외운다는 말을 듣고는 그 친구를 '리코타'라고 부른다. 본인도 꽤 흡족해하는 눈치다 그 서걱거림을 깨트려줬다. 이제는 하고 싶은 말을 하고 사는 사람이 되었으니까.

그날은 새벽까지 밀린 이야기를 쏟아냈다. 서로에 대한 생각, 자기 삶의 고민, 예전에 좋았던 추억들을 이야기했다. 수많은 대화가 오고 갔고, 어느 순간 누가 했는지조차 기억이 나지 않는 말이 오래 기억에 남았다. "사실 어디 가서 너희처럼 괜찮은 사람들을 만나는 게 쉽지 않아." 누군가 지나가며 한 말이었다. 아마 다른 친구들도 그랬을 것이다. 꼭 같은 말이 아니더라도 그날을 떠올리며 비슷한 감정을 느꼈을 것이다. 많이 다르지만, 그래도 좋은 사람들이다. 요즘 같은 세상에, 이렇게 괜찮은 사람들을 만나는 게 어디 쉬운 일인가.

그 뒤로는 전처럼 편안한 만남이 됐다. 처음보다 더 솔직하게 이야기했고, 신뢰하며 경청하자 대화가 즐거워졌다. 물론 품위 있는 대화만 나누었다는 것은 아니다. 서로 그건 진짜 아니라고 할 때도 있었고, 흥분해서 논쟁할 때도 있었다. 하지만 그런 중에도 여전히 서로에게 정직했고, 서로를 신뢰했다.

매번 대화의 주제는 달랐다. 소소한 일상을 나누다가 헤어질 때도 있었고, 정치 이야기를 하며 불이 붙기도 하였으며, 한 사람이 주인공이 되어 그 친구의 이야기에 모두가 귀를 기울이기도 했다. 그러다가 오늘은 또 다른 대화가 시작됐다. 뭔가 진지하게 삶을 돌아보는 이야기를 나누다가 무슨 상담 프로그램처럼 긍정적인 단어 하나와 부정적인 단어 하나씩 '두 단어로 말하기'가 시작되었다. 물론 이런 방식으로 우리를 끌고 들어간 것은 리코타였다. 가끔은 간지럽고 유치할 때도 있었지만 의외의 경험을 하게도 해준다.

"나는 자부심과 불안감인 것 같아. 말을 하고 보니 민망하다. 너무 솔직한 단어가 튀어나왔어. 자부심이 가장 큰 것 같아. 다른 사람들 보기에는 별것 아닐 수 있지만, 나는 여기까지 오려고 정말 열심히 살았거든. 직장인이 다 같은 직장인이라고 생각하겠지만... 하지만 여기까지 올라와서 나름 내 분야에서 자리 잡고 있는 것에 자부심이 있어. 애들 키우면서 힘들 때도 많았는데 이제 애들도 어느 정도 자기 할 일 하고 나는 뒤에서 밀어주는 역할만 하면 되고, 아내와도 잘 지내고. 어떤 면에서는 직장보다 가족들이 모여서 이렇게 고기 구워 먹고 그럴 때, 뭔가 자부심이라기보다 뿌듯함? 그런 게 느껴져. 진짜 좋은 것 같아. 그리고 경제적으로도... 이 정도 해놓은 것도 뭐, 진짜 어디 가서 한 번도 이렇게 이야기한 적은 없지만 솔직한 내 감정은 자랑스러운 것 같아. 사실 돈 모을 때나 집 살 때 정말 힘들기도 하고 고민되기도 했어. 그래서 정말 많이 알아보고 그랬는데, 어느 지점에서 그냥 웬만큼 이 정도면 괜찮다까지 오니까 안정감도 생기고 자랑스럽기도 하고, 그런 것 같아. 자랑스럽다, 뿌듯하다, 다 자부심이라는 단어와 관계된 말인 것 같고. 내 인생에 대한 지금의 내 마음은 자부심이 맞는 것 같아.

자부심이 가장 크지만, 문득 불안한 것도 있어. 너무 뻔한 이야기라 민망하긴 한데, 어느 시점에서는 지금의 직장을 그만두어야 하니까. 나이가 이만큼 되니 끝이 좀 보이잖아. 내가 언제까지 여기 있을수 있을까 싶고. 지금 행복하기는 한데, 불안하기도 해. 이 행복이 언제까지 지속될지 잘 모르겠어. 경제적인 부분의 걱정도. 몰라, 왠지이 직장을 그만두면 인생의 링에서 내려가는 느낌? 이 일을 안하는내가 상상이 잘 안돼. 나는 대학 졸업하고는 쭉 여기에 있었으니까.만약 이 일을 그만둔다면 내가 정말 괜찮을지 잘 모르겠어.

근데 또 불안한 게 뭔지 알아? 마냥 끝까지 있어도 되나 모르겠어서 불안해. 정말 이렇게 사는 게 맞는가 싶은 생각도 들고. 저번에 너한테 이야기한 것처럼 네가 좀 과해서 그렇지 부럽기도 해. 그래서너랑 이야기한 뒤로 일년에 한 번 가족 여행은 좀 거하게 가게 됐잖아. 그리고 또 너희들은 뭔가 자기 중심이 있다고 해야 하나? 하여간그래. 그래서 너 따라서 교회라도 다녀볼까 하는 생각도 들고, 너 하는 대로 명상이라도 해볼까 하는 생각이 들기도 해."

누군가에게 이런 이야기를 해본 일이 없는 것 같다. 혼자 고민의시간에도 막연한 기분만 느꼈지, 이것을 언어에 담아 생각해 본 일은 없었다. 그래서 말을 하다 보니 내가 정말 그렇다는 것이 다시 느껴지기도 했다. 농담과 격려가 오고 갔다. 한 친구는 이 기회에 교회에 다니자고 이야기하고, 다른 친구는 자기와 산티아고 순례길을 가자고 이야기했다. 네가 얼마나 열심히 살아온 줄 우리가 제일 잘 알기에 너는 자부심을 가져도 된다고 격려해주기도 했다. 그래도 우리가 네 덕분에 세상 돌아가는 것도 알고, 좋은 정보도 많이 얻었다며 우리의 '자산지킴이'라는 진담 반 농담 반의 이야기를 했다. 진심이라는 것을 분명히 느꼈다. 나의 모든 것에 동의하는 것은 아니지만, 나를 지지해주는 사람들임을 확신했다.

"나는 만족감과 허무감인 것 같아. 만족감이 정말 크지. 나는 정말 하고 싶은 대로 다하고 살았으니까. 여행 가고 싶으면 여행 가고, 배우고 싶은 거 있으면 배우고, 먹고 싶은 것 있으면 먹고. 사실은 무엇을 해서 좋은 거라기보다는 내가 하고 싶은 걸 하고 있다는 것 자체가 좋은 것 같아. 여행을 했더니 만족스럽고, 맛있는 걸 먹어서 만족스러운 게 아니라 그냥 내가 하고 싶은 것을 하고 있다는 것 자체가 나에게 만족을 주는 것 같아. 그래서 지금도 회사 그만둔 것이 내 인생에서 제일 잘한 일이라고 생각해. 그때는 하루하루 삶을 계속 견디고 있었던 것 같았거든.

너는 좀 다르다는 생각도 들어. 네가 회사 다니는 걸 보면 견딘다는 느낌보다 해낸다는 느낌이거든. 막 참고 다니는 것 같지 않아. 그런데 그때 나는 그러지 않았어. 그냥 참고 견디며 시간을 보냈어. 생각해보면 그때는 늘 화가 나 있었는데, 그 화가 다른 누군가를 향한 것은 아니었어. 그런 상황에 나를 그냥 방치하고 있는 스스로에게 화가 났던 것 같아. 그런데 지금은 그런 게 없지. 그냥 내가 나랑 잘 지내는 기분이라고 해야 하나? 내가 하고 싶은 거 있으면 그냥 하니까 마음이 정말 편안해. 물론 안 되는 일도 있지만, 그건 진짜 하려고 하는데도 안 되는 거니까 어쩔 수 없잖아. 그런 건 또 잘 받아들여져. 내가 살고 싶은 대로 살고 있다는 것 자체가 주는 만족감이 있는 것 같아.

부정적인 단어를 굳이 고른다면 허무감? 뭔가 인생이 허무하다 이런 건 전혀 아니고. 그런데 사람들은 내가 불안감을 고를 거라고 생각하나 봐. 나를 보면 불안한가 봐. 그런데 막상 나는 그렇게 불안하지 않아. 물론 경제적으로 준비되진 않았어. 프리랜서로 일하니까 안정된 것도 아니고, 결혼을 한 것도 아니고. 남들은 이런 내가 불안할 거라고 생각되나 봐. 근데 사실 그건 보는 사람의 불안감인 것 같아. 막상 나는 이렇게 살아온 시간이 길고, 어떻게든 그때그때 삶의 문제들을 잘 풀어 왔기 때문에 지금보다 나이가 들어도 나름대로 잘 할 수 있을 거라고 생각해. 그래서 불안감은 거의 없어. 대신 허무감 같은 게 좀 있어. 정확히 허무감은 아닌데, 뭔가 원하는 것이 있고 그걸 막 하잖아? 그게 내가 살아가는 에너지가 되는 것 같아. 그런데 나이가 좀 드니까 솔직히 원하는 게 별로 없어져. 원하기는 하는데, 이전 같지는 않아. 그러다가 어느 날 문득 '어떤 것에도 열정이 생기지 않으면 어떻게 하지?'라는 생각이 들 때가 있어. 그때는 좀 무서워.

처음에는 여행을 많이 다녔잖아. 그런데 여행에도 총량이 있는 것 같아. 항상 정신 없이 좋았는데 불가리아에서 돌아오는 비행기에서 갑자기 툭, 이제 그만해도 되겠다는 생각이 들더라고. 그리고는 순간 며칠 좀 멍했어. 삶이 허무하다 이런 생각이 아니라, 갑자기 건전지가 빠진 장난감처럼 뭔가 아무것도 없고 비어 있는 느낌이 좀 들었어. 연애도 그랬던 것 같아. 연애를 할 때는 항상 푹 빠져서 했거든? 그런데 그것도 여행처럼 총량이 있는 것 같아. 새로운 사람을 만나 설레고 좋고 했는데, 그것 자체가 다 처음이 아닌 거야. 이 사람하고는 처음이지만, 나는 이런 감정적인 과정을 이미 여러 번 경험해본 거지. 그러니 어느 순간부터 상대에게 푹 빠지게 되지 않고, 뭔가 이제 연애도 그만해도 되겠다는 생각이 들더라고.

지금은 작지만 내가 하고 싶은 일을 시작한 게 좋아. 돈은 별로 안 되는데, 진짜 재미있어. 또 운동하며 몸 만드는 재미도 느끼고. 그래서 지금은 다 너무 좋고 만족스러운데, 어느 날 이것도 시들해지면 어떻게 하지? 시들해져도 다른 것에 또 열정이 생기면 괜찮은데, 더 이상 어떤 것에도 열정이 생기지 않으면 '어떻게 해야 할까?'라는 생각이 들 때 좀 무서워. 그런데 뭐, 그런 상상을 하니까 무서운 거지. '정말 그렇게 될까?'라는 생각도 있어. 이러다가 다시 여행이 확 좋아질 수도 있고, 다른 취미가 더 생길 수도 있고, 또 이제까지 사랑은 사랑이 아니었다고 하면서 새로운 연애에 빠질 수도 있고. 죽을 때까지 뭔가 있을 거라는 생각을 더 많이 해."

그럴 수도 있겠다는 생각을 했다. 하고 싶은 것을 맘껏 못하고 사는 나로서는 생각해보지 않았던 고민이었다. 어느 날 하고 싶은 것을 다하고 더 이상 하고 싶은 것이 떠오르지 않는다면 '어떻게 하지?'라는 고민이라니! 내 입장에서는 거리가 먼 고민이지만, 그렇게 살아가는 친구에게는 자연스러운 고민일 수 있겠다는 생각이 들었다. 농담과 격려가 오고 갔다. 너야말로 '지구별 여행자'라는, '인생은 니코타처럼'이라는, '죽기 전에 하고 싶은 거 다 해보고 더 하고 싶은 게 없을까 봐 걱정이라니... 정말 대단하다'는 이야기를 했다. '너를 보면서 삶을 좀 누리며 사는 법을 배웠다'는 이야기도 했다. '처음에는 나도 네 걱정을 많이 하고 철이 없다고 생각했는데, 지금은 네가 정말 용감하다고 생각한다'고 진심을 말했다.

이 친구가 선택한 것에 집중하고, 그 과정에서 만난 어려움을 감당하며, 또 해결해가는 것을 보면서 정말 대단하다는 생각을 했다. 언젠가 나를 소에 비유한다면, 이 친구는 표범 같다는 생각을 했다. 나는 내일도 내 여물통에 음식이 채워질 것을 알고 있다. 대신 내 어깨에 멍에도 지어지겠지. 하지만 이 친구는 내일 어디서 무엇을 먹을 수 있을지 알지 못한다. 부지런히 여기저기 찾아다녀야 하고, 물론 찾지 못할 수도 있고, 그러면 며칠을 굶을 수도 있다. 대신 어깨에 멍에가 지어지는 일은 없을 것이다. 물론 나는 지금 다시 선택권이 주어져도 소를 택할 것이다. 배 고프고 비 맞으며 산을 돌아다니는 자유는 나에게 매력적이지 않다. 하지만 대단하다고는 생각한다. 동의하지 않지만 지지한다.

"나는 평화와 답답함."

우리 사이에서는 '위너'로 불리는 친구가 이야기를 시작했다. 이 친구는 정말 없는 게 없다. 태어날 때부터 집안도 좋았고, 아둥바둥

하지 않는데 일도 잘 된다. 젊었을 때는 누구 부럽지 않게 놀더니, 나이가 들어서는 담백한 사람으로 변했다. 술도 안하고, 비건이며, 새벽 명상을 즐기고, 갠지스나 산티아고를 여행한다. 균형 잡힌 생활을 하고, 바르게 살며, 기부도 많이 한다. 그래서 친구지만 약간 거리감이 든다고 해야 하나? 이 세상 사람이 아닌 것처럼 느껴질 때가 있다. 물론 막상 만나면 유쾌한 친구여서 즐겁고 편하게 이야기하지만, 진지한 이야기를 할 때면 뭔가 마음의 옷깃을 여미게 하는 친구다. 그래서 이 친구 이야기가 궁금했다. 이 친구에게도 고민이 있을까 싶은 마음에서였다.

"그냥 나는 평화로워. 이걸 어떻게 설명하지? 내가 어떤 사람인지, 어떻게 살아야 할지 내가 깨달은 게 있어. 특별한 것은 아니고, 내가 가끔 말하면 너희가 너무 뻔하다고 이야기하는 그런 당연한 거 있잖아. 그냥 그게 맞다는 것이 깨달아지면서 그 자체로 마음이 편안해져. 그러면 마음이 깨끗한 방이 된 기분이야. 그 상태에서 내가 깨달은 대로 행동해. 일하고, 사람들과 관계를 맺고, 결과는 받아들이면서. 그냥 단순해. 이 단순한 상태가 좋고..."

말을 마무리하는 것 같아서 궁금하던 이야기를 물어봤다.

"근데 우리 입장에서는 지금의 네가 너무 절제된 생활을 하는 것 같아. 사실 젊었을 때는 네가 우리 중에 제일 잘 놀던 애였잖아. 그런데 그렇게 단순하게 생활하는 게 답답하지 않아? 채식이나 술 안 마시는 거나. 너는 진짜 뭘 안 하잖아."

"그렇지는 않아. 그런 걸 하고 싶은데 하지 말아야 하니까 억지로 안 하고 있는 게 아니야. 하면 재미있는 건 알지. 그런데 그렇게 하고 나면, 그 뒤에는 정돈됐던 마음이 좀 흐트러져. 그걸 다시 정리하는 데 시간이 꽤 걸리고. 그게 싫으니까 아예 하고 싶은 마음을 차단하는 거야. 고기 좋아하지. 나는 사회적 가치로 비건이 아니라 내면적인 이유로 비건이기 때문에 먹으면 먹을 수 있어. 그런데 채식을 할 때가 마음이 더 담백해지는 것 같아. 티비 보고 영화 보고 하면 재미있는데, 뭔가 생활이 흐트러지는 기분이야. 그래서 그냥 안하는 거야. 왜 술 실컷 마시고 다음 날 숙취로 고생하면, 이후에 먹을 때 좋아도 절제하게 되잖아. 그런 거랑 비슷해. 자극적인 생활은 다 어떤 숙취가 있는 것 같아. 그게 싫어서 그냥 안 하는 거야. 하지만 안 하기 때문에 느끼는 답답함은 없어. 그냥 부정적인 것이 내 안에 들어오는게 싫고, 들어오더라도 지나가게 하려고 해."

"그렇구나. 나는 그냥 내가 그렇게 살면 답답할 것 같아서. 너 보면 늘 궁금했어. 그러면 네가 이야기한 답답함은 뭐야?"

"부정적인 단어를 고르라고 해서 하나 고르긴 했는데... 사실 일상적으로는 평화가 깨지는 것에 대한 고민이고... 뭔가 잡념, 우리 식으로는 번뇌에 빠지는 것이 고민이지. 그런데 그건 그냥 상태가 안 좋을 때 그런 거니까. 인생을 표현하는 부정적인 단어는 아닌 것 같고... 그냥 가끔 그런 생각을 해 본 것 같아. 이렇게 이야기하면 또 욕먹을 텐데... 그냥 내가 호수 같고, 바다는 아닌 것 같아. 그런데 '바다여야 하는 건 아닐까'라는 고민이 들 때가 있어."

"뭐라고? 그렇게 설명을 멈추면 어떡해? 우리가 이해할 수 있게 이야기를 해야지."

"미안, 근데 진짜 더는 설명을 못하겠어. 더 설명을 하면 내가 이야기하려는 거랑 달라져. 요즘 고민하는 화두인데, 여기서 나 혼자서 생각을 막 이어가면 고민이 풀리는 게 아니라 고민에서 멀어지는 것 같아서. 그냥 이 문장에 머물러 있거든. 진짜 그래. 내가 이제 호수가 된 것 같은데, 호수로 있는 게 맞나 하는 생각이 들어. '바다여야 하는 거 아닌가'라는 생각... 뭐, 하여간 그래. 난 끝!"

진짜 이 친구다운 이야기로 마무리되는 것이 재미있었다. 농담과 격려의 말들이 오고 갔다. 진짜 그렇게 이것저것 다 안 해도 안 답답하다는 게 놀랍기도 했다. 진짜 노는 게 쉬는 게 아니고 가끔은 정말 더 정신없어지기만 하는 것 같다는 이야기도 했다. 호수와 바다 이야기는 각자 이해한 대로 정리하기로 했다. 참 존경스러운 친구다. 일하는 모습을 봐도 그렇다. 손해를 보더라도 바르게 하려고 하고, 사람을 먼저 생각하며, 무슨 일이 있어도 크게 흔들리지 않는다. 하지만 더 대단하다고 생각하는 것은, 이것을 그렇게 해야 하니까 힘들어도 그렇게 해야 하는 느낌이 없다. 내면의 시간에서 그런 것이 다 정리되어서인지, 자연스럽게 그런 선택과 행동을 한다. 이 친구의 삶은 바깥쪽에 있는 것이 아니라 안쪽에 있는 느낌이다. 그래서 신기하기도 하고, 부럽기도 하다.

"나는 사랑과 이기심인 것 같아."

마지막 친구가 이야기를 시작했다. 이 친구가 어떤 면에서는 제일 신기하다. 어떻게 생각하면 제일 변함이 없는데, 어떻게 생각하면 제일 많이 변한 친구다. 열심히 일하고 회사를 다니지만, 성공에 마음을 쏟고 애쓰는 것 같지는 않다. 재미있게 지내지만, 하고 싶은 것을 하려고 도전하고 집중하지도 않는다. 평범보다는 보수적인 생활을 하지만, 또 그렇게 절제된 생활을 하는 것은 아니다. 어떻게 보면 우리 중에 제일 평범하다. 그런데 뭔가 설명하기 어렵게... 특별하다. 이 친구는 인간적이다. 우리 중에 가장 잘 웃고 가장 잘 눈물을 보인다. 웃어야 할 자리에게 가서 같이 웃어 주고, 울어야 할 자리에 가서 같이 울어 준다. 사랑이 많고, 따뜻하다. 소소하게 마음을 써주는 데 그게 참 고마울 때가 많다. 품이 깊다고 해야 하나? 잘 이해해주고 품어준다. 가끔 이 친구와 이야기를 하다 보면, 한 없이 내 이야기를 들어주고 있는 것이 느껴진다. 모두 이 친구를 좋아한다. 어찌 보면 떠난 친구의 자리를 이 친구가 채워주고 있다는 생각도 가끔 든다.

"내 이야기니까 편하게 내 말로 이야기할게. 기도를 하다 보면 하나님이 정말 내 마음에 계시고 나를 사랑하신다고 인정될 때가 있어. 그러면 신기하게 내 진심도 사랑인 것이 느껴져. 그럴 때 있잖아. 이런저런 생각 때문에 복잡하다가도, 사실 '내 진심은 이렇지!'라고 생각하면 다른 마음에서 싹 정리가 되잖아. 너도 그런 거잖아. 딱 원하는 대로 살고 싶다는 진심이 느껴지니까 다른 마음은 싹 정리가 되는 거잖아. 그런 것처럼 내 진심이 사랑이라는 게 딱 느껴져. 내가 나를 참 사랑하고 소중히 여기며, 내가 사람들을 사랑하고 삶을 사랑하며, 세상을 사랑하고 또 하나님을 사랑하고. 그 마음이 원래 거기에 있었던 것처럼 딱 느껴져. 그러면 그냥 전반적으로 만족스럽고, 좀 더 이타적인 능동성이 생겨. 다른 사람들이 좀 잘됐으면 좋겠고, 세상이 더 좋은 곳이 됐으면 좋겠고, 하나님이 하고자 하시는 것에 동참하고 싶고. 그럴 때가 진짜 좋아. 다 자연스럽고 좋아. 그런데 살다 보면 이런저런 일들이 있잖아. 내 식으로 이야기해서 하나님과 거리가 생기면, 기도가 잘 안 되면 뭔가 다시 그 보물상자가 닫히는 것 같아. 생각이 자꾸 이기적인 쪽으로 가고, 뭔가 마음에 안 드는 것도 많아지고, 내가 내가 아닌 것 같고. 그래서 꾸준히 기도하면서 진심을 유지하려고 해. 내 마음은 사랑과 이기심, 이 두 단어로 설명할 수 있을 것 같아. 이 두 마음이 싸운다면 싸우는 것 같고."

"이기적인 게 꼭 나쁜 건가?"

"그런 차원은 아닌 것 같아. 뭐가 이기적인 거고, 그건 나쁜 거고, 그러면 안 되고... 뭐, 이런 것보다 그게 내가 아닌 것 같은 거야. 내가 사랑이 내 진심이라고 느꼈을 때, '이게 진짜 나구나!'라고 느꼈거든. 그건 직관적으로 아는 거잖아. 그래서 내 입장에서 이기적으로 살면 뭔가 다른 외부적인 이유 때문에 나를 잃어버린 기분이고, 뭔가 떠밀려가면서 사는 기분이야. 그게 싫어. 나는 정말 나로 살고 싶은 거지. 또 그게 좋으니까."

"기도를 해야 사랑이 있고, 아니면 없고. 그러면 무슨 약 먹는 것 같은데... 기도해야만 그렇다면, 그게 진짜 너라고 할 수 있을까?"

"나도 그 고민을 해 봤는데, 나는 약 먹는 것 같은 게 아니라 밥 먹는 것 같은 거라고 결론을 내렸어. 내 몸도 꾸준히 좋은 음식을 제공해줘야 내 몸답게 유지할 수 있잖아. 내 영혼도 하나님의 사랑이라는 양식을 계속 공급해줘야 내 영혼다운 상태를 유지할 수 있다고 생각해. 그런데 왜 내가 이야기할 때만 또 이렇게 공격적이야. 오늘은 그냥 들어줘야지."

이야기는 웃으면서 마무리되었다. 나와 리코타가 좀 공격적인 질문을 했지만, 자주 있는 일이었으니까. 공격이라기보다 이 친구 이야기가 가장 낯설었다. 이해가 잘 안 된다고 해야 하나? 그래서 여러 질문을 하게 됐는데, 내가 들어도 질문보다는 공격 같았다. 신기하다. 저 영역은 내가 모르는 완전 다른 세계니까. 이 친구가 변했다는 것을 알겠고 이 친구의 모습이 정말 좋아 보이기는 하지만, 나는 '하나님이 있다' 뭐 이런 것은 정말 못 믿겠다. 상식적인 성인으로서 믿을 수 없는 것이라고 생각한다. '영혼이 있다' 정도는 믿을 수 있을 것 같다. 가끔 그런 생각이 들기는 한다. 이 친구의 영혼이 맑다고 생각되고, 영혼이 단단하다고 생각된다. 그렇게 말하는 것이 가장 정확한 표현인 것 같다. 그런데 내 영혼이라고 하면 잘 모르겠다. 하여간 저 친구에게 신앙이 정말 중요한 것이고, 그것이 저 친구의 삶을 변화시켰다는 것을 알겠다. 그리고는 또 다른 이야기들을 길게 나누

310

3부 종교로의 초대

었다. 하지만 집에 돌아가는 길에서는 이 친구의 대화가 가장 기억에 남았다. 오늘이 어쩌면 서로를 가장 많이 이해한 날로 기억될 것 같기도 하다.

떠난 친구는 우리에게 죽음이라는 선물을 주었다. 각자 죽음의 질문에 다른 대답을 갖게 되었다. 우리의 답은 다르고, 다른 답만큼이나 다른 삶을 살았으며, 각자 다른 사람이 되었다. 죽음의 질문에 어떤 답을 갖는가에 따라 삶이 달라진다는 것을 우리는 서로를 통해 잘 알게 되었다. 누군가의 답은 맞고, 누군가의 답은 틀렸을 것이다. 지금은 각자 자신의 답에 따라 최선을 다하는 것만으로 서로 존중할 만한 삶을 살고 있다. 하지만 어느 순간 죽음이 우리 곁으로 찾아올 것이고, 누군가의 손을 들어줄 것이다.

죽음이 소멸이라면, 지구별을 여행한 친구가 가장 잘 산 것일 수 있다. 죽음 이후에 정신이 살아 있다면, 깨달음을 따랐던 친구가 가장 잘산 것일 테니. 또 죽음 이후에 하나님이 있다면, 신앙을 가진 친구가 위너일 것이다. 우린 다른 답을 선택했으니, 모두가 맞을 수는 없다. 하지만 누가 맞는 선택을 했는지는 좀 더 삶을 살아봐야 알 수 있을 것이다.

내가 후회할까 걱정되기도 한다. 나는 환경을 위해 살아왔는데, 늙는다는 것은 그 대부분을 잃어가는 것이니 죽음 근처에 도달하기 전에 후회할지도 모른다. 지금도 때로 나보다 단단한 내면을 가진 친구들이 부러울 때가 있다. 그러니 나중에 이 친구들 중에 한 명과 어울리고 있을 것 같다는 생각도 든다. 이 친구와 여행을 다니고 있을지, 저 친구를 따라 명상을 하고 있을지, 다른 친구와 교회를 다닐지는 모르겠지만... 뭔가 지금처럼 환경에 매달려 살지는 않을 것이다. 늙음은 어차피 그 모든 것을 놓게 할 테니.

하지만 아직 우리는 존중의 시간을 살아가고 있다. 각자의 답에 따라 최선을 다하며 삶을 살아가고, 그에 따른 결과를 만들어내고 있는 서로를 존중한다. 우리는 죽음을 무시하지 않고 그냥 별 생각 없이 삶에 떠밀려가는 사람들을 많이 보았다. 그래서 질문을 던지고 답을 얻어, 그 답 앞에서 최선을 다하는 서로를 존경한다. 이것이 우리의 연대감이다. 답은 다르지만 같은 질문을 가지고 있다.

떠난 친구로부터 '죽음'이라는 선물을 받았다. 우리는 모두 죽음에 질문을 던져 삶에 답을 얻은 사람들이다. 그 답이 다르더라도, 이것 자체가 우리의 공감대가 된다. 우리는 어떤 면에서 모두 죽음이라는 선물을 가지고 있다. 그리고 그것이 우리를 더 잘 살도록 만들었다.

우리는 앞으로도 이 질문을 놓지 않고 살아갈 것이다. 그리고 각자의 답에 따라 최선을 다할 것이다. 누군가의 답이 맞다고 인정되면 내 입장을 바꿀 수도 있겠지만, 그 전까지는 자기 입장에서 존중하고 논쟁하며 함께 살아갈 것이다. 그렇게 서로에게 조금 젖어 드는 것도 선물이 주는 유익이라고 생각하며.

02

종교를 갖는다는 것

종교를 이야기하는 것

보통 종교에 대해서 이야기한다고 하면 4대 종교의 역사와 교리를
설명하고 서로간에 이루어지는 논쟁을 나열한다. 물론 의미 있는 작
업이지만, 이런 종교 이야기는 적용점을 잃어버리고 어떤 정보량을
습득하며 나열하는 것이 되어 버린다. 이렇게 종교를 대하다 보면
철학이 유행이 되어버린 것처럼 종교도 그렇게 되어 버린다. 종교적
정보를 자신의 지성을 자랑하는 자기 표현의 수단으로 사용하는 것
이다. 그래서 종교에 대해서 이야기할 때는 그보다 핵심 질문에서
출발하는 것이 더 좋다. '나는 죽는다. 그것이 나에게 어떤 의미가 있
는가?' 여기에서부터 출발할 때 우리는 종교의 적용적인 의미에 접
근할 수 있다.

　종교에 대해서 이야기하는 것과 종교 안에 머무는 것 사이에는 큰

차이가 있다. 한 사람은 진공 청소기의 역사와 작동 원리, 진공 청소기 시장에서 최대 매출을 올리고 있는 회사와 추격하는 회사, 두 회사 사이의 기술 격차에 대해서 알고 있다. 다른 사람은 진공 청소기 몇 개를 비교해보고 자신에게 가장 잘 맞는 청소기를 고른 후 집에 돌아와 사용 설명서를 꼼꼼히 읽어보고 청소기를 사용해서 청소를 한다. 한 사람은 진공 청소기에 대한 지식만 있는 사람이고, 다른 사람은 진공 청소기가 실제 삶에서 청소도구로 사용되는 사람이다.

　나에게 종교는 어떻게 다가오는가? 종교에 대한 이야기를 멈추고, 종교를 사용하길 추천한다. 그것은 죽음에 대한 질문을 던지고 거기에 대한 답을 찾아가는 것에서부터 출발한다. 내가 죽음에 대해서 어떤 대답을 가지고 있는가, 그것이 어떻게 삶에 답이 되었는가에 대해 이야기하는 것이 종교를 진정 사용하는 것이다.

종교를 갖는 것

종교를 가지는 것은 어떤 조직종교에 입회 원서를 내는 일이 아니다. 많은 사람이 종교를 갖는 것을 어떤 종교 조직에 속한 일이라고 생각한다. 물론 여기에 교집합이 있겠지만 그럼에도 조직종교에 가입한 것을 종교를 가졌다고 말할 수 없다.

　종교는 상온에서 쉽게 부패하는 우유와 같다. 그러니 어떤 조직종교에 가입해서 거기서 가르쳐주는 것을 맹목적으로 믿었다가는 커다란 문제가 생길 수 있다. 종교는 가입하고 배우고 따라가는 수동적 태도로 접근해서는 안 된다. 내가 나의 질문을 가지고 나의 답을 찾아가는 주도권을 가지고 조직종교 속에 머물러야 한다. 우연한 기회에 가입해서 그것이 맞다고 하니까 맞는 줄 아는 사람은 그곳에서 가르쳐주는 것도 제대로 이해할 수 없고, 이곳보다 더 맞는 것을 가르치는 다른 종교가 있더라도 알아볼 수 없다. 수동적인 접근으로는 기독교에 가입해도 예수의 메시지보다 한국 교회를 배우게 될 것이고, 불교에 가입하더라도 부처의 깨달음보다 한국 불교를 배우게 될 것이다. 그러니 나의 주도성을 놓지 않아야 한다. 조직종교는 지금 나의 존재와 삶에 대해서 설명해주는 설명서에 지나지 않는다. 그들이 설명하는 것이 실재 내면과 삶에서 일어나야 한다. 그렇지 않다면 의미 없는 정보에 지나지 않는다. 그러니 주도권을 가지고 고민하고 배우고 적용하여 나의 답을 찾아가야 한다.

많은 사람이 자신이 가입한 곳에서 가르치는 것과 다른 것을 믿고 있다. 어떤 사람은 기독교에 가입되어 있지만 세속주의자이다. 환경이 중요하고, 더 좋은 환경을 위해 살아간다. 어떤 사람은 기독교에 가입되어 있지만 불자이다. 좋은 말씀을 듣고 바르게 살아가려고 교회에 다닌다. 어떤 사람은 절에 다니지만 과학주의자이다. 진리를 찾아내는 명상을 하는 것이 아니라 진정한 원함을 찾아내기 위해 명상을 한다. 단지 명상에 도움되는 그 고요함이 좋아서 가입했을 뿐이다. 이러한 부조화는 가입되어 활동하는 나에게도 좋지 않고, 그 종교에도 좋지 않다. 어디에 가입되어 있다면 그곳이 전하고 있는 메시지에 귀를 기울여야 한다. 그런 노력 없이 습관과 필요에 따라 그 종교를 정의하고 활용하는 것은 상대를 무례하게 소비하는 행위다. 주도권과 완고함에는 분명 차이가 있다.

'종교를 가지고 있다'는 의미는 내가 죽음에 대한 나의 답을 가지고 있고, 그것이 나의 삶을 지탱하는 하나의 기둥으로 사용되고 있다는 뜻이다.

종교를 이야기하고, 종교를 갖는 것

이런 의미에서 종교에 대해서 이야기하고, 종교를 가지길 권한다. 그것은 내 삶에 의미 있는 진전이 될 것이다. 죽음에 대한 질문으로 시작해서 내가 어떤 존재인지에 대해서 생각해보길 바란다. 내가 환경의 산물인지, 아니면 물리적인 현상인지, 내 육체 속에 정신이 담겨 있는 것인지, 내 육체 속에 영혼이 담겨 있는 것인지 생각하는 인생관에 대한 고민이 시작되길 바란다. 그래서 내가 환경 개선을 위해 최선을 다해야 하는 것인지, 그냥 원하는 대로 살면 되는 것인지, 아니면 무엇이 맞는지 다시금 깨달아 바르게 살아야 하는 것인지, 내 안에 잠든 영혼을 깨워 진정한 나를 찾아야 하는 것인지 인생관에 대한 대답을 찾길 바란다. 주변에 떠다니는 다른 사람의 답이 나의 답이 되는 것이 아니라, 내가 고민하고 깨닫는 가운데 답을 찾아 그것이 내 삶의 기둥이 되는, 그런 종교를 갖기 바란다.

03

나의 종교 찾아가기

갈림길

가끔 어떤 알고리즘이 나에게 영화나 음악을 추천해줄 때가 있다. 그것이 때로는 너무 많은 콘텐츠 속에서 무엇을 선택할지 몰라 헤매는 나에게 도움을 줄 때가 있다. 물론 여기에 전적으로 의지하는 것은 좋지 않다. 주체적인 선택 능력을 잃어버리게 되기 때문이다. 하지만 어느 지점까지는 가이드의 역할을 해줄 수 있다고 생각한다.

우리는 이제까지 사람들이 했던 종교에 대한 다양한 대답을 함께 살펴보았다. '무시로 대답한 세속주의', '소멸로 대답한 과학주의', '정신으로 대답한 명상종교', '영혼으로 대답한 계시종교'에 대해서 이야기했다. 내가 새로운 대답을 생각해내고자 하는 것이 아니라면 나는 이 중 어떤 대답을 가지고 있는가를 돌아보고, 나와 같은 대답을 하고 있는 종교가 해주는 조언을 들어보는 것이 필요하다.

이제 하나를 골라 보길 바란다. 어떤 대답은 맞고 어떤 대답은 틀렸다. 그러니 쇼핑하듯 가벼운 마음이 아니라 정답을 찾는 진지한 마음이 필요하다. 물론 한 번 고르면 번복할 수 없는 답안지 작성이 아니니 그렇게까지 긴장할 필요는 없지만 내가 정하는 것이 정답이 되는 것이 아니라 정해진 정답을 내가 찾는 과정인 것이니 신중함과 진지함이 필요하다.

이 신중함을 위해서 갈림길을 다시 한 번 살펴보자. 네 가지 종교는 핵심 질문에 어떻게 대답하는가에 따라서 여러 갈래로 나뉘었다. 그러니 그 핵심 질문의 지점으로 다시 돌아가 그 갈림길에서 어떤 방향으로 가야 할지 결정해보자. 갈림길에 서서 질문하는 것이 대답을 찾아가는 출발이 될 것이다.

죽음 이후에 내가 존재하는가

종교를 찾는 첫 번째 질문은 '죽음 이후에 내가 존재하는가'이다. 죽음 이후에 나는 존재할까? 직관적으로 어떤 대답이 떠오르는지를 보는 것도 의미가 있다. 이것은 내가 모르는 어떤 행성에 대한 이야기가 아니라 나 자신에 대한 이야기이기 때문에 나의 직관이 그렇게 무의미하지는 않을 것이다.

다른 사람들의 이야기에도 귀를 기울여보자. 과학주의는 인간에 대해 우주 한쪽에서 일어나는 매력적인 물리 현상이라고 설명한다.

인간은 육체이고 죽음 이후의 세상은 존재하지 않는다. 그것은 모두 죽음을 두려워하는 사람들이 만들어낸 판타지다. 주체적 인간이라면 두려움으로 인해 환상으로 도망가기보다 그 두려움과 함께 사실 앞에 서야 한다고 말한다. 명상종교와 계시종교는 인간은 육체 이상의 존재라고 말한다. 인격성은 인간이 단지 육체가 아니라 육체 이상의 존재라는 것을 보여준다. 인간에게 육체로 말미암아 만들어지지 않은 부분이 존재한다면 그 부분은 애초에 육체에 속한 것이 아니기 때문에 육체의 죽음 이후에도 존재할 것이라고 말한다. 세속주의는 이런 쓸데 없이 기운만 빼는 질문을 멈추자고 이야기한다.

이제 이 질문에 대해서 고민해보자. 알 수 없는 질문이라고 무시할 일이 아니다. 풀리지 않는 문제라고 해서 배제해버리면 내 인생의 성적표는 생각보다 초라해질 수 있다. 쇼핑하듯 골라서도 안 된다. 이것은 마음에 드는 것 하나를 고르는 것이 아니라 무엇이 맞는지 찾아가는 것이다. 신중해야 한다. 앞서 네 명의 친구 이야기에서 봤던 것처럼 어떤 것을 선택하는가에 따라서 다른 사람이 되어 다른 삶을 살아가게 되기 때문이다.

확신이 없더라도 하나의 대답을 선택하고 그 선택에 따라 그 다음 이야기에 귀를 기울이면 좋겠다. 죽음이 소멸이라고 생각한다면 살아 있음의 소중함에 대해서 생각해보자. 죽음은 무시하는 것이 좋다고 선택했으면 명확한 사실을 무시하면서까지 집중하기로 결정한 환경 개선에 대해서 좀 더 진지한 태도를 가져보자. 이것이 종교를 찾는 첫 번째 질문이다.

나의 종교 찾아가기

인간의 정체성은 어디에 있는가

종교를 찾는 두 번째 질문은 '인간의 정체성은 어디에 있는가'에 대한 질문이다. 나는 나를 무엇으로 정의하는가? 앞의 질문과 같이 직관적인 대답도 의미가 있다. 나 자신에 대한 질문이기 때문이다.

마찬가지로 다른 사람들의 이야기에도 귀를 기울여보자. 과학주의는 인간의 정체성을 육체에 둔다. 나의 몸이 곧 나다. 나의 DNA가 나다. 그러니 내 기질과 성향대로 살아가는 것이 나답게 사는 것이라고 대답한다. 세속주의는 인간의 정체성을 환경에 둔다. 나의 환경이 나를 만든다. 그러니 환경으로 만들어진 나를 수용하고 더 좋은 환경을 만들어 더 좋은 내가 되려고 해야 한다. 세속주의는 좋은 환경에서 사는 것이 내가 나답게 사는 것이라고 이야기한다. 명상종교는 인간의 정체성을 정신에 둔다. 나는 생각한다. 고로 나는 존재한다. 인간의 특별함은 인간이 진리를 이해하고 판단하여 추구할 수 있다는 데 있다. 그래서 무엇이 맞는지 깨닫고 바르게 사는 것이 나답게 사는 것이라고 명상종교는 이야기한다. 계시종교는 인간의 정체성을 영혼에 둔다. 마음이 지금 내가 느끼는 나다. 그런데 이 마음인격의 모습을 한 진짜 나는 내 안에 잠들어 있다. 우리가 양심으로, 사랑으로, 그 조각조각을 느끼지만 그 실체를 느끼지 못하는 영혼이 진정한 나라고 이야기한다. 그래서 영혼을 깨워 진정한 나로 살아가는 것이 나답게 사는 것이라고 이야기한다.

이 질문을 고민해야 한다. '나는 누구일까?' 내가 나로서 살아가야 하는데, 그러기 위해서는 내가 누구인지 알아야 한다. 내가 나를 오해한다면 내가 살지만 내가 사는 것이 아니다. 그러니 우리는 이 질문을 던져야 한다. 그리고 답을 찾아가야 한다. 여기에 대해서 어떤 답을 선택하는가에 따라서 나의 종교가 정해질 것이다.

원함과 맞음의 문제를 어떻게 이해할 것인가

종교를 찾는 세 번째 질문은 '원함과 맞음의 문제를 어떻게 이해할 것인가'이다. 원하는 대로 살아야 할까, 아니면 맞는 것에 따라 살아야 할까? 우리가 일상적으로 많이 던지는 질문이기도 하지만, 이것은 굉장히 종교적인 질문이다. 아이스크림 고르듯이 선택하면 안 되는 중요한 질문이다.

다른 사람의 이야기를 들어보자. 세속주의는 나중에 원하는 대로 살기 위해서 지금 맞는 대로 살아야 한다고 말한다. 맞음이냐 원함이냐의 토론이 의미가 없는 것은 사회는 내가 맞는 대로 살도록 강제하기 때문에 하기 싫어도 그렇게 해야 하고, 내가 원하는 대로 하려면 그나마 내 환경이 좋아야 하기 때문에 지금 원하는 대로 살면서 기회를 낭비하지 말고 최대한 환경 개선을 위해 노력해야 나중에 조금이라도 원하는 대로 살 수 있다고 이야기한다. 과학주의는 타인의 이익을 침해하지 않는 선에서 내가 원하는 대로 살아야 한다고 이야기한다. 육체의 핵심은 욕망이고 내가 욕망에 따라 살지 못한다면 이는 억압당하는 것이라고 말한다. 명상종교는 맞는 대로 살아야 한다고 이야기한다. 하지만 이것은 도덕적 당위에 따라 사는 것이 아니라 깨달음을 통해 맞음을 원하는 상태에 이르러야 한다고 이야기한다. 계시종교는 맞음과 원함이 분리되어 있는 것이 문제이니 영혼의 회복을 통해서 둘이 하나가 되도록 해야 한다고 답한다.

　이 질문에 고민하여 답을 찾아야 한다. 원함과 맞음은 중요한 종교적 주제이다. 누구나 그냥 원하는 대로 사는 것이 답이길 바랄 것이다. 나도 그렇다. 하지만 그렇게 원하는 답을 고르기 전에 좀 더 고민해야 한다. 우리 삶을 돌아보면 원하는 대로 걷다가 원하지 않는 곳에 도착한 경험도 있기 때문이다. 원하는 대로 살았다가 너무 늘어난 죄책감의 부채에 허덕인 기억도 있고, 그렇다고 맞음을 답으로 하자니 느껴지는 답답함과 실망감은 그냥 외면할 수 없는 숙제다. 정말 원함과 맞음은 하나가 될 수 있을까? 가능하다면 최선의 답을 하겠지만 가능성에 대한 고민이 필요하다. 자주 원함과 맞음을 일치시키기 위해 원치 않는 무엇을 제외 시켰던 기억이 있다. 얼마나 모순적인 대답인가. 그럼에도 답이 필요하다. 그 답이 최종적인 답이 되지 않는다고 해도 거기서부터 나의 답을 찾아갈 수 있도록 하나의 자리를 선택해야 한다.

압도인가, 아니면 감화인가

종교를 찾는 네 번째 질문은 '압도인가, 아니면 감화인가'이다. 이것은 하나님이 있다고 믿는 계시종교 내에서 이슬람교와 기독교를 구분짓는 질문이다. 그러니 다른 답을 선택한 사람에게는 불필요한 질문이다. 이 질문은 인간이 영혼이라고 믿고, 하나님이 존재한다고 믿으며, 하나님이 나의 영혼을 깨워 진정한 나로 살아가도록 하신다는 것을 믿는 사람들 중에서, 하나님의 무엇이 나를 깨우는가에 대한 질문과 대답이다. 이 대답은 하나님과 인간의 정체성을 무엇으로 보는가에 따라서 달라진다.

기독교는 하나님과 인간의 정체성을 사랑이라고 이야기한다. 인간의 핵심 정체성은 사랑이다. 기독교는 인간이 자기 내면에 잠들어 있던 사랑을 발견하여 사랑 가득한 내면과 사랑을 실천하는 삶을 살고 있을 때가 가장 인간다운 모습을 회복한 것이라고 생각한다. 하나님의 핵심 정체성도 사랑이다. 하나님은 세상을 사랑하셔서 우리와 사랑을 나누고 사랑의 세상을 만들기 원하신다. 이것이 하나님의 가장 하나님다운 모습이라고 생각한다. 그래서 하나님의 사랑에 감화하여 사랑의 본 모습을 회복하는 것이 인간의 구원이라고 믿는다.

이슬람교는 하나님의 정체성을 위대함에 두고, 사람의 정체성은 순종이라고 이야기한다. 인간이 진리에 순종하여 바르게 살아가는 것이 그들이 말하는 가장 인간다운 모습의 회복이다. 하나님의 정체성은 위대함이다. 사실 정체성이라는 말은 맞지 않다. 우리는 그분의 정체성에 대해서 이야기할 수 없는 하찮은 존재이기 때문이다. 단지 우리의 하찮음은 하나님의 위대하심을 드러낸다. 인간은 위대하신 하나님 앞에서 압도될 때 하나님 뜻에 순종하는 원래의 모습을 회복할 수 있다. 이슬람교는 이 진리에 순종하는 사람이 되는 것을 구원이라고 믿는다.

간단히 말해, 이 질문에 대해서 압도라고 대답하면 이슬람교를 선택하는 것이고, 감화를 선택하면 기독교를 선택하는 것이다.

진지한 대답

지금 우리는 갈림길에 서 있다. 질문에 어떤 대답을 하는가에 따라서 나의 종교가 정해진다. 그러니 신중하게 선택하고, 진지하게 귀기울이고, 유연하게 돌아와야 한다.

질문 앞에서 고민해야 한다. 논리적으로 생각해볼 수도 있고, 직관적으로 생각해 볼 수도 있고, 생각하기보다는 마음에 떠오르는 대답을 기다릴 수도 있고, 이제까지의 경험으로 판단해볼 수도 있다. 어떤 방식으로든지 이 질문 앞에서 신중하게 고민해야 한다.

진지하게 귀 기울여야 한다. 이 질문에 대한 대답은 그 대답으로 인해 설명되는 나와 삶에 대해서 배우는 것이다. 각각의 질문은 나와 삶에 대한, 세상에 대한 해석을 담고 있다. 그러니 그 해석 속에 대해 이야기하는 것이 아니라 그 해석 속에 나를 담아 내가 나를 찾아

나로서 살아가게 하는지 들여다보아야 한다. 미숙한 수준에 머무르지 말고 그 대답이 성숙의 지점까지 자라나기 위해 노력해야 한다.

또 유연하게 돌아와야 한다. 우리는 답안지에 정답을 기입하여 제출하고 채점을 기다리는 학생들이 아니다. 진지하게 귀 기울이고 배워가는 중에, 내가 선택한 것이 나 자신을 충분히 해석해주지 못한다고 생각하면 다시 질문으로 돌아올 수 있는 유연함이 필요하다. 물론 미숙한 사람의 자만으로 자꾸 출발점으로 돌아오는 것이라면 아무것도 되지 않겠지만, 내가 충분히 진지했다면 이 과정을 통해서 오답을 지워갈 수도 있다.

다른 종교와 어떻게 지낼 것인가

주의사항 하나를 이야기하겠다. 내가 어떤 종교를 선택했을 때 다른 종교와 어떻게 지내야 하는가에 대한 것이다. 좀 더 영역을 확장시키면 종교와 종교는 어떤 관계를 맺어야 하는가에 대한 부분이다. 불필요한 오해와 소모적인 논쟁을 피하기 위해 이 부분에 대해서 정돈된 생각을 갖는 것이 필요하다.

____ 종교 다원주의에 반대한다

종교 다원주의는 모든 종교가 같은 것을 이야기하고 있다고 주장한다. 같은 대상을 문화와 언어에 따라 다르게 표현하고 있는 것인데 그것을 모르고 다르다고 생각하면서 서로 갈등하는 상황이 안타깝다고 이야기한다. 종교는 모두 맞다. 종교는 모두 같은 것을 이야기한다. 그러니 갈등할 이유 없고 갈등을 일으키는 종교는 아직 이것을 모르고 편견에 사로잡혀 있는 것이라고 말한다.

종교 다원주의에 대해 논의하기 위해서는 평화주의를 이해해야한다. 종교 다원주의가 종교적 성찰을 바탕으로 발생한 것이 아니라평화주의라는 흐름의 종교 지부의 형태로 설립된 것이기 때문이다.넓은 의미에서의 평화주의는 모든 폭력적 방법에 반대하는 것이다.그들에게는 어떤 이견과 이해 관계의 충돌이 있더라도 폭력은 해결방법이 될 수 없다. 폭력의 방식을 제외하고 문제를 해결해 나가자는 것이 평화주의다. 여기에 대표적인 인물로는 간디가 있다. 간디의 비폭력 무저항주의를 통해서 적용할 수 없는 이상주의처럼 보였던 평화주의가 역사 속으로 들어왔다. 간디는 마하트마라는 별칭처럼 위대한 영혼이었다. 간디의 선량한 영향력은 평화주의의 가능성을 인류에게 보여주었다.

좁은 의미의 평화주의는 넓은 의미의 평화주의와 다르다. 좁은 의미의 평화주의는 폭력이 발생하는 뿌리를 갈등이라고 규정한다. 그래서 사회 각 영역에서 나타날 수 있는 갈등의 소지를 제거함으로써폭력이 나타날 수 있는 토양을 개선하자는 것이 좁은 의미의 평화주의이다. 그래서 평화주의는 사회 운동에서부터 출발하여 다원주의라는 철학과 동조한다. 갈등은 자신이 옳다고 확신하고 상대를 설득하려는 것에서부터 시작된다. 그러니, 서로가 다르지만 둘 다 옳다는 결론을 내리면 이 갈등이 해결될 수 있다. 평화주의는 이 다원주의에 충분한 매력을 느꼈고 이것을 폭력으로부터 해방되는데 필요한 핵심 가치로 받아들였다.

여기서부터 재미있는 상황이 발생하는데, 이들은 다원주의라는 철학을 받아들이지 않는 사람들을 잠재적 폭력 세력으로 보기 시작했다. 그러다 보니 이들을 개조하거나 제거하려 한다. 모든 생각을 존중하지만 다원주의적 전제를 인정하지 않는 생각은 존중할 수 없었다. 그들은 잠재적인 폭력 세력이기 때문이다. 그래서 이 평화주의자들은 다원주의적 전제에 동의하지 않는 대상을 공격하기 시작한다. 여기에 주로 사회적 폭력의 방식이 사용되었다. 편견에 기반한 혐오와 조롱, 비하와 무시가 일상적으로 이루어졌다. 이들은 그들을 그런 취급을 받아도 되는 나쁜 사람들이라고 생각했기 때문에 자신의 폭력적인 태도에 문제가 있다고 생각하지 않는나. 이 사회에서 타인을 설득하고 싶은 만큼의 신념을 가진 모든 사람들은 조롱의 대상이 되었다. 종교, 철학, 가족 제도, 사회 제도, 문화 등 어떤 부분은 보편적으로 맞아서 다수 인간이 추구해야 한다고 주장하면 그 주장이 폭력성을 동반하지 않아도 잠재적 폭력 세력으로 보고 폭력적인 방식으로 다룬다. 폭력은 평화주의 진영에서 먼저 사용하고 있다는 것을 스스로 인식하지 못한다.

이 평화주의자들에게 종교는 갈등의 주체이다. 각 종교가 자신이 옳다고 확신하기 때문이다. 그래서 평화주의는 종교가 다원주의를 받아들여야 한다고 주장한다. 다원주의를 받아들이지 않는 종교는 이들에게 잠재적 폭력 세력이고 사라져야 하는 혐오 대상이다. 이 관점을 잘 보여주는 노래가 비틀즈의 'Imagine'이다. 비틀즈는 이 노래에서 '종교가 없는 세상을 상상해봐요. 모든 사람이 평화롭게 살아가는 삶을'이라고 노래한다. 비틀즈에게 종교를 가진 사람은 사라져야 하는 대상이었다. 자신은 너무 선하고 아름답고, 상대는 사라져 버려야 하는 악이라고 규정하는 것이 모든 폭력의 시작이라는 것을 자각하지 못했다. 누군가에게 '너희는 사라져 버리는 게 나은 존재들이야'라고 노래하면서 자신이 평화를 노래하고 있다고 생각하는 것은 자기모순이다.

종교 다원주의는 종교의 의미를 깊이 고찰하는 과정에 탄생하지 않았다. 이것은 종교가 갈등을 일으키는 것을 문제라고 규정하고 이 문제를 해결하기 위해 '서로 똑같아야 한다'는 결론을 정해 놓고 비슷한 부분을 찾아서는 '봐, 똑같지'라고 주장하는 어설픈 논리다. 종교는 죽음, 인간, 삶, 세계에 대해서 각각 다른 대답을 내리고 있다. 무엇을 믿는가에 따라서 그 사람의 삶의 방향성이 달라지기 때문이다. 이런 명확한 핵심 가치의 차이를 무시하고 자기 의도에 따라 너희는 다 같은 것으로 하자는 주장은 무지하고 폭력적인 주장이다. 그런데 이런 주장을 하는 사람들이 자신은 선하고 평화를 사랑하며 누구보다 폭력을 반대한다고 말하는 것을 볼 때가 있다. 정말 당황스러운 순간이다.

갈등이 폭력의 출발이기 때문에 갈등이 나쁘다는 발상은 잘못됐다. 다양한 정치 세력이 있어서 계속 싸우는 정치가 건강할까, 아니면 하나의 정치 세력만 남아서 싸움이 없는 것이 건강할까? 기본적인 존중의 룰만 지켜지고 있다면 투쟁하는 정치가 건강하다. 다양한 학문적 토론이 이루어지는 학계가 건강할까, 아니면 한 사람의 권위자의 말에 모든 제자들이 입을 닫아야 하는 학계가 건강한 것일까? 당연히 전자이다. 하나의 종교적 입장이 사회를 장악할 때 그 종교가 건강할 것인가, 아니면 존중을 기반으로 다양한 종교들이 서로를 비판하고 토론할 때 종교가 건강할 것인가? 당연히 후자가 더 건강하다. 존중이 전제된다면 싸움은 유익하다. 서로간의 치열한 논쟁을 통해서 각 종교는 정체성을 명확하게 인식하며 자신의 보완점을 이해할 수 있게 된다. 그래서 종교가 서로 존중하는 가운데 열린 공간에 함께 있는 것은 유익하다. 이는 각 종교가 부패하는 것을 막는 데 큰 역할을 한다. 종교는 상온에서 부패한다. 종교는 논쟁을 통해 서늘한 온도에서 보관될 수 있다.

종교의 폭력성에 대한 과도한 경계심으로 이 논쟁 자체를 배척하는 태도에 빠지지 않도록 주의해야 한다. 폭력을 멈추는 것은 다원성이라는 이름의 획일화가 아니라 폭력적 방식을 배제한 갈등이다. 우리는 이 건강한 갈등을 통해서 서로를 지키며 더 좋은 답을 찾아가야 한다.

_____ 타종교 소멸론에 반대한다

어떤 종교도 악하지 않다. 각각의 입장은 서로에게 일정한 존중의 태도를 가질 만한 정도의 의미를 가지고 있다. 상대를 지구에서 사라져야 하는 악으로 규정하는 것에서부터 벗어나야 한다. 종교가 상대를 절대 악으로 규정하고, 상대를 소멸시키는 것이 세상을 더 나아지게 한다는 입장을 취할 때, 종교는 인류에게 해를 끼치는 비극을 초래한다.

세계사에는 종교에 의한 폭력의 역사가 반복적으로 나타나고 있다. 기독교는 로마의 국교가 되면서 세계 종교로 성장했다. 이때 기독교는 국교의 지위를 잃은 신전의 재산을 몰수했고, 그 돈으로 교회당을 세우며 신전에 가던 사람들을 교회에 가도록 강제했다. 개인의 자율적인 선택이 아니라 권력에 의한 강제적 개종이었다. 이날 기독교는 자신이 승리했다고 생각했지만 교회사는 이때를 타락의 출발점으로 기억한다. 십자군 전쟁은 광신적 폭력이 나타난 대표적인 사건이었다. 십자군은 예루살렘 원정에서 유대인과 이슬람교도를 대량 학살하였다. 중세 국가는 이단 탄압의 의무를 가지고 종교재판을 열어서 이교도를 화형에 처했다. 제국주의 시대에도 권력과 돈을 이용한 포교 활동과 개종이 이루어졌다.

이슬람교도 같은 방식의 확대가 이루어졌다. 이슬람교가 정치 권력을 획득하여 단기간 이전의 종교 유산을 말살하고 국가 단위의 개종을 시행하였다. 이후에도 국가 단위에서 종교의 자유를 억압하고 다른 종교를 탄압하였다. 이슬람 제국이 점령하는 지역은 권력에 의한 강제 개종이 반복적으로 이루어졌다. 교회는 모스크로 개조되었고, 다른 종교를 가진 사람은 탄압을 받았다.

명상종교 역시 비슷한 폭력의 역사를 가지고 있다. 힌두교에 의한 이슬람교 탄압, 유교에 의한 기독교 탄압, 불교에 의한 이슬람교 탄압은 근현대사에 이르기까지 반복적으로 이루어지고 있다. 한국도 대량 학살의 역사를 가지고 있다. 고종은 병인박해를 통해 팔천 명의 천주교도를 학살하였다. 합정동에 있는 절두산은 천주교도의 목을 잘라 한강에 던졌던 것에서 유래한 이름이다.

이 폭력적인 관점은 과학주의에서도 동일하게 존재하다. 과학주의자들은 전통적인 종교가 거짓으로 사람을 기만하고 착취하는 조직이라고 주장한다. 그래서 이 조직이 해체되는 것이 인류에게 유익하다고 말한다. 여기에 속한 개인들은 재교육이 필요한 무지한 사람들이라고 생각한다. 명상종교에 속한 사람들에게 인생을 낭비하지 말고 정말 원하는 것을 하라고 한다. 계시종교에 속한 사람들을 향해 성직자에게 속아서 인생과 돈을 낭비하지 말고 빨리 거기서 탈출하라고 이야기한다. 그들이 가르치는 것이 무엇인지 알지도 못 하는 상태에서 악한 것으로 규정하는 편견과 여기에 속한 사람들은 문제가 있는 사람들이라는 혐오의 시선에서 벗어나라고 말이다. 이와 같은 폭력은 나는 선이고, 상대는 악이라고 규정하는 데서 출발하다. 상대가 사라져야 하는 악이다. 처음에 이것은 소원이다. 막연하게 사라졌으면 좋겠다는 생각이다. 다음에는 소극적 폭력이다. 상대를 대할 때 차별과 혐오의 태도를 갖는다. 그 다음에는 적극적 폭력이

나의 종교 찾아가기

다. 상대를 없애기 위해 내가 할 수 있는 것을 하기 시작한다.

많은 사람이 종교의 폭력성을 이야기하면서 자신이 서 있는 종교적 입장은 거기서 배제되어 있는 것처럼 생각한다. 9.11테러를 이야기하면서 이슬람은 없어져야 하는 종교라고 이야기하는 사람이 십자군 전쟁은 생각하지 않는다. 십자군 전쟁을 이야기하면서 기독교가 없어져야 하는 종교라고 이야기하는 사람이 절두산의 대량 학살은 기억하지 않는다. 자기 종교가 가졌던 폭력의 역사는 배제한 채 상대방을 비난한다. 모든 종교는 없어져야 한다고 이야기하며 자신이 평화주의자라고 생각하는 사람들도 마찬가지다. 그 시선 자체가 폭력적 시선이라는 것을 인지하지 못한다. 이 폭력에서 벗어나기 위해 우리에게 필요한 것은 제거가 아니라 존중이다. 상대가 사라져야 하는 악이 아니라 의미 있는 이야기를 하는 선이라는 것을 깨달아야 한다. 내가 맞다는 확신이 상대를 사라져야 하는 악으로 규정하는 것은 아니어야 한다. 우리가 존중을 배우지 못한다면 이 편견, 혐오, 폭력의 굴레에서 벗어나지 못할 것이다.

이제 역사로부터 배울 때가 되었다. 내가 맞고 상대가 틀렸다고 확신할 수 있다. 하지만 그것이 내가 선하고 상대는 악하여 상대를 세상에서 제거해야 한다는 지점까지 가는 것은 위험하다. 어떤 종교도 악을 가르치지 않는다. 삶에 어떤 부분이 가장 중요한 것인가에 대한 견해가 다를 뿐이다. 세속주의는 환경이 중요하다고 이야기하고 과학주의는 삶이 소중하다고 이야기하며 명상종교는 바르게 살아야 한다고 이야기하고 계시종교는 깨어난 영혼으로 바르게 사랑하며 살자고 이야기한다. 이중에 누가 인류에서 사라져야 하는 악한 세력인가? 그런 것은 존재하지 않는다. 단지 무엇을 핵심 진리로 선택하는가에 따라 삶의 우선순위가 왜곡될 수 있기 때문에 거기에 대해서 논쟁하는 것뿐이다. 그러니 내가 어떤 종교에 속해 있다면 이 한계를 이해해야 한다.

____ 존중하고 논쟁하라

종교와 종교의 관계는 스포츠와 같다. 둘이 싸우지만 이 싸움에 룰이 있고 존중이 있다. 종교는 서로 다르다. 어떤 답을 택하는가에 따라 인생의 방향이 달라진다. 그러니 내가 맞다고 확신한다면 다른 사람에게 이것을 제시하고 주장하고 가르치고 논쟁할 수 있다. 하지만 어떤 종교도 악하지 않다. 모두 삶에서 무시할 수 없는 명제를 이야기한다. 그러니 그들의 메시지를 존중해야 한다. 그리고 서로에게 귀 기울이는 태도가 필요하다. 그것이 우리가 균형을 잡을 수 있게 돕기 때문이다.

모든 스포츠 경기에서 우리 팀이 승리하길 꿈꾸는 것처럼 내가 믿는 종교적 입장이 승리하기를 꿈꿀 수 있다. 그것을 꿈꾸지 않는다면 자신이 믿는 것에 대한 확신이 부족한 것이다. 그러나 룰을 어겨서는 안 된다. 그것은 이미 실격이기 때문이다. 인간에 대한 존중을 잃어버린 종교는 진정한 종교일 수 없다. 폭력적인 방식을 동반하는 종교는 진정한 종교일 수 없다. 그래서 우리는 존중 가운데 서로 논쟁할 수 있다. 이것이 종교와 종교 사이에 맺는 약속이어야 한다.

04

삶의 답을 가진 사람

종교의 좋음에 대해서

기우제 이야기로 다시 돌아가 보자. 가뭄은 단조로운 얼굴로 찾아오는 절망이다. 때가 되면 당연히 주어질 줄 알았던 것이 주어지지 않고 그것은 우리의 삶을 위협한다. 이제 어제와 같이 맑은 하늘은 우리에게 두려움이다. 비가 내리게 만들고 싶지만 그럴 능력이 우리에게 없다. 이때, 우리는 어떻게 반응하게 될까?

기복주의자는 소원을 빌 것이다. 이 사람들은 지성이면 감천이라고 믿는다. 마음을 다해 소원을 빌면 누군가 이 소원을 들어줄 것이라고 믿는다. 그래서 함께 모여 간절히 기도를 드린다.

세속주의자는 일을 할 것이다. 이 사람들은 포기할 줄 모르는 사람들이다. 비를 내리게 하지는 못하더라도 이 상황을 개선하기 위해 내가 할 수 있는 무엇인가가 있을 것이다. 그것을 찾고 그것에 최선을 다한다. 누군가 그렇게 해서 될 일이 아니라고 이야기해도 아무 것도 하지 않는 것보다는 낫다고 대답하며 할 수 있는 것을 한다. 멀리의 강까지 걸어가 물을 길어 오고, 지하수가 있을 것 같은 곳에 땅을 판다. 끝까지 내가 할 수 있는 일을 한다.

과학주의자는 일상을 살 것이다. '가뭄이 해결되지 않는다면 이 평화로운 일상은 곧 사라질 것이다. 그러면 이 몇 주는 내 삶에 마지막으로 맛보는 소중한 시간일 수도 있다. 해결되지 않을 일을 잡고 발버둥치거나, 두려움에 빠져 시간을 낭비하는 것은 어리석은 것이다. 그러니 내일을 걱정하느라 오늘을 망치지 않겠다.' 이것이 과학주의자들의 생각이다. 그래서 이 사람들은 평온한 일상을 산다. 아침에 일어나 산책을 즐기고 차를 마신다. 낮에 해야 할 일이 있다면 세속주의자들과 함께 먼 길을 걸어 물을 나르겠지만, 집에 돌아오면 가뭄은 잠시 잊고 가족들과 즐거운 시간을 보내는 데 집중한다. 잠자리에 들면 두려움이 다시 엄습하기도 하지만 천천히 호흡에 집중한다. 그리고 지금 이 순간이 가장 소중하다고, 이 순간을 두려움으로 낭비하지 않겠다고 다시 마음을 다잡는다.

명상종교인은 마음을 지키려고 할 것이다. 환경에 의해 내가 나를 잃어버린다면 내가 죽기 전에 이미 죽은 것이기 때문이다. 그래서 먼저 마음을 지키려고 한다. 번뇌를 내려놓는다. 두려움, 불안함, 분노, 누군가를 향한 원망, 조급함, 거짓 희망을 내려놓고 진리를 명상한다. 세상은 존재하나 존재하지 않는 것과 같고, 존재하지 않으나 존재하는 것과 같다. 그러니 삶과 죽음에 너무 집착할 필요가 없

삶의 답을 가진 사람

다. 명상종교인은 이렇게 자기 마음을 먼저 지킨다. 그리고 지켜진 마음으로 살아간다. 바른 생각, 어진 마음, 성실한 손으로 살아가려고 한다. 부정적이고 이기적인 생각에 사로잡혀 있는 사람을 권면한다. 마음이 무너진 사람을 위로한다. 문제 해결을 위해 해야 하는 일이 있으면 성실하게 참여한다. 가뭄에 흔들리지 않고, 여전히 자기 자신으로 살아간다.

계시종교인은 태도가 나눠진다. 무슬림은 '인샬라'알라의 뜻대로를 고백할 것이다. '모든 것은 신의 뜻이다. 나는 단지 신의 뜻에 귀를 기울이고 순종하면 된다'고 생각한다. 이 사람은 동일하게 하루에 다섯 번 기도한다. 기도를 통해 나의 뜻을 내려놓고 신의 뜻을 찾는다. 코란을 따른다. 코란에 따라 가난한 자를 구제하고, 문제 해결을 위한 사회적 노력에 동참하며, 잘못된 태도로 사회를 어지럽히는 사람과 싸운다. 그렇게 환경에 흔들리지 않고 하나님 앞에서 내가 있어야 할 자리에 내 마음과 삶을 두려고 한다.

기독교인은 영혼을 깨우려고 할 것이다. 가뭄이라는 거친 환경을 만나면 영혼이 잠든다. 내면이 환경이 주는 마음으로 가득 채워진다. 기독교인은 이 영혼의 잠에서 깨어나려고 한다. 하나님께 기도한다. 내 두려움과 분노, 조급함과 슬픔을 말하고 하나님의 도우심, 지지, 위로를 듣고자 한다. 내 판단, 소원, 문제의식을 말하고, 하나님의 뜻, 기준, 소망을 듣고자 한다. 내가 지금 원하는 것을 말하고, 하나님이 지금 원하시는 것을 듣는다. 이 기도를 통해 환경이 준 마음에서 벗어나 영혼의 진심으로 돌아가려고 한다. 그렇게 사랑과 선함으로 가득한 영혼을 나의 중심에 회복시킨다. 그리고 이 진심으로 행동한다. 마음이 무너진 사람을 위로하고, 어려운 사람에게 베풀고, 자신이 해야 할 일을 감당한다.

가뭄이 든다면 종교를 가진 사람들은 가뭄에 어떻게든 반응할 것이다. 아침에 세속주의자와 과학주의자, 명상종교인과 계시종교인이 함께 물을 구하러 돌아다닐 것이다. 낮이 되면 세속주의자는 문제를 놓고 계속 고민할 것이고, 과학주의자는 산책을 즐길 것이고, 명상종교인은 명상을 하며 가뭄으로부터 마음을 지키려고 할 것이며, 계시종교인은 기도를 통해 진정한 나를 깨우고자 할 것이다. 밤이 되면 세속주의자는 고민으로 불면의 밤을 보낼 것이고, 과학주의자는 가족들과 즐거운 시간을 보낼 것이고, 명상종교인과 계시종교인은 마음이 무너진 사람을 찾아 위로하고 식량이 떨어진 사람들을 찾아 구제할 것이다. 이것이 가뭄을 만난 종교인들의 반응이다. 그러면, 아무 종교도 없는 사람들은 어떻게 하고 있을까? 혹시 어쩔 줄을 몰라 하며 우왕좌왕하지는 않을까?

종교는 좋은 것이다. 이 책 전체에서 반복적으로 이 이야기를 하고 있다. 종교는 사람을 무지하고 의존적인 사람으로 만드는 곳이 아니다. 종교는 사람을 바르고 따뜻하게 만든다. 종교는 내면의 기둥이 될 삶의 대답을 준다. 그 대답으로 자기 자신을 지킬 수 있게 해준다. 종교는 내가 나답게 살 수 있도록 도와준다. 환경의 파도에 자아가 떠내려가지 않도록 영혼의 닻이 되어준다. 그래서 당신이 종교를 가졌으면 좋겠다. 단지 어떤 종교에 입회원서를 내는 것이 아니라 죽음과 삶의 대답을 찾는 여정을 시작하길 바란다. 그 여정의 끝에서 당신은 내가 누구인지 깨달아 어떤 환경에서도 나 자신으로 살아가는 자유로운 사람이 될 것이다.

종교의 상호성에 대해서

배타성에 대해서 생각해보자. 우리가 실재 경험하기에 가장 배타적인 종교는 계시종교이다. 하지만 이론적으로 본다면 계시종교는 가장 포용적인 종교에 속해야 한다.

이론적으로는 세속주의와 과학주의가 종교에 배타적이다. 세속주의는 죽음에 대해서 생각하는 것 자체가 낭비라고 생각하기 때문에 모든 종교에 무관심하다. 무관심이 '네가 있더라도 나에게는 없는 것과 같다'의 뜻이라는 걸 생각하면 세속주의는 상당히 배타적이다. 상대에게 존재할 기회도 주지 않기 때문이다. 과학주의는 세속주의를 존중하지만 명상종교나 계시종교는 없는 것을 있다고 하는 거짓이기 때문에 없어져야 하는 대상이라고 생각한다는 점에서 배타적이다.

명상종교와 계시종교는 환경도 중요하고 육체도 중요하지만 그보다 더 중요한 것이 있다고 가르친다. 명상종교는 계시종교 안에도 깨달음이 담겨 있다고 생각하고, 계시종교는 명상종교의 가르침 자체는 선하다고 생각하기 때문에 상호적인 배타성도 크지 않다. 이 태도가 종교가 서로를 바라보는 관점이어야 한다.

타종교는 선악의 관점이 아니라 우선순위의 관점으로 바라보아야 한다. 환경, 육체, 정신, 영혼 중에 무엇을 더 중요하게 생각하는가의 차이다. 과학주의는 여기에 동의하기 어렵다. 과학주의의 관점에서 계시종교와 명상종교는 거짓을 가르치는 악이기 때문이다. 하지만 이 두 종교가 갖는 실천적 메시지진리, 사랑를 생각한다면, 과학주의의 이기성과 보완적 관계를 맺을 수 있다는 것을 생각해볼 수 있다. 이런 면에서 과학주의도 우선순위의 관점에 동참할 수 있다.

우선순위의 관점에서 바라봐야 한다. 그러면 각각의 대답은 맞지만 부족하고, 서로 충돌하지만 보완적이라는 것을 이해할 수 있다. 환경이 인간을 만드는 것은 맞지만 단지 환경의 산물인 것은 아니다. 인간이 육체인 것은 맞지만 단지 육체는 아니다. 인간에게 영혼이 있는 것은 맞지만 여전히 육체를 가지고 환경에 담겨 살아간다. 그러니 이 대답들은 맞지만 부족하다. 어떤 한 가지가 가장 중요하다면 그 답이 맞다. 하지만 그것이 인간의 유일한 측면이 아니기 때문에 부족하다. 그래서 동의하지 않더라도 다른 대답이 주목하고 있는 인간의 다른 측면을 조명해 볼 수 있다는 점에서 종교는 서로 보완적이다.

각 종교에 대해서 설명하고 마무리에 반복해서 부족하다는 표현을 썼다. 우리가 정답을 가지고 있더라도 정답에 갇혀서는 안 되기 때문이다. 이것은 종교 다원주의에 대한 이야기가 아니다. 모든 것이 같거나 모든 것이 맞다고 이야기하는 종교 다원주의는 틀렸다. 그것이 아니라 내가 맞는 정답을 가지고 있더라도 다른 종교가 주목하고 있다는 다른 측면을 생각해봐야 한다는 것이다. 영혼이 가장 중요하지만 여전히 우리가 현실을 살아간다는 것을 생각해봐야 한다. 환경이 너무 중요하지만 환경만으로 내가 만족할 수 없고 설명될 수 없다는 것을 생각해봐야 한다는 것이다. 이런 측면에서 종교의 상호성을 생각할 때 우리는 논쟁하지만 존중할 수 있다.

종교가 나에게 말을 걸어올 때

누군가 나에게 말을 걸어온다. 내가 그에게 대답을 건넨다. 관계는 그렇기 시작된다. 그런데 대답을 건네기 전에 우리에게는 망설임이 있다. '이 관계를 시작해도 되나'의 망설임이다. 나는 상대를 알지 못하니 망설여질 수밖에 없다. 마음 같아서는 상대를 정확히 알고 난 다음에 좋은 사람이라는 것이 확실하면 대답을 건네고 싶지만 순서가 그렇지 않다. 말을 걸어오면 대답을 건네고, 이야기를 나누고, 그다음에서야 상대에 대해 알 수 있다. 그러다 보니 우리는 다른 이유들로 대답할지를 결정하게 된다. 상대의 말투, 외모, 분위기 등 이런 것이 나의 태도를 결정하는 이유가 된다. 내가 상대에 대해 미리 소개를 받았다면 일은 좀 더 수월해질 수 있다. 내가 신뢰하는 누군가가 그가 좋은 사람이라고 이야기해 줬거나 좋지 않은 사람이라고 이야기해 줬다면 나는 좀 더 편하게 대답 여부를 결정할 수 있다.

이 결정은 중요하다. 이것으로 관계가 시작될 수도 있고 그렇지 않을 수도 있기 때문이다. 만약 내 인생에 선물 같은 사람이 내게 말을 건넨 것인데 내가 그것을 사소한 이유로 무시한다면 내게 너무나 안타까운 일이 될 것이다.

종교가 나에게 말을 건다. 우연히 만난 하나의 문장으로, 우연히 만난 한 사람을 통해, 잠들지 못하고 깨어난 불면의 밤에, 견디는 삶에 지쳤을 때, 잊고 있었던 죽음을 맞이할 때, 이렇게 사는 것이 전부인가라는 질문으로, 우연히 들어간 성당의 경건함에 이해할 수 없는 눈물이 쏟아질 때 종교가 말을 걸어온다.

이 순간 우리는 망설이게 된다. 상대를 알지 못하니 망설일 수밖에 없다. 어떤 사람은 종교에 대해서 안 좋은 이야기를 들었다. 그래서인지 종교의 말투, 외모, 분위기가 마음에 안 들어 쉽게 대답하지 않기로 결정한다. 아쉽다. 종교는 좋은 것이기 때문이다.

이 책이 종교에 대한 좋은 소개가 되었기를 바란다. 나는 당신에게 종교는 좋은 것이라고 이야기해주고 싶었다. 그러니 삶의 어느 날 당신에게 종교가 말을 걸어올 때, 그저 외면하지 말고 대답을 건네길 바란다. 그렇게 종교와 대화를 시작하길 바란다. 그러면 당신은 그 순간을 삶에 소중한 인연을 만난 때로 기억하게 될 것이다.

　　레오나르도 다빈치의 《살바토르 문디》Salvator Mundi라는 작품은 오랫동안 위작으로 알려져 2만 원에 거래되다가, 어느 날 진품으로 밝혀져 5천억 원에 거래되었다고 한다. 정말 기가 막히지 않은가? 누군가는 이 그림을 거실 한쪽에 대충 걸어놓았다가 2만 원에 팔았을 것이다. 다빈치가 그린 5천억 원짜리 그림을 말이다. 만약 내가 그랬다면, 그리고 나중에 이 사실을 알게 됐다면 나는 그 후회에서 쉽게 벗어나기 어려울 것 같다. 하지만 나는 이 그림을 가지고 있었어도 알아보지 못했을 것이다. 안 그래도 안목이 없는데, 그림 자체가 훼손되어 있었기 때문이다. 어떤 사람들이 이 그림을 수정해보겠다고 덧칠을 했는데, 이상하게 덧칠을 하여 그림이 원래의 모습과 달라졌었다고 한다. 그러니 내가 이 그림을 가지고 있었어도 그것이 다빈치의 그림이라는 것을 알지 못했을 것이다. 나도 2만 원짜리로 생각하고 대충 걸어 놓았다가 2만 원에 팔았을 것이다. 하지만 누군가는 알아봤다. 그래서 덧칠된 부분을 제거하고 원래의 모습으로 복원시켰다. 그렇게 《살바토르 문디》는 다시 위대한 작품으로 세상에 돌아오게 되었다. 어떻게 생각하면 그 누군가는 참으로 대단한 사람이다. 우리도 삶에서 이러한 안목이 필요하다.

오늘날 종교는 위작으로 알려져 있다. 많은 사람에게 종교는 가짜로 알려져 2만 원에 거래되고 있다. 사람들은 종교가 삶에 도움이 되기는커녕 방해만 되는 가짜라고 생각해 창고에 넣어버린다. 그나마 몇몇 사람들은 종교가 가짜이기는 하지만 도움 되는 부분도 있다고 생각해서 가벼운 마음으로 거실 한쪽 벽에 걸어둔다. 종교는 지금 2만 원에 거래되는 위작이다. 하지만 나는 종교를 사람들이 안목이 없어서 알아보지 못하는 《살바토르 문디》라고 생각한다. 종교는 사람들을 속이는 가짜가 아니다. 종교는 사람들이 삶을 개척하고, 오늘을 소중히 여기게 해주며, 바르게 살아가고, 영혼을 찾아가도록 도와주는 진짜다. 종교는 거추장스러운 것이어서 창고에 집어넣어야 하는 것도 아니고, 별다른 관심 없이 거실 한구석에 걸어놔야 하는 것도 아니다. 어쩌면 내가 가진 것 중에 가장 가치 있는 것이어서 그것으로 내 삶에 큰 변화를 가져올 수 있는 것일 수 있다. 《살바토르 문디》를 가지고 그 가치를 알지 못했던 누군가처럼, 우리는 이 종교의 가치를 잘 알지 못하고 있는 것일 수도 있다.

사람들이 종교를 위작으로 생각하게 된 이유가 있다. 어떤 사람들이 종교 위에 덧칠해서 원래의 모습과 다르게 만들어놨기 때문이다. 사람들 눈에 보이는 것은 덧칠된 겉모습뿐이니, 그 안에 담겨 있는 의미 있는 가치를 알기 힘들 것이다. 안타까운 일이다. 그래서 이 책은 그 덧칠을 조금이나마 제거하여 종교가 원래 가지고 있는 좋은 모습으로 보이길 바라는 시도이다.

이 책을 읽고 당신이 종교를 선택했으면 좋겠다. 이 중에 가장 저가의 작품이라고도 할 수 있는 세속주의마저도 제대로 안목을 갖춘 사람을 만난다면 인생을 변화시킬 수 있는 작품이다. 당신의 삶에 개척자가 될 수 있다면, 몇 년 뒤에 당신 자신이나 환경이 얼마나 변화되어 있을지는 알 수 없다.

개인적으로는 여전히 기독교를 추천한다. 나는 기독교를 사랑한다. 수많은 덧칠이 이루어져 그 원래의 모습을 찾아볼 수 없을 때도 있지만, 그럼에도 나는 기독교를 사랑한다. 내가 영혼으로 살고 있다고는 말할 수 없지만, 하나님의 사랑이 나의 영혼을 회복시키고 있다고는 이야기할 수 있다. 당신이 안목을 가지고 기독교를 선택한다면, 영혼을 변화시킬 최고가의 작품이라고 생각한다.

과학주의나 명상종교, 이슬람교도 여전히 매력적인 작품이다. 개인적으로는 세속주의보다는 이 작품들을 더 추천한다. 자유로운 여행자나 진리를 찾는 구도자, 신의 장엄한 위엄 앞에 압도되는 것은 모두 마음과 삶에 커다란 변화를 가져다줄 것이다.

위작으로 생각해서 무시되고 있던 종교에 대해, 당신이 다시 한 번 생각해주길 기대한다. 왜곡된 덧칠 아래 숨어 있던 진짜 모습을 발견하길, 그래서 그 종교가 당신의 거실에 소중하게 걸려 있길, 당신의 종교가 당신의 《살바토르 문디》가 되길 기대한다.